普通高等院校经管系列『十四五』规划教材

SHUIFA

税法

（第

谢晓妮　卫茜茜／主编

立信会计出版社
LIXIN ACCOUNTING PUBLISHING HOUSE

图书在版编目(CIP)数据

税法 / 谢晓妮,卫茜茜主编. —2 版. —上海:
立信会计出版社,2022.7
普通高等院校经管系列“十四五”规划教材
ISBN 978-7-5429-7097-8

Ⅰ.①税… Ⅱ.①谢… ②卫… Ⅲ.①税法—中国—
高等学校—教材 Ⅳ.①D922.22

中国版本图书馆 CIP 数据核字(2022)第 112758 号

策划编辑　张巧玲
责任编辑　许　颖
封面设计　南房间

税法(第二版)
SHUIFA

出版发行　立信会计出版社
地　　址　上海市中山西路 2230 号　　邮政编码　200235
电　　话　(021)64411389　　传　　真　(021)64411325
网　　址　www.lixinaph.com　　电子邮箱　lixinaph2019@126.com
网上书店　http://lixin.jd.com　　http://lxkjcbs.tmall.com
经　　销　各地新华书店

印　　刷　上海天地海设计印刷有限公司
开　　本　787 毫米×1092 毫米　1/16
印　　张　18
字　　数　435 千字
版　　次　2022 年 7 月第 2 版
印　　次　2022 年 7 月第 1 次
印　　数　1—3100
书　　号　ISBN 978-7-5429-7097-8/D
定　　价　48.00 元

前 言

税收是一个国家财政收入最重要的来源，是国家运用公共权力对公民的私人财产进行必要的课征，体现的是国家的公权力和公民的私人财产权之间的对应关系。税法是调整经济运行与社会发展的重要手段。以法律支配权力、以法治取代人治、限制课征权的滥用是税法的核心命题与最高理想。在现代社会，税法和任何其他法律一样，是权利和义务的结合体。税法的公正与否直接关系到人民财产安全和自由，关系到社会秩序的稳定和人们生活的安定和谐。

"十四五"规划和2035年远景目标纲要提出："深化税收征管制度改革，建设智慧税务，推动税收征管现代化。"深化税收征管改革是完善现代税收体制的重要内容，涉及政府与市场关系的调整，对完善社会主义市场经济体制具有积极作用。随着"放管服""减税降费""新个税""发票电子化"等一系列改革举措的陆续推进，企业经营的外部税收环境和形势都发生了翻天覆地的变化。面对税制的巨变，加强税法学习，合理应对并化解税务风险，成为纳税人的一门必修课。

税法课程是应用型院校财经类专业的专业核心课程，也是其他经管类专业的必修课程或选修课程。本书作为税法课程的配套教材，在编写中借鉴了大量优秀的相关课题研究成果，结合了作者团队对税法的理论认知与实践总结，具有以下特色：

(1) 新颖性。本书吸收了最新的理论知识和税收法规，体现了我国税制改革的最新动态，内容新颖。本书所涉及的所有税收法律法规，以截至2022年4月前发布和有效的税收制度为依据。

(2) 实用性。本书主要是站在纳税人角度进行编写，关注纳税人应该掌握的税收法律制度及相关岗位职业能力。考虑到各税种纳税申报表的填写在实务工作中的重要性，我们联合浙江税友集团在本书的课后习题中专门增加了纳税申报表的填写实操案例。

(3) 结构合理。本书借鉴众多其他教材的优点,结合我们多年的教学经验和研究成果,对各税种的知识结构进行了合理的调整,既贴合企业实际业务,又逻辑明晰,可以帮助提高教师的授课质量和学生的学习效率。

(4) 与职业资格考试内容接轨。税法是会计职称考试的必考内容,也是注册会计师、税务师等职业资格考试的必考科目。本书参考上述考试大纲,在章节内容、例题、案例和课后练习题中结合了考试相关的重点,可以为学生通过上述考试奠定坚实的基础。

本书由谢晓妮、卫茜茜任主编,赵帅、李娜、崔芳任副主编。具体编写分工:卫茜茜编写第一章,约 3 万字;谢晓妮编写第二章、第五章,约 15 万字;赵帅编写第三章、第七章、第八章、第九章,约 14 万字;李娜编写第四章,约 3 万字;崔芳编写第六章、第十章、第十一章,约 9 万字。

我们携手智慧树平台,联合打造《管理人员必备的税务知识》线上课程。为便于大家使用,本书引入了该平台线上教学资源,读者可扫描二维码(本书"知识点视频"小单元)查阅学习。

本书如有疏漏与不足之处,恳请同行专家和读者批评指正。

联系邮箱:weiqianqian@eurasia. edu。

目　录

第一章 总论

本章知识结构图

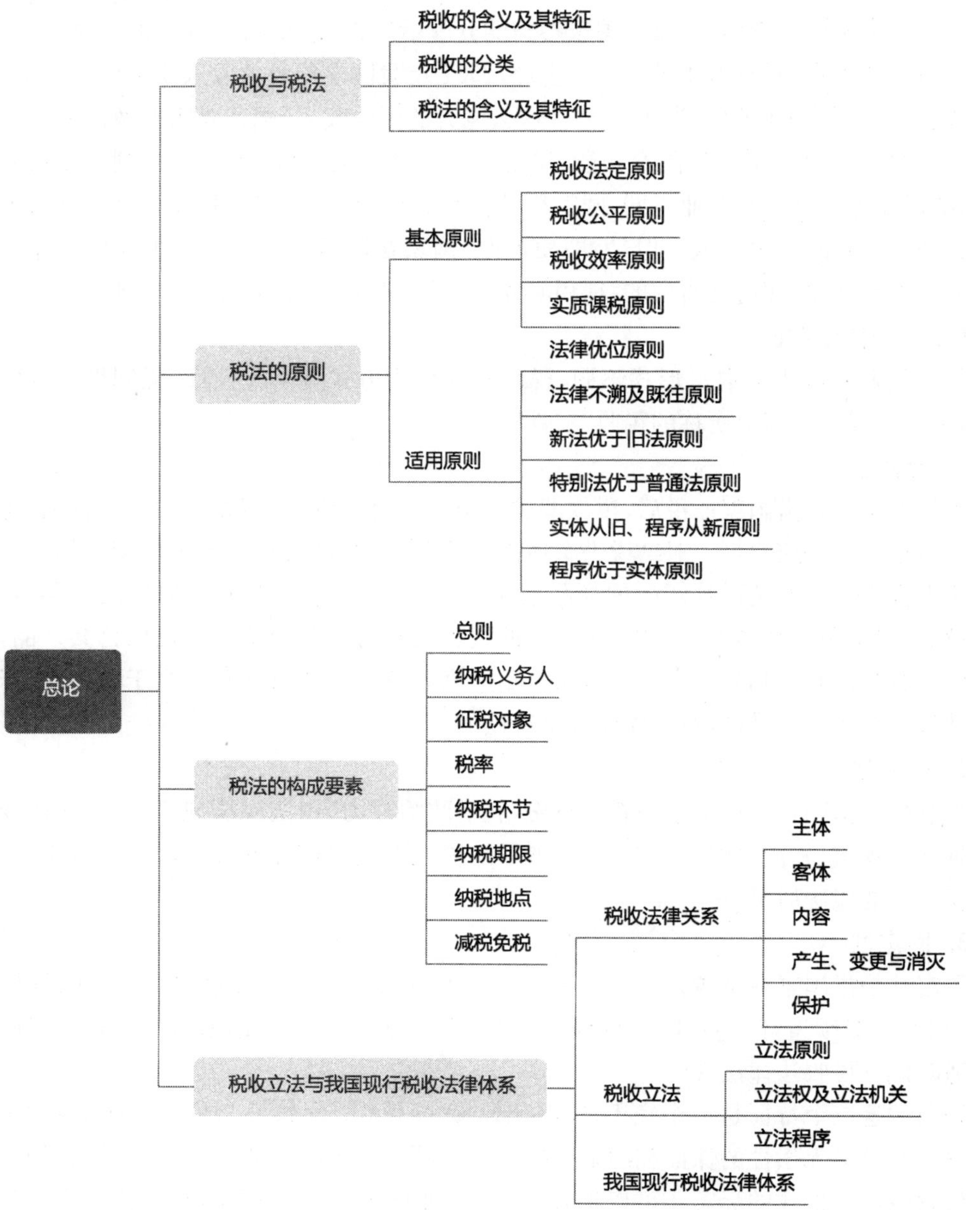

第一节 税收与税法

一、税收的含义及其特征

（一）税收的含义

税收是国家为实现其职能，满足社会公共需要，凭借国家政治权力，按照法律所规定的标准和程序，参与国民收入分配，强制地、无偿地取得财政收入的一种手段。

从上述定义可以看出，税收是国家参与的分配活动，是取得财政收入的一种主要手段。在整个财政收入中，税收占比最大。据统计，2021 年我国全年税收收入 17.27 万亿元，占全国一般公共预算收入的比例为 76.3%。这么庞大的税收收入，国家要用来做什么呢？

税收收入主要用于实现国家职能，满足社会公共需要，如教育、公共交通、城市基础建设、国防建设等支出。与企业不同，国家凭借拥有的政治权力参与国民收入的分配，取得满足社会公共需要的财政收入。但是，即便如此，国家在取得税收收入时也需要遵循法律所规定的标准和程序，即通常所说的“征税必立法，无法不成税”的税收法定原则。

（二）税收的特征

与其他财政收入的取得形式不同，税收这种分配方式具有无偿性、强制性和固定性的特征，也就是我们习惯上所称的税收“三性”。

1. 无偿性

无偿性主要是指国家征税后，税款即成为国家的财政收入，不直接归还纳税人，也不向纳税人直接支付任何回报。对纳税人个体而言，国家不需要按照市场等价交换的原则直接为纳税人提供与其所交税款匹配的商品或服务，缴税行为表现为财产的单向转移，是无偿的。但是，对纳税人整体而言，政府用取得的税收收入为社会全体成员提供公共产品，纳税人从中享有公共服务和公共产品。从这个角度来看，税收是真正的“取之于民，用之于民”，每个纳税人都能从中受益，对整体而言是有偿的。

2. 强制性

强制性是指国家以社会管理者的身份，凭借政治权力，用法律法规等形式，对需要征收的税种加以规定，并依照法律强制征收；如果纳税人不按照税法的规定履行纳税义务，就需要承担相应的违法后果。

3. 固定性

固定性是指国家在征税之前，应以法律形式预先规定征税对象、征收标准、征税方法等，征纳双方必须遵守，不得随意变动。当然，不是说不能变动，国家也会根据经济的发展需要适时调整税收法律法规。

税收的这三个特征是一个完整的统一体，缺一不可。无偿性是税收的核心特征，强制性和固定性是对无偿性的保证和约束。税收“三性”也是税收本质的具体表现，是税收区别于其他财政收入形式的标志。可以这样认为，一种财政收入，如果同时具备税收“三性”的形式特征，即便其名称不叫税，实质上也是税收的一种。

（三）税收的产生

税收作为一种分配方式，并不是现代社会才出现的，它是一个古老的历史范畴。例如，在我国历史上，夏商周时期的“贡、助、彻”，春秋时期鲁国的“初税亩”等都是很有代表意义的早期税收制度。那究竟是在什么样的条件下，税收才得以应运而生呢？一般认为，税收的产生取决于以下两个相互制约的条件：

第一个条件是国家的产生和存在。这是税收产生的前提条件。税收是国家实现其职能的物质基础，只有出现了国家之后，才有为满足国家政权行使职能而征税的客观需要。只有产生了国家，才有了课征税收的主体，也才有了课征税收的依据，从而使税收的产生成为可能。

第二个条件是私有制的存在和发展。这是税收产生的经济条件。税收是国家凭借政治权力而不是财产权利的分配形式，只有社会存在私有财产制度，并且国家又需要将一部分不属于自己所有或不直接支配使用的国民收入转变为国家所有的情况下，才有必要采取税收这种强制性方式。因此，只有社会上存在私有财产制度这样的经济条件，税收才会产生。

随着历史的不断变迁，税收发挥的功能作用也在不断变化。目前，在我国，税收主要具有组织财政收入、调节经济和监督社会经济活动的职能。在这些职能中，组织财政收入是税收最基本的职能，不论是什么性质国家的税收，不论是什么种类的税收，都具有这一职能。税收调节经济的职能是指税收作为一种经济杠杆，通过征税、不征税、征多征少、加征减免等办法，造成对纳税人物质利益的不同影响，引导纳税人调整自己的活动，以配合国家产业政策、生产结构、消费结构的调整，优化资源配置，发挥税收的宏观经济调控作用。税收监督社会经济活动的职能主要是通过税收征管来实现的，一方面要求纳税人依法纳税，保证国家履行其职能的物质需要；另一方面对社会生产的各个环节进行监督，制止、纠正经济违法现象，打击经济领域的犯罪活动，保证税收分配的顺利进行，促进国民经济的健康发展。

二、税收的分类

（一）根据征税对象性质分类

根据征税对象的属性不同，税收可以分为流转税、所得税、财产税、资源税和特定行为目的税五大类。

1. 流转税

流转税是对销售商品或提供劳务的流转额征收的一类税，因此也可称为商品和劳务税。由于流转税与商品（或劳务）的交换相联系，商品无处不在，又处于不断流动之中，这决定了流转税的征税范围十分广泛。更为重要的一点是流转税的计征，只问收入有无，而不管成本高低、利润大小。这种计算简便、易于征收的特点，使得流转税长期以来一直是我国的主体税种。目前开征的增值税、消费税、关税都属于流转税。据统计，在2021年我国全年税收收入中，国内增值税和消费税共计取得收入7.74万亿元，占全部税收收入的比重为44.82%，这足以体现流转税的重要程度。

2. 所得税

所得税，顾名思义，是对所得额征收的一类税收。目前我国开征的所得税包括企业所得税和个人所得税。这里的所得是指按照税法规定应当征税的所得，是对法人或自然人一定时期内的合法收入总额减除成本费用和法定允许扣除的其他各项支出后的余额进行征收的税。换句话讲，所得税其实可以理解为是对净所得进行征税，按照所得的大小和有无来确定税收负担，实行“所得多的多征，所得少的少征，无所得的不征”的原则。因此，它对调节国民收入分配，缩小纳税人之间的收入差距有着特殊的作用。在发达国家，所得税是其财政收入的主要来源。在我国，随着经济的发展和国民收入的增加，所得税已成为近年来增长较快的一类税收，是继流转税之后我国的第二大主体税种。据统计，在 2021 年我国全年税收收入中，企业所得税和个人所得税共计取得收入 5.6 万亿元，占全部税收收入的比重为 32.43%。

3. 财产税

财产税是对纳税人所拥有或属其支配的财产数量或价值额征收的一类税收，包括对财产的直接征收和对财产转移的征收。目前我国开征的房产税、契税、车船税都属于财产税。

4. 资源税

资源税是对开发、利用和占有国有自然资源的单位和个人征收的一类税收。开征资源税除了可以取得一定的财政收入之外，还有利于保护国有资源的合理开发利用。目前我国开征的资源税主要有城镇土地使用税、资源税、土地增值税。

5. 特定行为目的税

特定行为目的税一般是指以某些特定行为或特定目的为征税对象征收的一类税收。征收这类税，可以是为了对某些特定行为进行限制、调节，也可以是为了开辟地方财源，达到特定的目的。这类税的设置比较灵活，其中有些税种具有临时税的性质。我国目前开征的行为税主要有印花税、车辆购置税、城市维护建设税、耕地占用税、环境保护税、烟叶税、船舶吨税。

（二）根据税收管理权限和收入归属分类

根据税收管理权限和收入归属进行分类，我国税收可分为中央税、地方税、中央与地方共享税，这是在我国分级财政体制下的一种重要的分类方法。这种划分可以使各级财政有相应的收入来源和一定范围的税收管理权限，从而有利于调动各级财政组织收入的积极性，更好地完成一级财政的任务。在进行具体税种划分时，一般会将税源集中、收入大、涉及面广，并且由全国统一立法和统一管理的税种，划作中央税，如关税、消费税；将一些与地方经济联系紧密，税源比较分散的税种，列为地方税，如房产税、城镇土地使用税、城市维护建设税、车船税、印花税；将一些既能兼顾中央和地方经济利益，又有利于调动地方组织收入积极性的税种，列为中央与地方共享税，如增值税、资源税。

【例 1-1】 下列税种中属于中央政府与地方政府共享收入的是（　　）。

A. 消费税　　B. 城镇土地使用税

C. 土地增值税　　D. 增值税

正确答案：D。

（三）根据税收与价格的关系分类

根据税收与价格的关系分类，税收可分为价内税和价外税。如果征收的税包含在价格之中，称为价内税。反之，如果征收的税不包含在价格之中，则称为价外税。例如，消费税就是典型的价内税，在计征消费税时，计税价格中包含征收的消费税，组成计税价格由成本、利润和消费税税金组成。而增值税刚好相反，它是价外税，计税价格中不得包含征收的增值税。价内税有利于国家通过对税负的调整，直接调节生产和消费，但容易造成对价格的扭曲。而价外税与价格没有直接联系，不干扰价格对市场供求状况的正确反映，不会因征税而影响公平竞争，更符合市场经济的要求。

（四）根据税收负担能否转嫁分类

根据税收负担是否易于转嫁分类，税收可以分为直接税和间接税。税负转嫁是指纳税人依法缴纳税款之后，通过种种途径将所缴税款的一部分或全部转移给他人负担的经济现象和过程，它表现为缴纳税金的主体纳税人与最终负担税金的主体负税人的非一致性。由纳税人直接负担的税收称为直接税，在这种情况下，纳税人即负税人，如所得税。由纳税人转嫁给负税人的税收称为间接税，即负税人与纳税人并非同一主体，如增值税、消费税、关税等流转税都是间接税，虽然是商品销售方或劳务提供方缴纳了这些税收，但真正负担这些税收的却是最终的消费者。

（五）根据计税依据分类

根据计税依据进行分类，税收可以分为从价税和从量税。从价税是以征税对象的价值量为标准计算征收的税收，税额的多少将随着价格的变动而相应增减。从量税是以征税对象的重量、件数、容积、面积等为标准，采用固定税额征收的税收，税收收入不能随价格高低而增减。我国大部分税种主要采用从价税的计税标准，但也有一些税种采用从量税，例如，城镇土地使用税按照土地面积多少平方米征税，消费税对啤酒按照数量多少吨来征税。

三、税法的含义及其特征

（一）税法的含义

税法是国家制定的用以调整国家与纳税人之间在征纳税方面权利与义务关系的法律规范的总称，是国家依法征税、纳税人依法纳税的行为规范。税法有广义和狭义之分，广义的税法包括税收法律、行政法规、部门规章、地方性法规规章等；狭义的税法仅指税收法律。一般我们提到的税法指的都是广义的税法。

（二）税收与税法的关系

税收是一种经济活动，属于经济基础范畴；而税法是一种法律制度，属于上层建筑范畴。税收的本质特征具体体现为税收制度，而税法则是税收制度的法律表现形式。因此，两者之间联系密切，税收活动必须严格依照税法的有关规定进行，税法是税收的法律依据和法律保障。有税必有法，无法不成税。

（三）税法的特征

从立法过程来看，税法属于制定法，而不属于习惯法。现代国家的税法都是经过一定的立法程序制定出来的，即税法是由国家制定而不是由习惯法或司法判例认可的。

从法律性质来看，税法属于义务性法规，而不属于授权性法规。义务性法规是相对授权性法规而言的，是指直接要求人们从事或不从事某种行为的法规，即直接规定人们某种义务的法规。税法是直接规定人们从事或不从事某种行为的法规，具有强制性。当然，税法并不是没规定权利，而是权利建立在义务之上，处于从属地位。

从内容来看，税法属于综合法，而不属于单一法。税法是由实体法、程序法、争讼法等构成的综合法律体系，其内容涉及课税的基本原则、征纳双方的权利义务、税收管理规则、法律责任、解决税务争议的法律规范等。

从领域来看，税法是调整国家与各个经济单位及公民个人分配关系的基本法律规范，属于国家法律体系中一个重要的部门法，是我国法律体系的重要组成部分。

【例 1-2】 下列关于税收和税法的描述，不正确的有（　　）。

A. 税法是调整税务机关与纳税人关系的法律规范

B. 税法不是没规定权利，而是权利建立在义务之上，处于从属地位

C. 税收的分配依据是基于生产要素进行分配

D. 税法性质上属于私法

正确答案： ACD。

第二节　税法的原则

税法的原则反映税收活动的根本属性，是税收法律制度建立的基础，包括税法的基本原则和税法的适用原则。

一、税法的基本原则

税法的基本原则是统领所有税收规范的根本准则，包括税收立法、执法、司法在内的一切税收活动都必须遵守。税法的基本原则包括税收法定、税收公平、税收效率和实质课税四个原则。

（一）税收法定原则

税收法定原则又称为税收法定主义，是税法基本原则的核心，指的是税法主体的权利义务、税法的各类构成要素都必须只能由法律予以明确。从立法角度来讲，税收法定原则要求税收要件法定，也就是说国家对其开征的任何税种都必须由法律对其进行专门确定才能实施；征税要素的变动都应当按相关法律的规定进行；征税要素的规定应尽量明确，避免产生漏洞和歧义。从征收程序来讲，税收法定原则是指税务机关按法定程序行使依法征税的权利，不得随意减征、停征或免征，无法律依据不得征税。换句话讲，税收法定原则可以理解为如果没有相应法律作为前提，则国家不能征税，公民也没有纳税的义务。税收法定原则可以概括为课税要素法定、课税要素明确和依法稽征三个具体原则。

（二）税收公平原则

税收公平原则源于法律上的平等原则，主要指的是税收负担必须根据纳税人的负担能力分配。负担能力相等，税负相同；负担能力不等，税负自然不同。许多国家的税法在贯彻税收公平原则时，都特别强调禁止不平等对待的法律，禁止对特定纳税人给予歧视性对待，也禁止在没有正当理由的情况下，对特定纳税人给予特别优惠。税收公平原则既包括法律上的税收公平与经济上的税收公平，也包括实体上的税收公平和程序上的税收公平。

（三）税收效率原则

税收效率原则包括两个方面：一是经济效率，要求税法的制定有利于资源的有效配置和经济体制的有效运行；二是行政效率，要求提高税收行政效率，节约税收征管成本。

（四）实质课税原则

实质课税原则是指应根据客观事实，确定是否符合课税要件，并根据纳税人的真实负担能力决定纳税人的税负，而不能仅考虑相关外观或形式。例如，纳税人通过一些手段或方法压低产品价格来降低销售额，税务机关则有权重新核定其销售额，以防止纳税人避税与偷税，这样处理体现了税法基本原则中的实质课税原则。实质课税原则有利于防止纳税人避税与偷税，增强税法适用的公正性。

二、税法的适用原则

税法的适用原则是指税务行政机关和司法机关运用税收法律规范解决具体问题所必须遵循的准则。税法的适用原则并不违背税法基本原则，而且在一定程度上体现了税法的基本原则，表现得更为具体化。

（一）法律优位原则

法律优位原则是指法律的效力高于行政立法的效力。其主要作用是为了处理不同等级税法的关系，当效力低的税法与效力高的税法发生冲突时，效力低的税法是无效的。

（二）法律不溯及既往原则

法律不溯及既往原则是指一部新法实施后，对新法实施之前人们的行为不得适用新法，而只能沿用旧法。这一原则的本质是确定税法的有效时间，即从实施起有效，以便维护税法的稳定性和可预测性。例如，我国实施的"营改增"改革中，规定从 2016 年 5 月 1 日起，销售不动产的行为缴纳增值税，在这之前发生同样的行为只能按照旧法缴纳营业税。

（三）新法优于旧法原则

新法优于旧法原则也称后法优于前法原则，具体是指新法、旧法对同一事项有不同规定时，新法的效力优于旧法。该原则可以避免因法律修订导致新法、旧法对同一事项有不同的规定而给法律适用带来的混乱，为法律的更新与完善提供法律适用上的保障。

（四）特别法优于普通法原则

特别法优于普通法原则是指对同一事项两部法律分别定有一般规定和特别规定时，特别规定效力高于一般规定的效力。该条原则打破了法律优位原则规定的税法效力等级的界限，也就是说，居于特别法地位的级别较低的税法，其效力可以高于作为普通法的级别较高的税法。

（五）实体从旧、程序从新原则

实体从旧、程序从新原则包括两层意思：一是实体法不具备溯及力，以纳税义务发生时的税法规定为准，不具有向前的追溯力；二是程序性税法在特定条件下具备一定的溯及力，对于在新税法公布实施之前发生，却在新税法公布实施之后进入税款征收程序的纳税义务，原则上新法具有约束力。例如，2008 年 1 月 1 日之前，我国企业所得税适用 33％的税率，申报缴纳期限是 4 个月。2008 年 1 月 1 日之后，企业所得税的税率改成了 25％，申报缴纳期限由 4 个月改为 5 个月。由于税率的规定属于实体法，申报缴纳期限属于程序法。在对2007年的企业所得税汇算清缴时，按照实体从旧、程序从新原则，计算企业所得税时要用33%的税率，申报期限则是5个月。

(六) 程序优于实体原则

程序优于实体原则是关于税收争讼法的原则，具体是指在诉讼发生时，税收程序法优于税收实体法。适用这一原则是为了确保国家课税权的实现，不因争议的发生而影响税款的及时足额入库。例如，纳税人只有在缴纳有争议的税款后，税务行政复议机关才能受理纳税人的复议申请。这体现的就是程序优于实体的原则。

【例1-3】 下列关于税法原则的表述中，正确的有(　　)。

A. 税收法定原则是税法适用原则中的核心

B. 新法实施后，之前人们的行为不适用新法，而只沿用旧法，体现了法律优位原则

C. 税收效率原则要求税法的制定要有利于节约税收征管成本

D. 制定税法时禁止在没有正当理由的情况下给予特定纳税人特别优惠，这一做法体现了税收公平原则

正确答案：CD。

第三节　税法的构成要素

从立法过程来看，税法属于制定法，不是习惯法。因此，在税法制定过程中，各个具体税种在形成单行税法过程中所具有的共同要素就形成了税法的构成要素。这些要素一般包括总则、纳税义务人、征税对象、税率、纳税环节、纳税期限、纳税地点、减税免税、罚则与附则等内容。

一、总则

总则主要包括立法依据、立法目的、适用原则等。

二、纳税义务人

纳税义务人，简称纳税人，又可称为纳税主体，是税法规定的直接负有纳税义务的单位和个人。该要素主要解决国家对谁征税的问题。纳税人可以是自然人，也可以是法人。凡是在我国居住，享受民事权利并承担民事义务的中国人、外国人、无国籍人，以及虽不在我国居住，但受我国法律管辖的中国人和外国人，都属于负有纳税义务的自然人。法人是和自然人相对的法律概念，企业、事业单位、社会团体、学校等都属于法人，法人如果拥有税法规定的应税财产、收入和特定行为，就对国家负有纳税义务。

在实际纳税工作中，需要注意纳税人与扣缴义务人的区别。扣缴义务人是指按照税法规定，负有扣缴税款义务的单位和个人，包括代扣代缴义务人和代收代缴义务人。例如，按照税法规定，个人取得的工资薪金所得，负有缴纳个人所得税的义务，但该税款是由个人所任职的单位发放工资薪金时代扣代缴的，因此，个人任职受雇的单位就成了扣缴义务人。确定扣缴义务人，有利于加强税收的源泉控制，简化征税手续，减少税款流失。但扣缴义务

人不是纳税主体，而是纳税人和税务机关的中介。如果扣缴义务人按照税务机关和税法的要求，认真履行扣缴义务，税务机关将给予其一定的手续费。反之，如果他们未按规定代扣代缴，使代扣代缴的税款不能按时缴入国库，或帮助纳税人偷逃税款，就要追究其法律责任。

三、征税对象

征税对象，又称课税对象，是征税的目的物，解决对什么征税的问题，是征纳双方权利义务共同指向的客体，是一种税区别于另一种税的主要标志。例如，消费税的征税对象是税法规定的应税消费品，房产税的征税对象是房屋等。征税对象体现不同税种征税的基本界限，决定着不同税种名称的由来。与征税对象密切相关的两个概念是税目和税基。

（一）税目

税目本身也是一个重要的税法要素，是税法中规定应征税的具体项目，它使征税对象具体化，反映各税种具体的征税范围，是对征税对象质的界定，主要体现每个税种的征税广度，只要列入税目的就是应税项目，未列入税目的，则不属于应税项目。当然，并非所有的税种都需要规定税目。例如，企业所得税就未设置税目，而消费税根据应税消费品的不同设置了 15 个税目。

（二）税基

税基，又叫计税依据，是计算征税对象应纳税款的直接数量依据，它主要解决对征税对象课税的计算问题，是对征税对象量的规定，是应纳税额计算的基础。税基分为价值形态和物理形态两种基本形态。以价值形态作为税基，称为从价计征，需要按照课税对象的货币价值计算应纳税额。例如，在计算生产销售高档化妆品的增值税和消费税应纳税额时，是以销售收入作为税基，乘以适用税率计算而得。以物理形态作为税基，称为从量计征，在计税时按照征税对象的自然单位，如重量、体积、面积等，计算应纳税额。例如，现行税制中的城镇土地使用税采用的就是从量计征的方法，税基是占用土地的面积。此外，在实际纳税工作中，有些税种计税时也会同时选用价值形态和物理形态，这种计税方法称为复合计税。例如，消费税中的卷烟和白酒在计算消费税时均采用复合计税的方法，应纳税额等于从价税和从量税的合计数。

四、税率

税率是对征税对象的征收比例或征收额度，是计算税额的尺度，也是衡量税负轻重与否的重要标志，体现了课税的深度。我国现行的税率主要包括比例税率、累进税率和定额税率三种。

（一）比例税率

比例税率是对同一征税对象，或同一税目，不论数额大小，都规定相同的征收比例。税额与计税依据之间的比例是固定的。我国现行的增值税、企业所得税等均采用比例税率。这种税率形式计算简便，税负透明度高，符合税收效率原则，有利于纳税人公平竞争。但比例税率也存在一些不足，例如，不考虑纳税人实际环境差异，按同一税率征税，这与纳税人的实际负担能力不完全相符，在调节纳税人的收入水平方面有一定的局限性，难以体现税收的公平原则。在具体应用时，比例税率又可分为单一比例税率和差别比例税率。例如，车辆购置税统一采用10%的单一比例税率征收，城市维护建设税则按照地区差异设置了7%、5%和1%的差别比例税率。

(二) 累进税率

累进税率是指把计税依据按一定的标准划分成为若干个等级，从低到高分别规定逐级递增的税率。这种税率形式的特点是，税率等级与计税依据的数额等级同方向变动，有利于按纳税人的不同负担能力设计税率，更加符合税收公平的原则。

累进税率，按其累进的依据和累进方式不同，主要有全额累进税率、超额累进税率和超率累进税率三种形式。由于全额累进税率累进程度急剧，在两个等级临界处税负增加超过计税依据的增加，现在已经很少采用。

超额累进税率和超率累进税率在设计原理上基本没有差异，都是把计税依据分成若干个等级，每一个等级规定一个税率，税率依次提高。计税时征税对象同时适用几个等级的税率，应纳税额是按照不同等级分别计算后相加得出。两者最大的区别在于划分等级的依据不同，超额累进税率用计税依据的绝对数划分等级，而超率累进税率则采用相对数，以计税依据的某种比例作为累进依据来划分等级。例如，我国个人所得税中的工资薪金所得按照个人应税所得金额共分为七级超额累进税率，而土地增值税则按照增值率采用四级超率累进税率。

【例 1-4】 工程师张某2021年11月份工资的应纳税所得额为5 000元，税率如表1-1所示，按超额累进税率计算，应纳税额是多少呢？

表 1-1 工资薪金所得个人所得税税率表

级数	全月应纳税所得额	税率	速算扣除数
1	不超过3 000元的部分	3%	0
2	超过3 000元至12 000元的部分	10%	210
3	超过12 000元至25 000元的部分	20%	1 410
4	超过25 000元至35 000元的部分	25%	2 660
5	超过35 000元至55 000元的部分	30%	4 410
6	超过55 000元至80 000元的部分	35%	7 160
7	超过80 000元的部分	45%	15 160

解析：张某11月份的应税所得额为5 000元，共跨了两个等级，需要分段计税。第一级的3 000元适用3%的税率，剩下的2 000元适用10%的税率。应纳税额的计算具体如下：

应纳税额＝3 000×3%＋2 000×10%＝290(元)。

从计算过程可以看出，在级数较多的情况下，这种计算方法比较繁琐，在实际工作中为了简化计算，也会采用速算法。具体如下：

应纳税额＝5 000×10%－210＝290(元)。

(三) 定额税率

定额税率是按照征税对象的计算单位，直接规定一个固定的税额。这种税率形式与征税对象的价值量无关，不受征税对象价值量变化的影响，一般适用于从量计征的税种，如城镇土地使用税、车船税等。

五、纳税环节

纳税环节主要是规定征税对象在从生产到消费的流转过程中应当缴纳税款的环节。例如，流转税在生产和流通环节征税，所得税在分配环节征税。纳税环节有广义和狭义之分。广义的纳税环节指全部课税对象在再生产中的分布情况。例如，资源税分布在资源生产环节，流转税分布在生产或流通环节，所得税分布在分配环节等。狭义的纳税环节特指应税商品在流转过程中应纳税的环节。商品从生产到消费要经历诸多流转环节，各环节都存在销售额，都可能成为纳税环节。但考虑到税收对经济的影响、财政收入的需要，以及税收征管的能力等因素，国家常常对在商品流转过程中所征的税种规定不同的纳税环节。按照某种税征税环节的多少，可以将税种划分为一次课征制或多次课征制。合理选择纳税环节，对加强税收征管，有效控制税源，保证国家财政收入的及时、稳定、可靠，方便纳税人生产经营活动和财务核算，灵活机动地发挥税收调节经济的作用，具有十分重要的理论和实践意义。

六、纳税期限

纳税期限是指税法规定的关于税款缴纳时间方面的限定。税法关于纳税时限的规定有三个概念。一是纳税义务发生时间，即应税行为发生的时间。如《中华人民共和国增值税暂行条例》（简称《增值税暂行条例》）规定，采取预收货款方式销售货物的，其纳税义务发生时间为货物发出的当天。二是纳税期限。纳税人每次发生纳税义务后，不可能马上去缴纳税款，税法规定了每个税种的纳税期限，即每隔固定时间汇总一次纳税义务的时间。如《增值税暂行条例》规定，增值税的具体纳税期限分别为 1 日、3 日、5 日、10 日、15 日、1 个月或者 1 个季度。纳税人的具体纳税期限，由主管税务机关根据纳税人应纳税额的大小分别核定；不能按照固定期限纳税的，可以按次纳税。三是缴库期限，即税法规定的纳税期满后，纳税人将应纳的税款缴入国库的期限。如《增值税暂行条例》规定，纳税人以 1 个月或者 1 个季度为 1 个纳税期的，自期满之日起 15 日内申报纳税；以 1 日、3 日、5 日、10 日或者 15 日为 1 个纳税期的，自期满之日起5 日内预缴税款，于次月 1 日起 15 日内申报纳税并结清上月应纳税款。

七、纳税地点

纳税地点是指根据各个税种课税对象的纳税环节和有利于对税款的源泉进行控制而规定的纳税人（包括扣缴义务人）的具体纳税地点。纳税地点一般是纳税人的户籍所在地、居住地、注册地或生产经营所在地等。

八、减税免税

减税免税是对某些纳税人或征税对象的鼓励或照顾措施，具体分为税基式减免、税率式减免和税额式减免三种形式。

（一）税基式减免

税基式减免是通过直接缩小计税依据的方式来实现的减税免税。需要重点关注起征点和免征额的概念。起征点是征税对象达到一定数额开始征税的起点，征税对象数额未达到起征点的，不征税，达到起征点的，按全部数额征税。免征额是在征税对象的全部数额中免予征税的数额，对免征额的部分不征税，只对超过免征额的部分征税。两者的联系与区别在于，不达起征点和免征额都不交税，但是一旦达到起征点是全额征税，超过免征额只对超过部分征税。例如，工资薪金所得在计算个人所得税时允许从收入中扣除的 5 000 元就是免征额，而非起征点。

（二）税率式减免

税率式减免是通过直接降低税率的方式实现的减税免税，包括零税率、低税率等。

（三）税额式减免

税额式减免是通过直接减少应纳税额的方式实现的减税免税，包括全部免征、减半征收、核定减免率以及另定减征额等。

九、罚则与附则

罚则又称法律责任，是对违反税法的行为采取的处罚措施。

附则一般规定该税法的解释权、生效时间等相关内容。

【例 1-5】 下列关于税法要素的说法正确的有（　　）。

A. 税目体现不同税种征税的基本界限，决定着某一税种的基本征税范围

B. 计税依据是计算征税对象应纳税款的直接数量依据，是课税对象质的规定

C. 税率是计算税额的尺度，衡量税负轻重的重要标志

D. 全额累进税率与超额累进税率计算的应纳税额的差额为速算扣除数

正确答案： CD。

【例 1-6】 下列税种中，采用比例税率征收的有（　　）。

A. 企业所得税　　B. 增值税

C. 城镇土地使用税　　D. 城市维护建设税

正确答案： ABD。

第四节　税收立法与我国现行税收法律体系

一、税收法律关系

税收法律关系是指国家与纳税人之间，在税收分配及其管理活动中，以国家强制力保证实施的，具有经济内容的权利与义务的关系。从税法的性质上看，税收法律关系是一种国家意志关系，对什么征税，对谁征税，征多少税，都是国家以法律形式规定的，反映国家的意志，而不是纳税人的意志。从税法的经济内容上看，税收法律关系是一种财产所有权或支配权单向转移的关系。纳税人履行了纳税义务，就意味着将一定的社会财富无偿地转移到了国家手中。这种国家征税与纳税人纳税在形式上表现出来的利益分配关系，经过法律明确双方的权利与义务后，就上升为了税收法律关系。

税收法律关系的构成在总体上与其他法律关系一样，都是由法律关系的主体、客体和内容三个方面构成的。但是在三方面的内涵上，税收法律关系则具有特殊性。

（一）税收法律关系的主体

税收法律关系的主体是指法律关系的参与者，是税收法律关系中享有权利和承担义务的当事人，包括征税主体和纳税主体。在我国，征税主体是指依法行使课税权的各级国家机关，包括各级税务机关、海关和财政机关；纳税主体是指依法负有纳税义务的单位和个人，包括法人、自然人和其他组织，即国有、集体、私营、股份制和其他经济组织，以及个体工商户、居民和在中国境内取得应税收入的外国人。在一般民事法律关系中，主体双方的权利与义务是平等的。而在税收法律关系中，主体双方的法律地位是平等的，但是因为主体双方是行政管理者与被管理者的关系，所以双方的权利与义务是不对等的，这是税收法律关系的一个重要特征。

（二）税收法律关系的客体

税收法律关系的客体是指税收法律关系主体的权利和义务共同指向的对象，表现为征税对象，包括物、货币和行为。例如，所得税法律关系的客体就是生产经营所得和其他所得，财产税法律关系的客体即财产，流转税法律关系的客体就是货物销售收入或劳务、服务收入。税收法律关系的客体也是国家利用税收杠杆调整和控制的目标，国家在一定时期根据客观经济形势发展的需要，通过扩大或缩小征税范围，调整征税对象，可以达到限制或鼓励国民经济中某些产业、行业发展的目的。

（三）税收法律关系的内容

税收法律关系的内容是指税收法律关系主体所享有的权利和所承担的义务，这是税收法律关系中最实质的东西，也是税法的灵魂。它规定权利主体可以有什么行为，不可以有什么行为，若违反了这些规定，必须承担何种法律责任。税务机关的权利主要表现在依法进行征税、税务检查以及对违法者进行处罚。税务机关的义务主要是向纳税人宣传、提供咨询服务、辅导税法，及时把征收的税款解缴国库，依法受理纳税人对税收争议的申诉等。纳税人的权利主要有税法知情权，多缴税款申请退还权，延期纳税权，依法申请减免税权，申请税务行政复议和提起诉讼权。纳税人的义务主要是按税法规定依法办理税务登记，进行纳税申报，接受税务检查，依法缴纳税款和接受违法处理。

（四）税收法律关系的产生、变更与消灭

税法是引起税收法律关系的前提条件，但税法本身并不能产生具体的税收法律关系。税收法律关系的产生、变更与消灭必须有能够引起税收法律关系发生变化的客观情况，也就是说，由税收法律事实来决定。税收法律事实可以分为税收法律事件和税收法律行为。税收法律事件是指不以税收法律关系权利主体的意志为转移的客观事件，例如，自然灾害可以导致税收减免，从而改变税收法律关系的内容变化。税收法律行为是指税收法律关系主体在正常意志支配下做出的活动，例如，纳税人开业经营的客观事实导致产生税收法律关系，纳税人转业或停业就造成了税收法律关系的变更或消灭。

（五）税收法律关系的保护

税收法律关系的保护，是指保障征纳双方主体行使权利和监督义务主体履行义务的活动，实质就是保护国家正常的经济秩序，保障国家的财政收入，维护纳税人的合法权益。税收法律关系的保护方式比较多，例如，税法中关于限期纳税，征收滞纳金和罚款的规定，以及税法中对纳税人不服税务机关征税处理决定，可以申请复议或提出诉讼的规定等，都是对税收法律关系的直接保护。税收法律关系的保护，对权利主体双方是对等的，不能只对一方保护，而对另一方不予保护，对权利享有者的保护本身就是对义务承担者的制约。

【例 1-7】 下列关于税收法律关系的表述中，正确的是（　　）。

A. 税法是引起法律关系的前提条件，税法可以产生具体的税收法律关系

B. 税收法律关系中权利主体双方法律地位并不平等，双方的权利义务也不对等

C. 代表国家行使征税职责的国家各级税务机关是税收法律关系中的权利主体之一

D. 税收法律关系总体上与其他法律关系一样，都是由权利主体、权利客体两方面构成

正确答案：C。

二、税收立法

税收立法是指有立法权的机关依据一定的程序、遵循一定的原则、运用一定的技术，制定、公布、修改、补充和废止有关税收法律、法规、规章的活动。税收立法是税法实施的前提。

（一）税收立法的原则

税收的立法原则是指税收立法活动中必须遵循的准则，我国的税收立法原则是根据我国的社会性质和具体的国情而建立的，是立法机关根据社会经济活动、经济关系，特别是税收征纳双方的特点确定的，主要包括以下几个原则。

第一，从实际出发的原则。该原则强调制定税法要从我国国情出发，充分尊重社会经济发展规律和税收分配理论，要客观反映一定时期国家社会、政治、经济等各方面的实际情况，既不能被条条框框所束缚，也不能盲目抄袭别国的立法模式。

第二，公平原则。在税收的立法过程中，一定要体现公平原则，税收负担条件大体相同的，就应履行同等的纳税义务。

第三，民主决策的原则。该原则强调在税收立法过程中必须充分倾听群众的意见，严格按照法定程序进行，确保税收法律能体现广大群众的根本利益。

第四，原则性与灵活性相结合的原则。该原则要求在制定税法时，需要明确具体、严谨周密，但是，考虑到税法制定后需要在全国范围内贯彻执行，在制定税法时，也不能规定得过细过死。例如，为了照顾不同地区，特别是少数民族地区不同的情况和特点，充分发挥地方的积极性，在某些情况下，允许地方在遵守国家法律法规的前提下，制定适合当地的实施办法，这充分体现了原则性与灵活性相结合的原则。

第五，法律的稳定性、连续性与废、改、立相结合的原则。税法的制定是与一定经济基础相适应的，税法一经制定，在一定阶段里就要保持其稳定性，不能朝令夕改，变化不定。但是，这种稳定性不是绝对的，因为社会政治经济状况是不断变化的，税法也要进行相应的发展变化。例如，有的税法已经过时需要废除；有的税法部分失去效力，需要修改补充；根据新的情况，需要制定新的税法等。此外，还必须注意保持税法的连续性，在修改补充或制定新的税法时，应在原有税法的基础上，结合新的实践经验，修改补充原有的税法和制定新税法。

（二）税收立法权及立法机关

众所周知，我国最高的权力机关是全国人民代表大会，因此，我国的税收立法权由全国人民代表大会及其常务委员会行使，其他任何机关都没有制定税收法律的权利。现行税法中，个人所得税法、企业所得税法、税收征管法、车船税法等都属于税收法律的范畴。但是，除了税收法律之外，全国人民代表大会及其常务委员会也会授权国务院制定具有法律效力的暂行规定或条例，这些税收暂行条例的法律地位高于行政法规，具有国家法律的地位，例如现行的增值税、消费税、资源税等暂行条例都属于授权立法。其次，国务院作为最高的国家行政机关，拥有广泛的行政立法权，可以根据税收法律制定具体实施细则。

此外，作为税务主管部门的财政部和国家税务总局也有权制定税收部门规章，对有关税收法律、法规进行具体解释，这些部门规章在全国范围内具有普遍适用的效力。除了上述税收法律、法规、部门规章之外，地方人民代表大会及其常务委员会也有制定地方性法规的权利，但是由于我国在税收立法中坚持“统一立法”的原则，对地方税收立法权限的限制较大。目前，只有海南省、民族自治地区在遵循宪法、法律和行政法规的基础上，可以制定有关税收的地方性法规。

（三）税收立法程序

目前，我国税收立法程序主要包括提议、审议、通过和公布等几个阶段。无论是税法的制定，还是税法的修改、补充和废止，一般均由国务院授权税务主管部门负责立法的调研、提出立法方案或税法草案，并上报国务院；国务院法制局将税法草案发给有关部门征求意见或修改后，提交国务院审查，审查通过后以议案的形式提交全国人民代表大会或常务委员会审议。税收行政法规由国务院常务会议审议通过后，以国务院令的名义发布实施。税收法律经全国人民代表大会或其常务委员会审议通过后，以国家主席令的形式发布实施。未经公开发布的税法不具备正式法律效力。

三、我国现行税收法律体系

根据我国立法体制的规定，不同的立法机关依据立法原则制定了一系列税收法律、法规、规章和规范性文件，构成了我国现行的税收法律体系，这也就是通常所指的广义的税法概念。从法律角度来讲，税法体系是一个国家在一定时期内、一定体制下以法定形式规定的各种税收法律、法规的总和。但从税收工作的角度来看，税法体系往往被称为税收制度，一个国家税收制度的建立，要结合本国的具体政治条件和经济条件。

我国现行的税制基本上是以间接税和直接税为双主体的税制结构。税法体系由税收实体法和税收征收管理法律制度构成。目前，我国正在开征的税种共有18个，规定这18个具体税种征税要素的税收法律规范就是税收实体法。税收征收管理法律制度是规定税收管理工作的步骤和方法等方面的法律规范，例如，《中华人民共和国税收征收管理法》（简称《税收征收管理法》）、《中华人民共和国发票管理办法》（简称《发票管理办法》）、《税务行政复议规则》等都属于税收征收管理法律制度的范畴。

【例 1-8】 下列各项税收法律法规中，属于国务院制定的税收行政法规的有（　　）。

A.《中华人民共和国个人所得税法》

B.《中华人民共和国税收征收管理法实施细则》

C.《中华人民共和国企业所得税法实施条例》

D.《中华人民共和国消费税暂行条例实施细则》

正确答案：BC。

【例 1-9】 有关税收立法程序的表述，不正确的是（　　）。

A. 一般由国务院授权其税务主管部门提出立法方案，上报国务院

B. 税收法规由国务院负责审议

C. 税收行政法规，由国务院审议通过后，以国家主席名义发布实施

D. 税收法律，以国家主席名义发布实施

正确答案：C。

知识点视频

案例导入：什么是税收？

税收与税法

税法的原则

税收法律关系

税收立法与我国现行税法体系

税收实体法的构成要素

实践能力训练

单选题

1. 下列关于税收和税法的描述，正确的有（　　）。

   A. 税法是调整税务机关与纳税人关系的法律规范

   B. 税法不是没规定权利，而是权利建立在义务之上，处于从属地位

   C. 税收的分配依据是基于生产要素进行分配

   D. 税法性质上属于私法

2. 下列关于税法和其他法律关系的描述不正确的有（　　）。

   A. 税法具有行政法的一般特性

   B. 税收法律关系中居于领导地位的一方总是国家，但需要征纳双方意思表示完全一致

   C. 税法的某些规范同民法规范基本相同时，税法一般援引民法条款

   D. 涉及税收征纳关系的问题，即便符合民法中的规定，但违反税法规定的，应按税法的规定对该交易做出调整

3. 下列关于税法原则的表述中，不正确的有（　　）。
   A. 新法、旧法对同一事项有不同规定时，新法效力优于旧法，体现了新法优于旧法原则
   B. 居于特别法地位级别较低的税法，其效力可以高于作为普通法的级别较高的税法
   C. 特别法优于普通法原则打破了税法效力等级的限制
   D. 实体税法具备溯及力，程序性税法不具备一定的溯及力，体现了实体从旧、程序从新原则
4. 下列关于税收法律关系的表述中，正确的是（　　）。
   A. 税法是引起法律关系的前提条件，税法可以产生具体的税收法律关系
   B. 税收法律关系中权利主体双方法律地位并不平等，双方的权利义务也不对等
   C. 代表国家行使征税职责的国家各级税务机关是税收法律关系中的权利主体之一
   D. 税收法律关系总体上与其他法律关系一样，都是由权利主体、权利客体两方面构成
5. 下列关于税法要素的说法不正确的有（　　）。
   A. 征税对象体现不同税种征税的基本界限，决定着某一税种的基本征税范围
   B. 计税依据是计算征税对象应纳税款的直接数量依据，是课税对象质的规定
   C. 税率是计算税额的尺度，衡量税负轻重的重要标志
   D. 全额累进税率与超额累进税率计算的应纳税额的差额为速算扣除数
6. 下列税种中，不采用比例税率征收的有（　　）。
   A. 企业所得税　　B. 增值税
   C. 城镇土地使用税　　D. 城市维护建设税
7. 下列各项税收法律法规中，属于全国人民代表大会及其常务委员会制定的税收法律的是（　　）。
   A.《中华人民共和国个人所得税法》
   B.《中华人民共和国税收征收管理法实施细则》
   C.《中华人民共和国企业所得税法实施条例》
   D.《中华人民共和国消费税暂行条例实施细则》
8. 下列各项中，属于我国现行税法的是（　　）。
   A. 税收基本法　　B. 增值税法
   C. 企业所得税法　　D. 中央与地方共享税条例

第二章 增 值 税

《中华人民共和国增值税暂行条例》

本章知识结构图

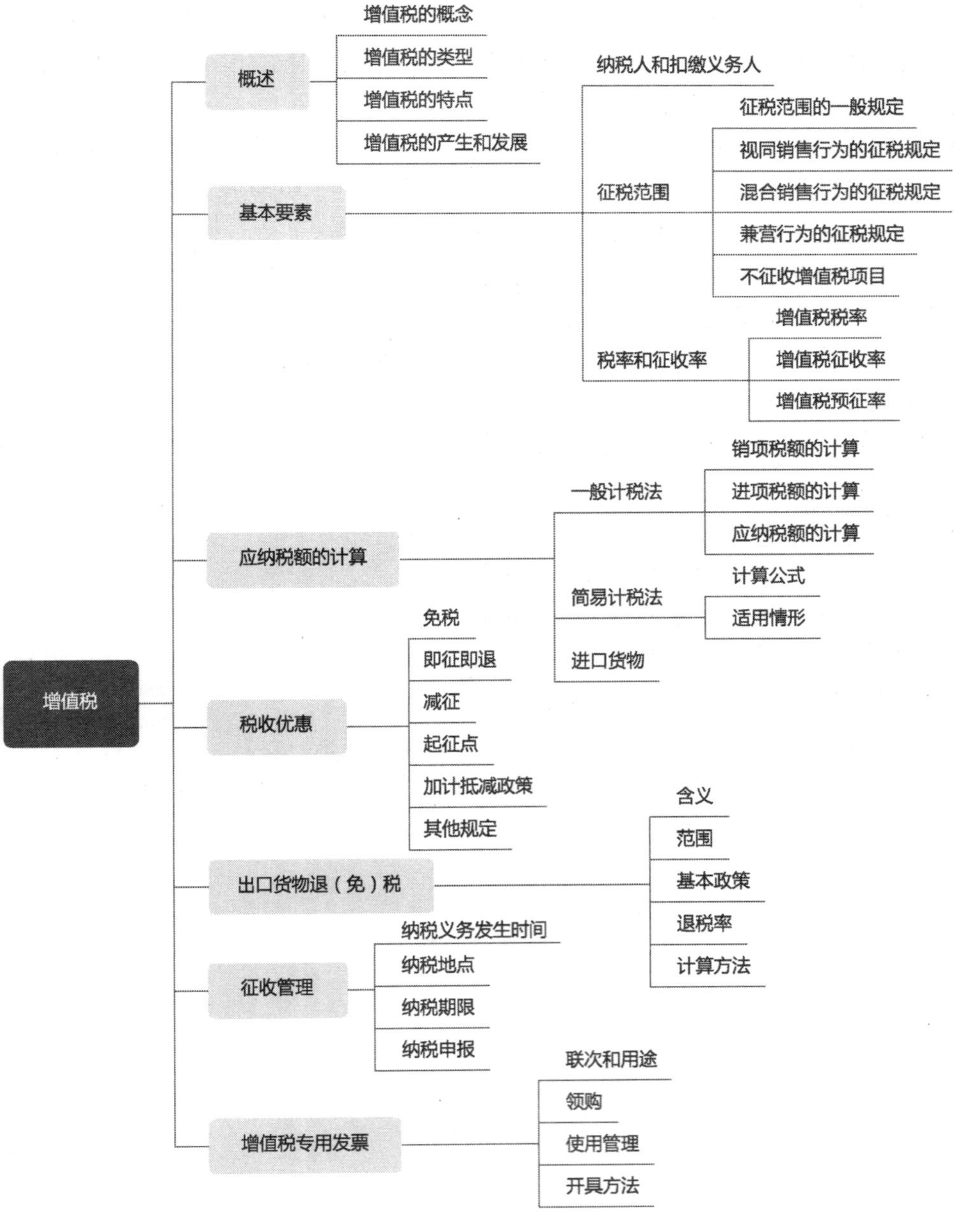

第一节　增值税概述

一、增值税的概念

增值税是对在我国境内销售货物或者加工、修理修配劳务(以下简称劳务),销售服务、无形资产、不动产以及进口货物的单位和个人,就其应税销售额计算税款,并实行税款抵扣制的一种流转税。

二、增值税的类型

增值税以法定增值额为计税依据,根据计算方法的不同,即是否扣除固定资产价值,法定增值税可以分为以下三种。

(一) 生产型增值税

生产型增值税是指征收增值税时,对于外购的固定资产价值不允许做任何扣除。就整个社会而言,增值税的课税对象既包括消费资料,也包括生产资料,相当于国民生产总值,所以称为生产型增值税。其优点是有利于财政收入和限制投资,缺点是重复征税明显。我国在 1994 年 1 月 1 日至 2008 年 12 月 31 日实行的是生产型增值税。

(二) 收入型增值税

收入型增值税是指征收增值税时,只允许在纳税期间内扣除购进固定资产当期折旧部分。这样,就整个社会而言,增值税税基相当于国民收入部分,故称其为收入型增值税。这种税制在取得财政收入方面处于中间状态,对投资有一定的限制作用,具有重复征税的缺点。

(三) 消费型增值税

消费型增值税是指征收增值税时,允许将纳税期内当期购进的固定资产价值从当期销售收入中一次性全部扣除。这样,纳税人用于生产的全部外购生产资料都不在课税之列,就整个社会而言,增值税税基相当于全部消费品的价值,所以称为消费型增值税。目前世界上绝大多数国家都实行这种增值税。其优点是有利于鼓励投资、加速设备更新。其缺点是税基小,影响财政收入。我国从 2009 年 1 月 1 日起实行消费型增值税。

三、增值税的特点

增值税之所以能够在世界上众多国家推广,是因为其可以有效地避免出现商品在流转过程中的重复征税问题,并使其具备如下特点。

(一) 普遍征收

增值税是对所有从事商品经营活动的单位和个人,在货物、劳务和服务流通的各个环节向纳税人普遍征收。

(二) 保持税收中性

根据增值税的计税原理,流转额中的非增值因素在计税时被扣除。因此,对同一商品而言，最终实现消费时的最后销售额相当于该商品从生产到流通各个经营环节的增值额之和，无论流转环节多与少，只要增值额相同，税负就相同，避免重复征税，不会影响商品的生产机构、组织结构和产品结构。

（三）税负具有转嫁性

增值税是道道课征、层层抵扣，货物、劳务和服务只要实现销售，就要征收增值税，每一个购买者都可以将支付的增值税进行抵扣。虽然对纳税人征收，但负税具有转嫁性，纳税人在销售货物、劳务、服务的过程中通过价格将税收负担转嫁给购买者，税收负担由最终消费者承担，实际的负税人是最终的消费者。

（四）一般纳税人实行税款抵扣制度

在计算企业应纳税款时，要扣除商品在以前生产环节已负担的税款，以避免重复征税。从世界各国来看，一般都实行凭购货发票进行抵扣。

（五）实行价外税制度

在计税时，作为计税依据的销售额中不包括增值税税额，这样有利于形成均衡的生产价格，并有利于税负转嫁的实现。这是增值税与以全部流转额为计税依据的传统流转税相比一个重要区别。

四、增值税的产生和发展

1954 年，法国率先推行了增值税，因其有效地解决了传统流转税的重复征税问题，迅速被世界其他国家采用。20 世纪 60 年代，仅有不到 10 个国家开征增值税。20 世纪 70 年代后增值税在全球迅速推广，截至目前，世界上已有 170 多个国家和地区开征增值税。

我国是在 1979 年恢复基本税收制度背景下引进增值税，1983 年在全国试行，1994 年 1 月 1 日起正式实施《中华人民共和国增值税暂行条例》（简称《增值税暂行条例》），形成增值税与营业税共存的格局，《增值税暂行条例》确定了“应纳税额＝当期销项税额－当期进项税额”的基本计算制度，并延续至今。2009 年，在全国范围内实施增值税由生产型向消费型的转型。自 2012 年 1 月 1 日起，在上海市开展交通运输业和部分现代服务业营业税改征增值税试点，自此开始，我国在税制改革上又走入营业税改征增值税的道路。营改增的推进路线主要是先选择行业和地区试点，再扩大试点地区，再扩大行业范围，从而一步步推进。直至 2016 年 5 月 1 日，将建筑业、房地产业、金融业、生活服务业纳入试点范围，实现全行业营改增，营业税彻底退出历史舞台。

第二节　增值税的基本要素

一、增值税纳税人和扣缴义务人

（一）纳税人

根据《增值税暂行条例》的规定，在中华人民共和国境内销售货物或者加工、修理修配劳务（以下简称劳务），销售服务、无形资产、不动产以及进口货物的单位和个人为增值税的纳税人。

单位，是指企业、行政单位、事业单位、军事单位、社会团体及其他单位。

个人，是指个体工商户和其他个人。

单位以承包、承租、挂靠方式经营的，承包人、承租人、挂靠人（以下统称承包人）以发包人、出租人、被挂靠人（以下统称发包人）名义对外经营并由发包人承担相关法律责任的，以该发包人为纳税人。否则，以承包人为纳税人。

（二）纳税人的分类

根据纳税人的经营规模以及会计核算健全程度的不同，增值税的纳税人可划分为小规模纳税人和一般纳税人。

1. 小规模纳税人

增值税小规模纳税人标准为年应税销售额 500 万元及以下。年应税销售额，是指纳税人在连续不超过 12 个月或 4 个季度的经营期内累计应征增值税销售额，包括纳税申报销售额、稽查查补销售额、纳税评估调整销售额。

小规模纳税人会计核算健全，能够提供准确税务资料的，可以向税务机关申请登记为一般纳税人，不再作为小规模纳税人。会计核算健全，是指能够按照国家统一的会计制度规定设置账簿，根据合法、有效凭证核算。

小规模纳税人实行简易计税方法，并且一般不使用增值税专用发票，但基于增值税征收管理中一般纳税人与小规模纳税人之间客观存在的经济往来的实情，小规模纳税人可以到税务机关代开增值税专用发票。

自 2019 年 10 月 1 日起，增值税小规模纳税人（其他个人除外）发生增值税应税行为，需要开具增值税专用发票的，可以自愿使用增值税发票管理系统自行开具。选择自行开具增值税专用发票的小规模纳税人，税务机关不再为其代开增值税专用发票。

2. 一般纳税人

一般纳税人，是指年应税销售额超过财政部、国家税务总局规定的小规模纳税人标准的企业和企业性单位。

一般纳税人实行登记制，除另有规定外，应当向税务机关办理登记手续。

下列纳税人不办理一般纳税人登记：

（1）按照政策规定，选择按照小规模纳税人纳税的。

（2）年应税销售额超过规定标准的其他个人。

纳税人自一般纳税人资格生效之日起，按照增值税一般计税方法计算应纳税额，并可以按照规定领取增值税专用发票，财政部、国家税务总局另有规定的除外。

纳税人登记为一般纳税人后，不得转为小规模纳税人，国家税务总局另有规定的除外。

（三）扣缴义务人

中华人民共和国境外的单位或者个人在境内销售劳务，在境内未设有经营机构的，以其境内代理人为扣缴义务人；在境内没有代理人的，以购买方为扣缴义务人。

【例 2-1】 根据增值税法律制度的规定，下列关于小规模纳税人征税规定的表述中，不正确的是（　　）。

A. 实行简易计税法　　　　B. 一律不得开具增值税专用发票

C. 不允许抵扣增值税进项税额　　　　D. 可以请税务机关代开增值税专用发票

正确答案：B。

二、增值税征税范围

(一) 征税范围的一般规定

增值税的征税范围包括在中华人民共和国境内销售货物或者劳务，销售服务、无形资产、不动产以及进口货物。

1. 销售货物

在中国境内销售货物，是指销售货物的起运地或者所在地在境内。

销售货物是有偿转让货物的所有权。货物，是指有形动产，包括电力、热力、气体在内。有偿，是指从购买方取得货币、货物或者其他经济利益。

2. 销售劳务

在中国境内销售劳务，是指提供的劳务发生地在境内。

销售劳务，是指有偿提供加工、修理修配劳务。单位或者个体工商户聘用的员工为本单位或者雇主提供加工、修理修配劳务不包括在内。

加工，是指受托加工货物，即委托方提供原料及主要材料，受托方按照委托方的要求，制造货物并收取加工费的业务；修理修配，是指受托方对损伤和丧失功能的货物进行修复，使其恢复原状和功能的业务。

3. 销售服务

销售服务，是指提供交通运输服务、邮政服务、电信服务、建筑服务、金融服务、现代服务、生活服务。

1）交通运输服务

交通运输服务，是指利用运输工具将货物或者旅客送达目的地，使其空间位置得到转移的业务活动，包括陆路运输服务、水路运输服务、航空运输服务和管道运输服务。

(1) 陆路运输服务，是指通过陆路(地上或者地下)运送货物或者旅客的运输业务活动，包括铁路运输服务和其他陆路运输服务。

出租车公司向使用本公司自有出租车的出租车司机收取的管理费用，按照陆路运输服务缴纳增值税。

(2) 水路运输服务，是指通过江、河、湖、川等天然、人工水道或者海洋航道运送货物或者旅客的运输业务活动。

水路运输的程租、期租业务，属于水路运输服务。

(3) 航空运输服务，是指通过空中航线运送货物或者旅客的运输业务活动。航空运输的湿租业务，属于航空运输服务。

航天运输服务，是指利用火箭等载体将卫星、空间探测器等空间飞行器发射到空间轨道的业务活动，按照航空运输服务缴纳增值税。

(4) 管道运输服务，是指通过管道设施输送气体、液体、固体物质的运输业务活动。

(5) 无运输工具承运业务，是指经营者以承运人身份与托运人签订运输服务合同，收取运费并承担承运人责任，然后委托实际承运人完成运输服务的经营活动，按照交通运输服务缴纳增值税。

2）邮政服务

邮政服务，是指中国邮政集团公司及其所属邮政企业提供邮件寄递、邮政汇兑和机要通信等邮政基本服务的业务活动，包括邮政普遍服务、邮政特殊服务和其他邮政服务。

（1）邮政普遍服务，是指函件、包裹等邮件寄递，以及邮票发行、报刊发行和邮政汇兑等业务。

（2）邮政特殊服务，是指义务兵平常信函、机要通信、盲人读物和革命烈士遗物的寄递等业务活动。

（3）其他邮政服务，是指邮册等邮品销售、邮政代理等业务活动。

3）电信服务

电信服务，是指利用有线、无线的电磁系统或者光电系统等各种通信网络资源，提供语音通话服务，传送、发射、接收或者应用图像、短信等电子数据和信息的业务活动，包括基础电信服务和增值电信服务。

（1）基础电信服务，是指利用固网、移动网、卫星、互联网，提供语音通话服务的业务活动，以及出租或者出售宽带、波长等网络元素的业务活动。

（2）增值电信服务，是指利用固网、移动网、卫星、互联网、有线电视网络，提供短信和彩信服务、电子数据和信息的传输及应用服务、互联网接入服务等业务活动。

卫星电视信号落地转接服务，按照增值电信服务缴纳增值税。

4）建筑服务

建筑服务，是指各类建筑物、构筑物及其附属设施的建造、修缮、装饰、线路、管道、设备、设施等的安装以及其他工程作业的业务活动，包括工程服务、安装服务、修缮服务、装饰服务和其他建筑服务。

（1）工程服务，是指新建、改建各种建筑物、构筑物的工程作业，包括与建筑物相连的各种设备或者支柱、操作平台的安装或者装设工程作业，以及各种窑炉和金属结构工程作业。

（2）安装服务，是指生产设备、动力设备、起重设备、运输设备、传动设备、医疗实验设备以及其他各种设备、设施的装配、安装工程作业，包括与被安装设备相连的工作台、梯子、栏杆的装设工程作业，以及被安装设备的绝缘、防腐、保温、油漆等工程作业。

固定电话、有线电视、宽带、水、电、燃气、暖气等经营者向用户收取的安装费、初装费、开户费、扩容费以及类似收费，按照安装服务缴纳增值税。

（3）修缮服务，是指对建筑物、构筑物进行修补、加固、养护、改善，使其恢复原来的使用价值或者延长其使用期限的工程作业。

（4）装饰服务，是指对建筑物、构筑物进行装饰装修，使之美观或者具有特定用途的工程作业。

（5）其他建筑服务，是指上列工程作业之外的各种工程作业服务，如钻井（打井）、拆除建筑物或者构筑物、平整土地、园林绿化、疏浚（不包括航道疏浚）、建筑物平移、搭脚手架、爆破、矿山穿孔、表面附着物（包括岩层、土层、沙层等）剥离和清理等工程作业。

5）金融服务

金融服务，是指经营金融保险的业务活动，包括贷款服务、直接收费金融服务、保险服务和金融商品转让。

(1) 贷款服务，是指将资金贷与他人使用而取得利息收入的业务活动。

各种占用、拆借资金取得的收入，包括金融商品持有期间(含到期)利息(保本收益、报酬、资金占用费、补偿金等)收入、信用卡透支利息收入、买入返售金融商品利息收入、融资融券收取的利息收入，以及融资性售后回租、押汇、罚息、票据贴现、转贷等业务取得的利息及利息性质的收入，按照贷款服务缴纳增值税。

以货币资金投资收取的固定利润或者保底利润，按照贷款服务缴纳增值税。

(2) 直接收费金融服务，是指为货币资金融通及其他金融业务提供相关服务并且收取费用的业务活动，包括提供货币兑换、账户管理、电子银行、信用卡、信用证、财务担保、资产管理、信托管理、基金管理、金融交易场所(平台)管理、资金结算、资金清算、金融支付等服务。

(3) 保险服务，是指投保人根据合同约定，向保险人支付保险费，保险人对于合同约定的可能发生的事故因其发生所造成的财产损失承担赔偿保险金责任，或者当被保险人死亡、伤残、疾病或者达到合同约定的年龄、期限等条件时承担给付保险金责任的商业保险行为，包括人身保险服务和财产保险服务。

(4) 金融商品转让，是指转让外汇、有价证券、非货物期货和其他金融商品所有权的业务活动。

其他金融商品转让包括基金、信托、理财产品等各类资产管理产品和各种金融衍生品的转让。

6) 现代服务

现代服务，是指围绕制造业、文化产业、现代物流产业等提供技术性、知识性服务的业务活动，包括研发和技术服务、信息技术服务、文化创意服务、物流辅助服务、租赁服务、鉴证咨询服务、广播影视服务、商务辅助服务和其他现代服务。

(1) 研发和技术服务，包括研发服务、合同能源管理服务、工程勘察勘探服务、专业技术服务。

(2) 信息技术服务，是指利用计算机、通信网络等技术对信息进行生产、收集、处理、加工、存储、运输、检索和利用，并提供信息服务的业务活动，包括软件服务、电路设计及测试服务、信息系统服务、业务流程管理服务和信息系统增值服务。

(3) 文化创意服务，包括设计服务、知识产权服务、广告服务和会议展览服务。

(4) 物流辅助服务，包括航空服务、港口码头服务、货运客运场站服务、打捞救助服务、装卸搬运服务、仓储服务和收派服务。

(5) 租赁服务，包括融资租赁服务和经营租赁服务。

融资性售后回租不按照本税目缴纳增值税。

将建筑物、构筑物等不动产或者飞机、车辆等有形动产的广告位出租给其他单位或者个人用于发布广告，按照经营租赁服务缴纳增值税。车辆停放服务、道路通行服务(包括过路费、过桥费、过闸费等)等按照不动产经营租赁服务缴纳增值税。

(6) 鉴证咨询服务，包括认证服务、鉴证服务和咨询服务。翻译服务和市场调查服务按照咨询服务缴纳增值税。

(7) 广播影视服务,包括广播影视节目(作品)的制作服务、发行服务和播映(含放映)服务。

(8) 商务辅助服务,包括企业管理服务、经纪代理服务、人力资源服务、安全保护服务。

(9) 其他现代服务,是指除研发和技术服务、信息技术服务、文化创意服务、物流辅助服务、租赁服务、鉴证咨询服务、广播影视服务和商务辅助服务以外的现代服务。

7) 生活服务

生活服务,是指为满足城乡居民日常生活需求提供的各类服务活动,包括文化体育服务、教育医疗服务、旅游娱乐服务、餐饮住宿服务、居民日常服务和其他生活服务。

(1) 文化体育服务,包括文化服务和体育服务。

文化服务是指为满足社会公众文化生活需求提供的各种服务,包括文艺创作、文艺表演、文化比赛,图书馆的图书和资料借阅,档案馆的档案管理,文物及非物质遗产保护,组织举办宗教活动、科技活动、文化活动,提供游览场所。

体育服务是指举办体育比赛、体育表演、体育活动,以及提供体育训练、体育指导、体育管理的业务活动。

(2) 教育医疗服务,包括教育服务和医疗服务。

教育服务是指提供学历教育服务、非学历教育服务、教育辅助服务的业务活动。

医疗服务是指提供医学检查、诊断、治疗、康复、预防、保健、接生、计划生育、防疫服务等方面的服务,以及与这些服务有关的提供药品、医用材料器具、救护车、病房住宿和伙食的业务。

(3) 旅游娱乐服务,包括旅游服务和娱乐服务。

旅游服务是指根据旅游者的要求,组织安排交通、游览、住宿、餐饮、购物、文娱、商务等服务的业务活动。

娱乐服务是指为娱乐活动同时提供场所和服务的业务,具体包括歌厅、舞厅、夜总会、酒吧、台球、高尔夫球、保龄球、游艺(包括射击、狩猎、跑马、游戏厅、蹦极、卡丁车、热气球、动力伞、射箭、飞镖等)。

(4) 餐饮和住宿服务,包括餐饮服务和住宿服务。

餐饮服务是指通过同时提供饮食和饮食场所的方式为消费者提供饮食消费服务。

住宿服务是指提供住宿场所及配套服务等的活动,包括宾馆、旅馆、旅社、度假村和其他经营性住宿场所提供的住宿服务。

(5) 居民日常服务,是指主要为满足居民个人及其家庭日常生活需求提供的服务,包括市容市政管理、家政、婚庆、养老、殡葬、照料和护理、救助救济、美容美发、按摩、桑拿、氧吧、足疗、沐浴、洗染、摄影扩印等服务。

(6) 其他生活服务,是指文化体育服务、教育医疗服务、旅游娱乐服务、餐饮住宿服务和居民日常服务之外的生活服务。

4. 销售无形资产

销售无形资产,是指转让无形资产所有权或者使用权的业务活动。无形资产,是指不具实物形态,但能带来经济利益的资产,包括技术、商标、著作权、商誉、自然资源使用权和其他权益性无形资产。其中,技术包括专利技术和非专利技术;自然资源使用权包括土地使用权、海域使用权、探矿权、采矿权、取水权和其他自然资源使用权；其他权益性无形资产包括基础设施资产经营权、公共事业特许权、配额、经营权（包括特许经营权、连锁经营权、其他经营权）、经销权、分销权、代理权、会员权、席位权、网络游戏虚拟道具、域名、名称权、肖像权、冠名权、转会费等。

5. 销售不动产

销售不动产，是指转让不动产所有权的业务活动。不动产是指不能移动或者移动后会引起性质、形状改变的财产，包括建筑物、构筑物等。其中，建筑物包括住宅、商业营业用房、办公楼等可供居住、工作或者进行其他活动的建造物；构筑物包括道路、桥梁、隧道、水坝等建造物。转让建筑物有限产权或者永久使用权的，转让在建的建筑物或者构筑物所有权的，以及在转让建筑物或者构筑物时一并转让其所占土地的使用权的，按照销售不动产缴纳增值税。

【例 2-2】 根据增值税法律制度的相关规定，下列各项中，应按照“销售服务——生活服务”税目缴纳增值税的是（ ）。

A. 文化创意服务　　B. 车辆停放服务

C. 广播影视服务　　D. 旅游娱乐服务

正确答案：D。

（二）视同销售行为的征税规定

1. 视同销售货物

单位或者个体工商户的下列行为，视同销售货物，征收增值税：

（1）将货物交付其他单位或者个人代销。

（2）销售代销货物。

（3）设有两个以上机构并实行统一核算的纳税人，将货物从一个机构移送至其他机构用于销售，但相关机构设在同一县（市）的除外。

（4）将自产、委托加工的货物用于集体福利或者个人消费。

（5）将自产、委托加工或者购进的货物作为投资，提供给其他单位或者个体工商户。

（6）将自产、委托加工或者购进的货物分配给股东或者投资者。

（7）将自产、委托加工或者购进的货物无偿赠送给其他单位或者个人。

2. 视同销售服务、无形资产或不动产

单位或者个人的下列情形视同销售服务、无形资产或者不动产，征收增值税：

（1）单位或者个体工商户向其他单位或者个人无偿提供服务，但用于公益事业或者以社会公众为对象的除外。

（2）单位或者个人向其他单位或者个人无偿转让无形资产或者不动产，但用于公益事业或者以社会公众为对象的除外。

（3）财政部和国家税务总局规定的其他情形。

3. 确定增值税视同销售行为的主要目的

（1）保证增值税税款抵扣制度的实施，不会因上述行为的发生而造成各相关环节税款抵扣链条中断的不良后果。

（2）避免因发生上述行为而造成货物、劳务和服务销售税收负担不平衡的矛盾，防止以上述行为逃避纳税的现象。

(3) 体现增值税计算的配比原则,即购进货物、劳务和服务已经在购进环节实施了进项税额抵扣,这些购进货物、劳务和服务产生相应的销售额,同时就应该产生相应的销项税额,否则就会产生不配比情况。

【例 2-3】 下列行为中,应视同销售货物征收增值税的是(　　)。

A. 将外购货物用于个人消费　　B. 将外购货物用于免税项目

C. 将外购货物无偿赠送他人　　D. 将外购货物用于集体福利

正确答案: C。

(三) 混合销售行为的征税规定

一项销售行为如果既涉及货物又涉及服务,为混合销售。从事货物的生产、批发或者零售的单位和个体工商户的混合销售行为,按照销售货物缴纳增值税;其他单位和个体工商户的混合销售行为,按照销售服务缴纳增值税。

上述从事货物的生产、批发或者零售的单位和个体工商户,包括以从事货物的生产、批发或者零售为主,并兼营销售服务的单位和个体工商户在内。

需要指出的是,混合销售行为的标准是"密不可分",即混合销售行为涉及的货物和服务是针对一项销售行为而言的,销售服务是为了直接销售货物而提供,两者之间是紧密相连的依存关系,否则就是兼营行为。对混合销售税率的选择,应以起主导作用行为的税率为准。

自 2017 年 5 月起,纳税人销售活动板房、机器设备、钢结构件等自产货物的同时提供建筑、安装服务,不属于混合销售,应分别核算货物和建筑服务的销售额,分别适用不同的税率或者征收率。

(四) 兼营行为的征税规定

兼营,是指纳税人的经营中包括销售货物、劳务以及销售服务、无形资产和不动产的行为。

纳税人发生兼营行为,应当分别核算适用不同税率或征收率的销售额,未分别核算销售额的,按照以下办法适用税率或征收率:

(1) 兼有不同税率的销售货物、劳务、服务、无形资产或者不动产,从高适用税率。

(2) 兼有不同征收率的销售货物、劳务、服务、无形资产或者不动产,从高适用征收率。

(3) 兼有不同税率和征收率的销售货物、劳务、服务、无形资产或者不动产,从高适用税率。

(4) 纳税人兼营免税、减税项目的,应当分别核算免税、减税项目的销售额,未分别核算的,不得免税、减税。

【例 2-4】 下列行为中,应当一并按销售货物征收增值税的是(　　)。

A. 银行从事存、贷款业务并销售金、银

B. 百货商店销售商品同时负责运输

C. 建筑公司提供建筑业劳务的同时销售自产水泥预制构件等建筑材料

D. 餐饮公司提供餐饮服务的同时销售酒水

正确答案: B。

（五）不征收增值税项目

（1）根据国家指令无偿提供的铁路运输服务、航空运输服务，属于《营业税改征增值税试点实施办法》规定的用于公益事业的服务。

（2）存款利息。

（3）被保险人获得的保险赔付。

（4）房地产主管部门或者其指定机构、公积金管理中心、开发企业以及物业管理单位代收的住宅专项维修资金。

（5）在资产重组过程中，通过合并、分离、出售、置换等方式，将全部或者部分实物资产以及与其相关联的债权、负债和劳动力一并转让给其他单位和个人，其中涉及的不动产、土地使用权转让行为。

（6）纳税人在自产重组过程中，通过合并、分立、出售、置换等方式，将全部或者部分实物资产以及与其相关联的债权、负债和劳动力一并转让给其他单位和个人，不属于增值税的征税范围，其中涉及的货物转让，不征收增值税。

【例 2-5】 根据相关规定，下列各项中，应征收增值税的是（　　）。

A. 被保险人获得的保险赔付

B. 航空公司根据国家指令无偿提供用于公益事业的航空运输服务

C. 存款利息

D. 母公司向子公司出售不动产

正确答案：D。

三、增值税税率和征收率

（一）增值税税率

《财政部　国家税务总局　海关总署关于深化增值税改革有关政策的公告》发布之后，自 2019 年 4 月 1 日起，我国增值税税率一共有 4 档，分别为 13%、9%、6%、0，具体如表 2-1 所示。

表 2-1　增值税税率表

序号	税　　目	税率
1	销售或者进口货物（除 11～14 项外）	13%
2	加工、修理修配劳务	13%
3	有形动产租赁服务	13%
4	不动产租赁服务	9%
5	销售不动产	9%
6	建筑服务	9%
7	交通运输服务	9%
8	邮政服务	9%
9	基础电信服务	9%
10	转让土地使用权	9%
11	饲料、化肥、农药、农机、农膜	9%
12	粮食等农产品、食用植物油、食用盐	9%

（续表）

序号	税　目	税率
13	自来水、暖气、冷气、热水、煤气、石油液化气、天然气、二甲醚、沼气、居民用煤炭制品	9%
14	图书、报纸、杂志、音像制品、电子出版物	9%
15	增值电信服务	6%
16	金融服务	6%
17	现代服务（除租赁服务外）	6%
18	生活服务	6%
19	销售无形资产（除土地使用权外）	6%
20	出口货物	0（国务院另有规定的除外）
21	跨境销售国务院规定范围内的服务、无形资产	0

注意：(1) 农产品是指初级农产品（如黄桃），而非加工农产品（如黄桃罐头）。一般纳税人销售或进口农产品适用9%的低税率，农业生产者销售农产品免税。

(2) 居民用煤炭制品，并非所有煤炭，煤炭还包括工业用煤炭。

(3) 农机不包括农机配件，农机适用9%的低税率，农机配件适用13%的税率。

【例2-6】 根据增值税法律制度规定，下列各项增值税服务中，增值税税率为13%的是（　　）。

A. 邮政业服务　　B. 交通运输业服务

C. 有形动产租赁服务　　D. 增值电信服务

正确答案：C。

【例2-7】 根据增值税法律制度的规定，销售下列货物应当按增值税低税率9%征收的有（　　）。

A. 粮食　　B. 图书　　C. 暖气　　D. 电力

正确答案：ABC。

（二）增值税征收率

增值税征收率一共有2档，3%和5%，一般是3%，除了财政部和国家税务总局另有规定的。

1. 征收率的一般规定

小规模纳税人以及一般纳税人选择简易计税方法的，征收率为3%，另有规定的除外，具体如表2-2所示。

表2-2　增值税征收率的一般规定

序号	范　围	征收率
1	小规模纳税人销售货物、劳务、服务、无形资产	3%
2	一般纳税人销售自产的下列货物，可以选择简易计税法： (1) 县级及县级以下小型水力发电单位生产的电力 (2) 建筑用和生产建筑材料所用的砂、土、石料 (3) 以自己采掘的砂、土、石料或其他矿物连续生产的砖、瓦、石灰（不含黏土实心砖、瓦） (4) 用微生物、微生物代谢产物、动物毒素、人或动物的血液或组织制成的制品 (5) 自来水 (6) 商品混凝土（仅限于以水泥为原料生产的水泥混凝土） (7) 单采血浆站销售非临床用人体血液	3%

（续表）

序号	范　　围	征收率
3	一般纳税人销售货物属于下列情形之一的，暂按简易计税法： （1）寄售商店销售寄售商品（包括居民个人寄售的物品在内） （2）典当业销售死当物品 （3）经国务院或国务院授权机关批准的免税商店零售的免税品	3%
4	一般纳税人发生下列应税服务，可以选择简易计税法： （1）公共交通运输服务。包括轮客渡、公交客运、地铁、城市轻轨、出租车、长途客运、班车 （2）经认定的动漫企业为开发动漫产品提供的动漫脚本编撰、形象设计、背景设计、动画设计、分镜、动画制作、摄制、描线、上色、画面合成、配音、配乐、音效合成、剪辑、字幕制作、压缩转码（面向网络动漫、手机动漫格式适配）服务，以及在境内转让动漫版权（包括动漫品牌、形象或者内容的授权及再授权） （3）电影放映服务、仓储服务、装卸搬运服务、收派服务和文化体育服务 （4）以纳入营改增试点之日前取得的有形动产为标的物提供的经营租赁服务 （5）在纳入营改增试点之日前签订的尚未执行完毕的有形动产租赁合同 （6）提供建筑服务——以清包工方式提供的建筑服务、为甲供工程提供的建筑服务、为建筑工程老项目提供的建筑服务	3%

2. 征收率的特殊规定(关于不动产)

增值税征收率的特殊规定如表 2-3 所示。

表 2-3　增值税征收率的特殊规定

纳税主体	征税范围	计税依据	征收率	备注
小规模纳税人（不含个体工商户和其他个人）	销售其取得（不含自建）的不动产	取得的全部价款和价外费用减去该项不动产购置原价或者取得不动产时的作价后的余额	5%	
	销售其自建的不动产	取得的全部价款和价外费用	5%	
一般纳税人	转让 2016 年 4 月 30 日前取得（不含自建）的不动产	取得的全部价款和价外费用减去该项不动产购置原价或者取得不动产时的作价后的余额	5%	可以选择简易计税法
	转让其 2016 年 4 月 30 日前自建的不动产	取得的全部价款和价外费用	5%	可以选择简易计税法
小规模纳税人（不含个人）	出租取得的不动产	租金收入	5%	
一般纳税人	出租 2016 年 4 月 30 日前取得的不动产	租金收入	5%	可以选择简易计税法
房地产开发企业（小规模纳税人）	销售自行开发的房地产项目	取得的全部价款和价外费用	5%	
房地产开发企业（一般纳税人）	销售自行开发的房地产老项目	取得的全部价款和价外费用，不得扣除对应的土地价款	5%	可以选择简易计税法

(三) 增值税预征率

涉及预征率的业务有纳税人转让不动产、不动产经营租赁、跨县（市、区）提供建筑服务、销售自行开发房地产。预征率共有 3 档，2%、3%、5%，具体适用情况如表 2-4 所示。

表 2-4 增值税预征率

序号	税目	预征率	
		一般计税	简易计税
1	销售建筑服务	2%	3%
2	销售自行开发房地产	3%	3%
3	不动产经营租赁(其中个体工商户和其他个人出租住房按照5%征收率减按1.5%计算)	3%	5%
4	销售不动产	5%	5%

第三节 增值税应纳税额的计算

增值税应纳税额的计税方法有一般计税法和简易计税法两种基本方法。

一、一般计税法应纳税额的计算

一般纳税人销售货物、劳务、服务、无形资产、不动产(以下简称应税销售行为),采取一般计税方法计算应纳增值税的,其具体计算公式为:

应纳税额 = 当期销项税额 − 当期进项税额

当期销项税额小于当期进项税额,不足抵扣时,其不足部分可以结转下期继续抵扣。

(一) 销项税额的计算

销项税额是指纳税人发生应税销售行为,按照销售额和适用税率计算并向购买方收取的增值税税额,其计算公式为:

销项税额 = 销售额 × 适用税率

1. 销售额的确定

1) 销售额的概念

销售额是指纳税人发生应税销售行为向购买方收取的全部价款和价外费用,但是不包括收取的销项税额。价外费用,包括价外向购买方收取的手续费、补贴、基金、筹资款、返还利润、奖励费、违约金、滞纳金、延期付款利息、赔偿金、代收款项、代垫款项、包装费、包装物租金、储备费、优质费、运输装卸费以及其他各种性质的价外收费。上述价外费用无论其会计制度如何核算,均应并入销售额计算销项税额。但下列项目不包括在销售额内:

(1) 受托加工应征消费税的消费品所代收代缴的消费税。

(2) 同时符合以下条件代为收取的政府性基金或者行政事业性收费:①由国务院或者财政部批准设立的政府性基金,由国务院或者省级人民政府及其财政、价格主管部门批准设立的行政事业性收费;②收取时开具省级以上财政部门印制的财政票据;③所收款项全额上缴财政。

(3) 销售货物的同时代办保险等而向购买方收取的保险费,以及向购买方收取的代购买方缴纳的车辆购置税、车辆牌照费。

(4) 以委托方名义开具发票代委托方收取的款项。

增值税一般纳税人向购买方收取的价外费用和逾期包装物押金，应视为含税收入，在征税时换算成不含税收入再并入销售额。

2）含税销售额的换算

增值税是价外税，计算销项税额时，销售额中不应包含增值税税款。如果销售额中包含增值税税款（即销项税额），则应将含税销售额换算成不含税销售额。其计算公式如下：

$$不含税销售额 = 含税销售额 \div (1 + 增值税税率)$$

【例 2-8】 2022 年 4 月，宜优公司销售产品取得含增值税价款 113 000 元，另收取包装物租金 6 780 元。已知增值税税率为 13%，则宜优公司当月该笔业务增值税销项税额的下列计算中，正确的是（　　）。

A. [113 000×(1+13%)]×13%

B. [(113 000+6 780)÷(1+13%)]×13%

C. 113 000×13%

D. (113 000+6 780)×13%

正确答案： B。

3）视同销售货物销售额的确定

《增值税暂行条例实施细则》规定了 8 种视同销售货物行为，这 8 种行为一般不以资金的形式反映出来，因而会出现无销售额的情况。在此情况下，税务机关有权按照下列顺序核定其销售额：

（1）按纳税人最近时期同类货物的平均销售价格确定。

（2）按其他纳税人最近时期同类货物的平均销售价格确定。

（3）按组成计税价格确定。其计算公式为：

$$组成计税价格 = 成本 \times (1 + 成本利润率)$$

征收增值税的货物，同时又征收消费税的，组成计税价格中应包含消费税税额。其计算公式如下：

$$组成计税价格 = 成本 \times (1 + 成本利润率) + 消费税税额$$

纳税人销售货物或者劳务的价格明显偏低且无正当理由的，由税务机关按照上述方法核算其销售额。

对于公式中的成本，销售自产货物的为实际生产成本，销售外购货物的为实际采购成本。公式中的成本利润率由国家税务总局确定。

《营业税改征增值税试点实施办法》规定，纳税人销售服务、无形资产或者不动产价格明显偏低或者偏高且不具有合理商业目的的，或者发生无销售额的，税务机关有权按照下列顺序确定销售额：

（1）按照纳税人最近时期销售同类服务、无形资产或者不动产的平均价格确定。

（2）按照其他纳税人最近时期销售同类服务、无形资产或者不动产的平均价格确定。

（3）按照组成计税价格确定。其计算公式如下：

$$组成计税价格 = 成本 \times (1 + 成本利润率)$$

不具有合理商业目的，是指以谋取税收利益为主要目的，通过人为安排，减少、免除、推迟缴纳增值税税款，或者增加退还增值税税款。

对视同销售已使用过的固定资产，无法确定固定资产销售额的，以固定资产净值为销售额。

【例 2-9】 宜优公司为增值税一般纳税人，2022 年 4 月将自产的 100 件新产品无偿赠送，生产成本为 50 元/件，无同类产品销售价格，已知增值税税率为 13%，成本利润率为 10%。计算宜优公司当月该笔业务增值税销项税额的下列算式中，正确的是(　　)。

A. 100×50×13%=650(元)

B. 100×50×(1−10%)×13%=585(元)

C. 100×50×10%×(1+13%)=565(元)

D. 100×50×(1+10%)×13%=715(元)

正确答案：D。

4）混合销售的销售额的确定

根据《营业税改征增值税试点实施办法》及其相关规定，混合销售的销售额为货物的销售额与服务销售额的合计。

5）兼营的销售额的确定

依照《营业税改征增值税试点实施办法》及其相关规定，纳税人兼营不同税率的货物、劳务、服务、无形资产或者不动产，应当分别核算不同税率或者征收率的销售额；未分别核算销售额的，从高适用税率。

6）特殊销售方式下销售额的确定

(1) 折扣方式销售。折扣销售是指销货方在销售货物时，因购货方购货数量较大等原因而给予购货方的价格优惠。纳税人采取折扣方式销售货物，如果销售额和折扣额在同一张发票上分别注明，可以按折扣后的销售额征收增值税。未在同一张发票“金额”栏注明折扣额，而仅在发票的“备注”栏注明折扣额的，折扣额不得从销售额中减除。如果将折扣额另开发票，不论其在财务上如何处理，均不得从销售额中减除折扣额。

(2) 以旧换新方式销售。以旧换新销售是指纳税人在销售货物时，折价收回同类旧货物，并以折价部分冲减新货物价款的一种销售方式。纳税人采取以旧换新方式销售货物，应按新货物的同期销售价格确定销售额，不得扣减旧货物的收购价格。但是对于金银首饰以旧换新业务，可以按销售方实际收取的不含增值税的全部价款征收增值税。

(3) 还本销售方式销售。还本销售是指纳税人在销售货物后，到一定期限将货款一次或分次退还给购货方全部或者部分价款的一种销售方式。这种方式实际上是一种筹资，是以货物换取资金的使用价值，到期还本不付息的方法。纳税人采取还本销售方式销售货物，其销售额就是货物的销售价格，不得从销售额中减除还本支出。

(4) 以物易物方式销售。以物易物是指购销双方不是以货币结算，而是以同等价款的货物相互结算，实现货物购销的一种方式。以物易物双方都应作购销处理，以各自发出的货物核算销售额并计算销项税额，以各自收到的货物按规定核算购货额并计算进项税额。在以物易物中，应分别开具合法的票据，如收到的货物不能取得相应的增值税专用发票或其他合法票据的，不能抵扣进项税额。

（5）直销方式销售。直销企业先将货物销售给直销员，直销员再将货物销售给消费者的，直销企业的销售额为其向直销员收取的全部价款和价外费用。直销员将货物销售给消费者的，应按照现行规定缴纳增值税。直销企业通过直销员向消费者销售货物，直接向消费者收取货款，直销企业的销售额为其向消费者收取的全部价款和价外费用。

【例 2-10】 宜优公司为增值税一般纳税人，2022 年 4 月采取折扣方式销售货物一批，该批货物不含税销售额 90 000 元，折扣额 9 000 元，销售额和折扣额在同一张发票的金额栏分别注明。已知增值税税率为 13%。宜优公司计算该笔业务增值税销项税额的下列算式中，正确的是（　　）。

A. (90 000－9 000)÷(1＋13%)×13%＝9 318.58(元)

B. 90 000×13%＝11 700(元)

C. 90 000÷(1＋13%)×13%＝10 353.98(元)

D. (90 000－9 000)×13%＝10 530(元)

正确答案： D。

【例 2-11】 宜优首饰店是增值税一般纳税人。2022 年 4 月采取"以旧换新"方式销售一批金项链。该批金项链含增值税售价为 135 600 元，换回的旧项链作价 124 300 元，宜优首饰店实际收取差价款 11 300 元。已知增值税税率为 13%。宜优首饰店计算该笔业务增值税销项税额的下列算式中，正确的是（　　）。

A. [135 600÷(1＋13%)]×13%＝15 600(元)

B. [124 300÷(1＋13%)]×13%＝14 300(元)

C. 135 600×13%＝17 628(元)

D. [11 300÷(1＋13%)]×13%＝1 300(元)

正确答案： D。

7）包装物押金

包装物是指纳税人包装本单位货物的各种物品。一般情况下，销货方向购货方收取包装物押金，购货方在规定时间内返还包装物，销货方再将收取的包装物押金返还。纳税人为销售货物而出租、出借包装物收取的押金，单独记账核算的，且时间在 1 年以内，又未过期的，不并入销售额征税；但对因逾期未收回包装物不再退还的押金，应按所包装货物的适用税率计算增值税税款。实践中，应注意以下具体规定：

（1）逾期是指按合同约定实际逾期或以 1 年为期限，对收取 1 年以上的押金，无论是否退还均应并入销售额征税。

（2）包装物押金是含税收入，在并入销售额征税时，需要先将该押金换算为不含税收入，再计算应纳增值税税款。

（3）包装物押金不同于包装物租金，包装物租金属于价外费用，在销售货物时随同货款一并计算增值税税款。

（4）自 1995 年 6 月 1 日起，对销售除啤酒、黄酒以外的其他酒类产品而收取的包装物押金，无论是否返还以及会计上如何核算，均应并入当期销售额征收增值税。

8）营改增行业销售额的确定

（1）贷款服务。以提供贷款服务取得的全部利息及利息性质的收入为销售额。

(2) 直接收费金融服务。以提供直接收费金融服务收取的手续费、佣金、酬金、管理费、服务费、经手费、开户费、过户费、结算费、转托管费等各类费用为销售额。

(3) 金融商品转让。按照卖出价扣除买入价后的余额为销售额。转让金融商品出现的正负差,按盈亏相抵后的余额为销售额。若相抵后出现负差,可结转下一纳税期与下期转让金融商品销售额相抵,但年末仍出现负差的,不得转入下一个会计年度。金融商品转让,不得开具增值税专用发票。

(4) 经纪代理服务。以取得的全部价款和价外费用,扣除向委托方收取并代为支付的政府性基金或者行政事业性收费后的余额为销售额。向委托方收取的政府性基金或者行政事业性收费,不得开具增值税专用发票。

(5) 航空运输服务。销售额不包括代收的机场建设费和代售其他航空运输企业客票而代收转付的价款。

(6) 客运场站服务。以取得的全部价款和价外费用,扣除支付给承运方运费后的余额为销售额。

(7) 旅游服务。可以选择以取得的全部价款和价外费用,扣除向旅游服务购买方收取并支付给其他单位或者个人的住宿费、餐饮费、交通费、签证费、门票费和支付给其他接团旅游企业的旅游费用后的余额为销售额。

(8) 纳税人提供建筑服务适用简易计税方法的,以取得的全部价款和价外费用扣除支付的分包款后的余额为销售额。

(9) 房地产开发企业中的一般纳税人销售其开发的房地产项目(选择简易计税方法的房地产老项目除外),以取得的全部价款和价外费用,扣除受让土地时向政府部门支付的土地价款后的余额为销售额。

9) 销售额确定的特殊项目

(1) 纳税人兼营免税、减税项目的,应当分别核算免税、减税项目的销售额;未分别核算的,不得免税、减税。

(2) 纳税人发生应税销售行为,开具增值税专用发票后,发生开票有误或者销售折让、中止、退回等情形的,应当按照国家税务总局的规定开具红字增值税专用发票;未按照规定开具红字增值税专用发票的,不得扣减销项税额或者销售额。

(二) 进项税额的计算

进项税额,是指纳税人购进货物、劳务、服务、无形资产或者不动产,支付或者负担的增值税税额。进项税额分为准予从销项税额中抵扣的进项税额和不得从销项税额中抵扣的进项税额。

1. 准予从销项税额中抵扣的进项税额

1) 凭票抵扣

(1) 从销售方取得的增值税专用发票(含税控机动车销售统一发票,下同)上注明的增值税税额。

(2) 从海关取得的海关进口增值税专用缴款书上注明的增值税税额。

(3) 自境外单位或者个人购进劳务、服务、无形资产或者境内的不动产,从税务机关或者扣缴义务人取得的代扣代缴税款的完税凭证上注明的增值税税额。

2）计算抵扣

在特殊情况下，没有取得增值税专用发票、完税凭证的，在国家允许的情况下可以通过扣除率自行计算抵扣进项税额。

第一，购进农产品。具体规定如下：

（1）纳税人购进农产品，取得一般纳税人开具的增值税专用发票或海关进口增值税专用缴款书的，以增值税专用发票或海关进口增值税专用缴款书上注明的增值税税额为进项税额。

（2）购进农产品，除取得增值税专用发票或者海关进口增值税专用缴款书外，按照农产品收购发票或者销售发票上注明的农产品买价和扣除率计算进项税额，国务院另有规定的除外。进项税额计算公式为：

$$进项税额 = 买价 \times 扣除率$$

纳税人购进农产品用于生产销售或委托受托加工“13%税率货物”，按照9%的扣除率加计1%计算进项税额；纳税人购进农产品用于生产销售或委托受托加工“9%税率货物”（如将农产品清洗、封装的简单加工业务）以及“用于营改增应税服务”（如餐饮服务）等情形，按照9%的扣除率计算进项税额。

纳税人从批发、零售环节购进适用免征增值税政策的蔬菜、部分鲜活肉蛋而取得的普通发票，不得作为计算抵扣进项税额的凭证。

（3）自2012年7月1日起，以购进农产品为原料生产销售液体乳及乳制品、酒及酒精、植物油的增值税一般纳税人，纳入农产品增值税进项税额核定扣除试点范围，其购进农产品无论是否用于生产上述产品，增值税进项税额规定核定抵扣，核定方法包括投入产出法、成本法和参照法。

第二，购进旅客运输服务。具体规定如下：

自2019年4月1日起，纳税人购进国内旅客运输服务，其进项税额允许从销项税额中抵扣。允许抵扣的国内旅客运输服务，限于与本单位签订了劳动合同的员工，以及本单位作为用工单位接受的劳务派遣员工发生的国内旅客运输服务。纳税人未取得增值税专用发票的，暂按照以下规定确定进项税额：

（1）取得增值税电子普通发票的，进项税额为发票上注明的税额；增值税电子普通发票上注明的购买方“名称”“纳税人识别号”等信息，应当与实际抵扣税款的纳税人一致。

（2）取得注明旅客身份信息的航空运输电子客票行程单的，按照下列公式计算进项税额：

$$航空旅客运输进项税额 = (票价 + 燃油附加费) \div (1 + 9\%) \times 9\%$$

（3）取得注明旅客身份信息的铁路车票的，按照下列公式计算进项税额：

$$铁路旅客运输进项税额 = 票面金额 \div (1 + 9\%) \times 9\%$$

（4）取得注明旅客身份信息的公路、水路等其他客票的，按照下列公式计算进项税额：

$$公路、水路等其他旅客运输进项税额 = 票面金额 \div (1 + 3\%) \times 3\%$$

【例 2-12】 根据增值税法律制度的规定，一般纳税人购进货物取得的下列合法凭证中，不属于增值税扣税凭证的是（　　）。

A. 税控机动车销售统一发票　　B. 海关进口增值税专用缴款书

C. 农产品收购发票　　D. 出租车发票

正确答案：D。

2. 不得从销项税额中抵扣的进项税额

(1) 用于简易计税方法计税项目、免征增值税项目、集体福利或者个人消费的购进货物、劳务、服务、无形资产和不动产。

其中涉及的固定资产、无形资产、不动产，仅指专用于上述项目的固定资产、无形资产（不包括其他权益性无形资产）、不动产。如果是既用于上述不允许抵扣项目又用于抵扣项目的，该进项税额准予全部抵扣。自 2018 年 1 月 1 日起，纳税人租入固定资产、不动产，既用于一般计税方法计税项目，又用于简易计税方法计税项目、免征增值税项目、集体福利或者个人消费的，其进项税额准予从销项税额中全额抵扣。

(2) 非正常损失的购进货物，以及相关的应税劳务和交通运输服务。

(3) 非正常损失的在产品、产成品所耗用的购进货物（不包括固定资产）、劳务和交通运输服务。

(4) 非正常损失的不动产，以及该不动产所耗用的购进货物、设计服务和建筑服务。

(5) 非正常损失的不动产在建工程所耗用的购进货物、设计服务和建筑服务。纳税人新建、改建、扩建、修缮、装饰不动产，均属于不动产在建工程。

(6) 购进的贷款服务、餐饮服务、居民日常服务和娱乐服务。

(7) 纳税人接受贷款服务向贷款方支付的与该笔贷款直接相关的投融资顾问费、手续费、咨询费等费用，其进项税额不得从销项税额中抵扣。

(8) 财政部和国家税务总局规定的其他情形。

非正常损失，是指因管理不善造成货物被盗、丢失、霉烂变质，以及因违反法律法规造成货物或者不动产被依法没收、销毁、拆除的情形。

【例 2-13】 根据增值税法律制度的规定，一般纳税人购进货物的下列进项税额中，不得从销项税额中抵扣的有（　　）。

A. 因管理不善造成被盗的购进货物的进项税额

B. 被执法部门依法没收的购进货物的进项税额

C. 被执法部门强令自行销毁的购进货物的进项税额

D. 因地震造成毁损的购进货物的进项税额

正确答案：ABC。

3. 对于不得从销项税额中抵扣的进项税额的处理

1) 购进时进项税额未抵扣

若购进货物时进项税额未抵扣，则进项税额直接计入相关货物、劳务、服务的成本，构成入账价值的一部分。如采用一般计税方法的纳税人，在涉税行为发生时就能明确是用于非增值税应税项目、免税项目、集体福利、个人消费，即使取得的是增值税专用发票，其进项税额也应直接计入相关成本费用。

2）购进时进项税额已抵扣——进项税额转出

（1）已抵扣进项税额的购进货物（不含固定资产）、劳务、服务，发生不得抵扣进项税额情形的，应当将该进项税额转出。

（2）已抵扣进项税额的固定资产或无形资产，发生不得抵扣进项税额（用于简易计税法计税项目、免征增值税项目、集体福利或者个人消费等）情形的，按照下列公式计算不得抵扣的进项税额：

不得抵扣的进项税额（进项税额转出额）= 固定资产或无形资产净值 × 适用税率

（3）已抵扣进项税额的不动产，发生非正常损失，或者改变用途，专用于简易计税方法计税项目、免征增值税项目、集体福利或者个人消费的，按照下列公式计算不得抵扣的进项税额，并从当期进项税额中扣减：

不得抵扣的进项税额（进项税额转出额）= 已抵扣进项税额 × 不动产净值率

不动产净值率 =（不动产净值 ÷ 原值）× 100%

（4）按照规定不得抵扣进项税额的不动产，发生用途改变，用于允许抵扣进项税额项目的，按照下列公式在改变用途的次月计算可抵扣进项税额。

可抵扣进项税额＝增值税扣税凭证注明或计算的进项税额×固定资产或无形资产净值率

（5）适用一般计税方法的纳税人，兼营简易计税方法计税项目、免征增值税项目而无法划分不得抵扣的进项税额，按照下列公式计算不得抵扣的进项税额：

$$\text{不得抵扣的进项税额} = \text{当期无法划分的全部进项税额} \times \left(\text{当期简易计税方法计税项目销售额} + \text{免征增值税项目销售额}\right) \div \text{当期全部销售额}$$

【例 2-14】 宜优食品厂为增值税一般纳税人，2022 年 5 月将上月外购的副食品用于集体福利，该批外购副食品在购进时已经抵扣了进项税额，账面成本为 10 000 元（其中含运费 2 000 元）。已知副食品的增值税税率为 13%，运费的增值税税率为 9%，则该食品厂计算 2022 年 5 月应转出进项税额的下列算式中，正确的是（　　）。

A. 10 000×13%＝1 300（元）

B. （10 000－2 000）×13%＋2 000×9%＝1 220（元）

C. 10 000×9%＝900（元）

D. 10 000÷（1＋13%）×13%＋2 000÷（1＋9%）×9%＝1 315.58（元）

正确答案：B。

（三）应纳税额的计算

1. 销货退回或折让

一般纳税人销售货物、劳务、服务，开具增值税专用发票后，发生销售货物退回或者折让、开票有误等情形，应按国家税务总局的规定开具红字增值税专用发票。未按规定开具红字增值税专用发票的不得扣减销项税额或销售额。

增值税一般纳税人因销售货物退回或者折让而退还给购买方的增值税税额，应从发生销售货物退回或者折让当期的销项税额中扣减；购货方因退回或者折让而收回的增值税税额，应从发生购进货物退回或者折让当期的进项税额中扣减。

2. 计算应纳税额时进项税额不足抵扣的规定

由于增值税实行购进扣税法，有时企业当期购进的货物、劳务、服务很多，在计算应纳税额时会出现当期销项税额小于当期进项税额，不足抵扣的情况。根据税法规定，当期进项税额不足抵扣的部分可以结转下期继续抵扣。

自 2019 年 4 月 1 日起，试行增值税期末留抵税额退税制度。

3. 计算举例

【例 2-15】 宜优食品加工企业为增值税一般纳税人，2022 年 5 月发生以下业务：

(1) 将 80%的产品对外销售，成本为 600 万元，取得含税价款 1 000 万元；另外 20%的产品作为股利发放给股东。

(2) 购入生产原料一批，取得增值税专用发票，发票上注明税额 51 万元。

(3) 购进一辆小汽车作为销售部门公用车，取得机动车销售统一发票，发票上注明税额 3.4 万元。

(4) 在某市购入 3 间房屋作为当地办事处工作用房，取得增值税专用发票，发票上注明金额为 450 万元。

(5) 支付某广告公司广告设计费，取得该广告公司开具的增值税专用发票，发票上注明金额为 5 万元。

(6) 上月购进的原料因保管不善发生损失，已知原料的账面成本为 1.15 万元(含运费 0.15 万元，从一般纳税人企业取得增值税专用发票)，该批产品上月已申报抵扣进项税额。

已知：本月取得的相关票据均符合税法规定并在本月认证抵扣。

要求：

(1) 计算该企业当月的销项税额。

(2) 计算该企业当月进项税额转出额。

(3) 计算当月实际可抵扣的进项税额。

(4) 计算该企业当月应缴纳增值税税额。

解析：

(1) 当月的销项税额＝1 000 ÷(1＋13%)×13%＋1 000 ÷80% ×20%÷(1＋13%)×13%＝143.81(万元)。

(2) 当月的进项税额转出额＝0.15×9%＋(1.15－0.15)×13%＝0.14(万元)。

(3) 当月实际可抵扣的进项税额＝51＋3.4＋450×9%＋5×6%－0.14＝95.06 (万元)。

(4) 该企业当月应缴纳增值税税额＝143.81－95.06＝48.75(万元)。

二、简易计税法应纳税额的计算

(一) 简易计税方法的计算公式

简易计税方法是指按照销售额和征收率计算应纳增值税税额，不得抵扣进项税额。其计算公式为：

应纳税额 = 销售额 × 征收率

简易计税方法的销售额不包括其应纳税额，纳税人采用销售额和应纳税额合并定价方法的，按照下列公式计算销售额：

$$销售额 = 含税销售额 \div (1 + 征收率)$$

纳税人提供的适用简易计税方法计税的应税服务，因服务中止或者折让而退还给接受方的销售额，应当从当期销售额中扣减。扣减当期销售额后仍有余额造成多缴的税款，可以从以后的应纳税额中扣减。

(二) 简易计税方法的适用情形

1. 小规模纳税人发生应税行为

小规模纳税人发生应税行为，适用简易计税方法。

2. 一般纳税人发生的特定应税服务

一般纳税人发生财政部和国家税务总局规定的特定应税行为，可以选择按照简易计税方法计税，但一经选择，36 个月内不得变更。具体有如下这些特定应税行为：

(1) 试点纳税人中的一般纳税人提供的公共交通运输服务。

(2) 电影放映服务、仓储服务、装卸搬运服务、收派服务和文化体育服务。

(3) 以纳入营改增试点之日前取得的有形动产为标的物提供的经营租赁服务。

(4) 在纳入营改增试点之日前签订的尚未执行完毕的有形动产租赁合同。

(5) 一般纳税人的以下建筑服务可以选择适用简易计税方法计税：①一般纳税人以清包工方式提供的建筑服务；②一般纳税人为甲供工程提供的建筑服务；③一般纳税人为建筑工程老项目(开工日期在 2016 年 4 月 30 日之前的建筑工程项目)提供的建筑服务。

(6) 一般纳税人(非房企)销售其 2016 年 4 月 30 日之前取得或自建的不动产，一般纳税人(房地产开发企业)销售自行开发的房地产老项目。

(7) 一般纳税人出租其 2016 年 4 月 30 前取得的不动产，可选择简易计税方法按照 5% 的征收率计算缴纳增值税。

【例 2-16】 根据增值税法律制度的规定，一般纳税人销售的下列货物中，可以选择简易计税方法计缴增值税的有(　　)。

A. 食品厂销售的食用植物油

B. 县级以下小型水力发电单位生产的电力

C. 自来水公司销售自产的自来水

D. 煤气公司销售的煤气

正确答案：BC。

3. 以余额为销售额的应税服务

(1) 经纪代理服务。以取得的全部价款和价外费用，扣除向委托方收取并代为支付的政府性基金或者行政事业收费后的余额为销售额。

(2) 金融商品转让。以卖出价扣除买入价后的余额为销售额。转让金融商品出现的正负差，以盈亏相抵后的余额为销售额。若相抵后出现负差，可结转下一纳税期与下期金融商品销售额相抵，但年末时仍出现负差的，不得转入下一个会计年度。

(3) 航空运输服务。销售额不包括代收的机场建设费和代售其他航空运输企业客票而代收转付的价款。

(4) 客运场站服务。销售额为取得的全部价款和价外费用扣除支付给承运方运费后的余额,从承运方取得的增值税专用发票注明的增值税不得抵扣。

(5) 纳税人提供旅游服务。可以选择以取得的全部价款和价外费用扣除向旅游服务购买方收取并支付给其他单位或者个人的住宿费、餐饮费、交通费、签证费、门票费和支付给其他接团旅游企业的旅游费用后的余额为销售额。

(6) 房地产开发企业中的一般纳税人销售其开发的房地产项目(选择简易计税方法的房地产老项目除外),以取得的全部价款和价外费用,扣除受让土地时向政府部门支付的土地价款后的余额为销售额。

三、进口货物应纳税额的计算

我国税法规定,申报进入中华人民共和国海关境内的货物,均应缴纳增值税。进口货物的收货人或办理报关手续的单位和个人,为进口货物增值税的纳税人。委托代理进口的货物,以海关开具的完税凭证上的纳税人为增值税的纳税人。

进口环节缴纳的增值税税额能否抵扣,取决于货物进口后的用途。用于增值税应税项目的,其进口环节已纳增值税可以作为进项税额进行抵扣;用于免税项目或用于职工福利项目等缴纳的增值税,不允许抵扣,应计入所进口货物的成本。

纳税人进口货物,无论是一般纳税人还是小规模纳税人,均应按照组成计税价格和规定的税率计算应纳税额,不允许抵扣发生在境外的任何税金。其计算公式为:

应纳税额 = 组成计税价格 × 税率

组成计税价格的构成取决于所进口的货物是否属于消费税应税消费品:

(1) 如果进口货物不征收消费税,则上述公式中组成计税价格的计算公式为:

组成计税价格 = 关税完税价格 + 关税

(2) 如果进口货物征收消费税,则上述公式中组成计税价格的计算公式为:

组成计税价格 = 关税完税价格 + 关税 + 消费税

一般贸易下进口货物是以海关审定的成交价格为基础的到岸价格作为关税完税价格。所谓成交价格是一般贸易下进口货物的买方为了购买该项货物向卖方实际支付或者应当支付的价格;到岸价格,是包括货价、货物运抵我国关境内输入地点起卸前的包装物、运费、保险费和其他劳务费等费用在内的一种价格。

关于消费税和关税的计算方法详见本书消费税法和关税法有关内容。

【例 2-17】 宜优公司为增值税一般纳税人,2022 年 4 月从国外进口一批空调,海关核定的关税完税价格为 116 万元,缴纳关税 11.6 万元。已知增值税税率为 13%,宜优公司计算该笔业务应缴纳增值税税额的下列算式中,正确的是(　　)。

A. 116×13%=15.08(万元)

B. (116+11.6)×13%=16.588(万元)

C. 116÷(1+13%)×13%=13.35(万元)

D. (116+11.6)÷(1+13%)×13%=14.68(万元)

正确答案：B。

第四节 增值税税收优惠

一、增值税的免税

增值税的免税是指纳税人提供货物或服务免缴销售环节的销项税额，用于免税项目的进项税额不能抵扣。

(一)《增值税暂行条例》及其实施细则规定的免税项目

(1) 农业生产者销售的自产农产品。

(2) 避孕药品和用具。

(3) 古旧图书，是指向社会收购的古书和旧书。

(4) 直接用于科学研究、科学试验和教学的进口仪器、设备。

(5) 外国政府、国际组织无偿援助的进口物资和设备。

(6) 由残疾人组织直接进口供残疾人专用的物品。

(7) 个人销售自己使用过的物品。

(二)《营改增试点过渡政策的规定》规定的免税项目

(1) 托儿所、幼儿园提供的保育和教育服务。

(2) 养老机构提供的养老服务。

(3) 残疾人福利机构提供的育养服务。

(4) 婚姻介绍服务。

(5) 殡葬服务。

(6) 残疾人员本人为社会提供的服务。

(7) 医疗机构提供的医疗服务。

(8) 从事学历教育的学校提供的教育服务。

(9) 学生勤工俭学提供的服务。

(10) 农业机耕、排灌、病虫害防治、植物保护、农牧保险以及相关技术培训服务，家禽、牲畜、水生动物的配种和疾病防治。

(11) 纪念馆、博物馆、文化馆、文物保护单位管理机构、美术馆、展览馆、书画院、图书馆在自己的场所提供文化体育服务取得的第一道门票收入。

(12) 寺院、宫观、清真寺和教堂举办文化、宗教活动的门票收入。

(13) 行政单位之外的其他单位收取的符合规定条件的政府性基金和行政事业性收费。

(14) 个人转让著作权。

(15) 个人销售自建自用住房。

(16) 2018 年 12 月 31 日前,公共租赁住房经营管理单位出租公共租赁住房。

(17) 中国台湾航运公司、航空公司从事海峡两岸海上直航、空中直航业务在大陆取得的运输收入。

(18) 纳税人提供的直接或者间接国际货物运输代理服务。

(19) 符合规定条件的贷款、债券利息收入。

(20) 被撤销金融机构以货物、不动产、无形资产、有价证券、票据等财产清偿债务。

(21) 保险公司开办的一年期以上人身保险产品取得的保费收入。

(22) 符合规定条件的金融商品转让收入。

(23) 金融同业往来利息收入。

(24) 同时符合规定条件的担保机构从事中小企业信用担保或者再担保业务取得的收入(不含信用评级、咨询、培训等收入)3 年内免征增值税。

(25) 国家商品储备管理单位及其直属企业承担商品储备任务,从中央或者地方财政取得的利息补贴收入和价差补贴收入。

(26) 纳税人提供技术转让、技术开发和与之相关的技术咨询、技术服务。

(27) 同时符合规定条件的合同能源管理服务。

(28) 2017 年 12 月 31 日前,科普单位的门票收入,以及县级及以上党政部门和科协开展科普活动的门票收入。

(29) 政府举办的从事学历教育的高等、中等和初等学校(不含下属单位),举办进修班、培训班取得的全部归该学校所有的收入。

(30) 政府举办的职业学校设立的主要为在校学生提供实习场所、并由学校出资自办、由学校负责经营管理、经营收入归学校所有的企业,从事《销售服务、无形资产或者不动产注释》中"现代服务"(不含融资租赁服务、广告服务和其他现代服务)、"生活服务"(不含文化体育服务、其他生活服务和桑拿、氧吧)业务活动取得的收入。

(31) 家政服务企业由员工制家政服务员提供家政服务取得的收入。

(32) 福利彩票、体育彩票的发行收入。

(33) 军队空余房产租赁收入。

(34) 为了配合国家住房制度改革,企业、行政事业单位按房改成本价、标准价出售住房取得的收入。

(35) 将土地使用权转让给农业生产者用于农业生产。

(36) 涉及家庭财产分割的个人无偿转让不动产、土地使用权。

(37) 土地所有者出让土地使用权和土地使用者将土地使用权归还给土地所有者。

(38) 县级以上地方人民政府或自然资源行政主管部门出让、转让或收回自然资源使用权(不含土地使用权)。

(39) 随军家属就业。

(40) 军队转业干部就业。

【例 2-18】 下列各项中,不属于免税项目的是( )。

A. 养老机构提供的养老服务　　　　B. 装修公司提供的装饰服务

C. 婚介所提供的婚姻介绍服务　　　D. 托儿所提供的保育服务

正确答案：B。

（三）跨境行为免征增值税的政策规定

境内的单位和个人销售的下列服务和无形资产免征增值税，但财政部和国家税务总局规定适用增值税零税率的除外。

(1) 下列服务免征增值税：

a. 工程项目在境外的建筑服务。

b. 工程项目在境外的工程监理服务。

c. 工程、矿产资源在境外的工程勘察勘探服务。

d. 会议展览地点在境外的会议展览服务。

e. 存储地点在境外的仓储服务。

f. 标的物在境外使用的有形动产租赁服务。

g. 在境外提供的广播影视节目(作品)的播映服务。

h. 在境外提供的文化体育服务、教育医疗服务、旅游服务。

(2) 为出口货物提供的邮政服务、收派服务、保险服务免征增值税。

为出口货物提供的保险服务，包括出口货物保险和出口信用保险。

(3) 向境外单位提供的完全在境外消费的下列服务和无形资产免征增值税：

a. 电信服务。

b. 知识产权服务。

c. 物流辅助服务(仓储服务、收派服务除外)。

d. 鉴证咨询服务。

e. 专业技术服务。

f. 商务辅助服务。

g. 广告投放地在境外的广告服务。

h. 无形资产。

(4) 以无运输工具承运方式提供的国际运输服务免征增值税。

(5) 为境外单位之间的货币资金融通及其他金融业务提供的直接收费金融服务，且该服务与境内的货物、无形资产和不动产无关，免征增值税。

(6) 财政部和国家税务总局规定的其他服务。

（四）对小规模纳税人的免征增值税规定

(1) 小规模纳税人发生增值税应税销售行为，合计月销售额未超过 15 万元(以 1 个季度为 1 个纳税期的，季度销售额未超过 45 万元，下同)的，免征增值税。

小规模纳税人发生增值税应税销售行为，合计月销售额超过 15 万元，但扣除本期发生的销售不动产的销售额后未超过 15 万元的，其销售货物、劳务、服务、无形资产取得的销售额免征增值税。

为进一步支持小微企业发展，自 2022 年 4 月 1 日至 2022 年 12 月 31 日，增值税小规模纳税人适用3%征收率的应税销售收入，免征增值税；适用3%预征率的预缴增值税项目，暂停预缴增值税。

(2) 按固定期限纳税的小规模纳税人可以选择以1个月或1个季度为纳税期限，一经选择，一个会计年度内不得变更。

(3) 适用增值税差额征税政策的小规模纳税人，以差额后的销售额确定是否可以享受规定的免征增值税政策。

(4) 其他个人采取一次性收取租金形式出租不动产取得的租金收入，可在对应的租赁期内平均分摊，分摊后的月租金收入未超过15万元的，免征增值税。

二、增值税的即征即退

即征即退是指对按税法规定缴纳的税款，由税务机关在征税时部分或全部退还纳税人的一种税收优惠，其实质是一种特殊方式的免税和减税。

(1) 一般纳税人提供管道运输服务，对其增值税实际税负超过3%的部分实行增值税即征即退政策。

(2) 经人民银行、银监会或者商务部批准从事融资租赁业务的试点纳税人中的一般纳税人，提供有形动产融资租赁服务和有形动产融资性售后回租服务，对其增值税实际税负超过3%的部分实行增值税即征即退政策。

(3) 对纳税人销售自产的列入《享受增值税即征即退政策的新型墙体材料目录》的新型墙体材料，实行增值税即征即退50%的政策。

(4) 增值税一般纳税人销售其自行开发生产的软件产品，对其增值税实际税负超过3%的部分实行即征即退政策。

(5) 自2018年5月1日至2023年12月31日，对动漫企业增值税一般纳税人销售其自主开发生产的动漫软件，对其增值税实际税负超过3%的部分，实行即征即退政策。

(6) 增值税实际税负，是指纳税人当期提供应税服务实际缴纳的增值税税额占纳税人当期提供应税服务取得的全部价款和价外费用的比例。

三、增值税的减征

增值税的减征，主要适用于纳税人销售自己使用过的物品和旧货。“销售自己使用过的物品”是指自己购进、自己使用后再出售；“销售旧货”是指经营旧货的公司销售(别人使用过的)旧货；“旧货”是指进入二次流通的具有部分使用价值的货物(含旧汽车、旧摩托车和旧游艇)，但不包括自己使用过的物品。

(一) 一般纳税人销售自己使用过的物品

增值税一般纳税人销售自己使用过的固定资产的适用税率，取决于该固定资产取得时是否抵扣了进项税额。有如下三种情况：

(1) 增值税一般纳税人销售自己使用过的属于原规定的不得抵扣且未抵扣进项税额的固定资产，按照简易计税办法依照3%征收率减按2%征收增值税。

2008年12月31日以前未纳入扩大增值税抵扣范围试点的纳税人，销售自己使用过的

2008年12月31日以前购进或者自制的固定资产,按照3%征收率减按2%征收增值税。

2008年12月31日以前已纳入扩大增值税抵扣范围试点的纳税人,销售自己使用过的在本地区扩大增值税抵扣范围试点以前购进或自制的固定资产,按照3%的征收率减按2%征收增值税。销售自己使用过的在本地区扩大增值税抵扣范围试点以后购进或者自制的固定资产,按照适用税率征收增值税。

(2) 增值税一般纳税人销售自己使用过的2009年1月1日以后购进或者自制的固定资产,由于已经抵扣过固定资产的进项税额,应按照适用税率征收增值税。

(3) 增值税一般纳税人销售自己使用过的除固定资产以外的物品,应当按照适用税率征收增值税。

(二) 小规模纳税人销售自己使用过的物品

小规模纳税人销售自己使用过的固定资产,减按2%征收率征收增值税;小规模纳税人销售自己使用过的除固定资产以外的物品,应按3%的征收率征收增值税。自2022年4月1日至12月31日,对增值税小规模纳税人免征增值税。

(三) 纳税人销售旧货

按照简易计税方法依照3%征收率减按2%征收增值税。

四、增值税的起征点

起征点是指对征税对象征税的起点数额。征税对象的数额达不到起征点的不征税,达到起征点按全部数额征税。

增值税起征点的适用范围仅限于个人。个人是指登记为小规模纳税人的个体工商户和其他个人(其他个人是指自然人)。增值税起征点不适用于登记为一般纳税人的个体工商户。增值税起征点规定幅度如下:

(1) 销售货物的,为月应税销售额5 000～20 000元(含本数)。

(2) 销售应税劳务的,为月应税销售额5 000～20 000元(含本数)。

(3) 发生应税行为的,为月应税销售额5 000～20 000元(含本数)。

(4) 按次纳税的,为每次(日)销售额300～500元(含本数)。

起征点的调整由财政部和国家税务总局规定。省、自治区、直辖市财政厅(局)和国家税务总局应当在规定的幅度内,根据实际情况确定本地区适用的起征点,并报财政部和国家税务总局备案。

五、加计抵减政策

自2019年4月1日至2022年12月31日,允许生产、生活性服务业纳税人按照当期可抵扣进项税额加计10%,抵减应纳税额(以下称加计抵减政策)。2019年10月1日至2022年12月31日,允许生活性服务业纳税人按照当期可抵扣进项税额加计15%,抵减应纳税额。

(1) 生产、生活性服务业纳税人,是指提供邮政服务、电信服务、现代服务、生活服务(以下称四项服务)取得的销售额占全部销售额的比重超过50%的纳税人。

(2) 纳税人应按照当期可抵扣进项税额的10%(或15%)计提当期加计抵减额。按照现行规定不得从销项税额中抵扣的进项税额,不得计提加计抵减额;已计提加计抵减额的进项税额,按规定作进项税额转出的,应在进项税额转出当期,相应调减加计抵减额。计算公式如下:

$$\text{当期计提加计抵减额} = \text{当期可抵扣进项税额} \times 10\%(\text{或}15\%)$$

$$\text{当期可抵减加计抵减额} = \text{上期末加计抵减额余额} + \text{当期计提加计抵减额} - \text{当期调减加计抵减额}$$

(3) 纳税人应按照现行规定计算一般计税方法下的应纳税额(以下称抵减前的应纳税额)后,区分以下三种情形加计抵减:①抵减前的应纳税额等于零的,当期可抵减加计抵减额全部结转下期抵减;②抵减前的应纳税额大于零,且大于当期可抵减加计抵减额的,当期可抵减加计抵减额全额从抵减前的应纳税额中抵减;③抵减前的应纳税额大于零,且小于或等于当期可抵减加计抵减额的,以当期可抵减加计抵减额抵减应纳税额至零。未抵减完的当期可抵减加计抵减额,结转下期继续抵减。

(4) 纳税人出口货物劳务、发生跨境应税行为不适用加计抵减政策,其对应的进项税额不得计提加计抵减额。

纳税人兼营出口货物劳务、发生跨境应税行为且无法划分不得计提加计抵减额的进项税额,按照以下公式计算:

$$\text{不得计提加计抵减额的进项税额} = \text{当期无法划分的全部进项税额} \times \text{当期出口货物劳务和发生跨境应税行为的销售额} \div \text{当期全部销售额}$$

(5) 纳税人应单独核算加计抵减额的计提、抵减、调减、结余等变动情况。骗取适用加计抵减政策或虚增加计抵减额的,按照《税收征收管理法》等有关规定处理。

(6) 加计抵减政策执行到期后,纳税人不再计提加计抵减额,结余的加计抵减额停止抵减。

六、其他减免税规定

(1) 纳税人兼营免税、减税项目的,应当分别核算免税、减税项目的销售额;未分别核算销售额的,不得免税、减税。

(2) 纳税人发生应税销售行为适用免税规定的,可以放弃免税,依照《增值税暂行条例》或者《营业税改征增值税试点实施办法》的规定缴纳增值税。放弃免税后,36个月内不得再申请免税。

(3) 纳税人发生应税销售行为同时适用免税和零税率规定的,纳税人可以选择适用免税或者零税率。

第五节 增值税出口退(免)税

随着经济体制改革的逐步深入,扩大内需已经远远不能满足改革需要,更要调整经济结构，扩大出口，鼓励企业走出去赚取外汇。为了给企业减轻负担卸掉枷锁，更好地参与到国际市场竞争中，国家对出口企业实行免税、抵、退税等一系列优惠措施，让企业的产品、服务等以零税率的方式进入国际市场，以期占有更好的竞争优势。

一、出口退(免)税的含义

出口退(免)税是指在国际贸易中，对报关出口的货物退还或免征在国内各生产环节和流转环节按税法规定缴纳的增值税和消费税，即对出口货物实行零税率。因此，出口货物不仅在出口环节不必纳税，而且还应该退还其以前纳税环节已纳的税款。它是国际贸易中通常采用并为世界各国所普遍接受的、目的在于鼓励各国出口货物公平竞争的一种税收措施。

二、出口退(免)税的范围

(一) 享受出口退(免)税的企业范围

(1) 有进出口经营权的外贸企业。

(2) 有进出口经营权的自营生产型企业和生产型集团。

(3) 外商投资企业。

(4) 委托外贸企业代理出口的企业。

(5) 特准退(免)税企业。

(二) 享受出口退(免)税的货物范围

一般情况下，对出口的凡属于已征或应征增值税、消费税的货物，除国家明确规定不予退(免)税的货物和出口企业从小规模纳税人购进并持普通发票的部分货物外，都属于出口货物退(免)税的货物范围，均应予以退还已征增值税和消费税或免征应征的增值税和消费税。

享受一般退(免)税的出口货物应具备以下四个条件：

(1) 必须是增值税、消费税征税范围的货物。

(2) 必须是报关离境的货物。

(3) 必须是财务上作销售处理的货物。

(4) 必须是出口收汇并已核销的货物。

此外，若为生产企业出口或代理出口，享受退(免)税政策的货物还必须是自产货物或视同自产货物的外购货物。

三、出口退(免)税的基本政策

目前，我国的出口货物税收政策分为以下三种形式。

(一) 出口免税并退税

出口免税是指将货物出口视为销售，对货物在出口销售环节不征增值税、消费税。出口退税是指对货物在出口前实际承担的税收负担，按规定的退税率计算后予以退还。该政策适用范围如下：

(1) 生产企业自营出口或委托外贸企业代理出口的自产货物。

(2) 有出口经营权的外贸企业收购后直接出口或委托其他外贸企业代理出口货物。

(3) 出口企业从小规模纳税人购进并持增值税专用发票的 12 类货物。

(4) 对外贸易中的特定货物。

(二) 出口免税不退税

出口不退税是指适用这个政策的出口货物因在前一道生产、销售环节或进口环节是免税的,因此,出口时该货物的价格中本身就不含税,也无须退税。该政策适用范围如下:

(1) 属于生产企业的小规模纳税人自营出口或委托外贸企业代理出口的自产货物。

(2) 外贸企业从小规模纳税人购进并持普通发票的货物出口。

(3) 外贸企业直接购进国家规定的免税货物出口的。

(4) 其他免税货物和项目。

(三) 出口不免税也不退税

对国家限制或禁止出口的某些货物的出口环节视同内销环节,照常征税,也不退还出口前其所负担的税款。该政策适用范围如下:

(1) 国家计划外出口的原油。

(2) 援外出口货物。

(3) 国家禁止出口的货物。

(4) 不予退(免)税的货物范围。

四、出口货物的退税率

出口货物的退税率,是出口货物的实际退税额与退税计税依据的比例。目前,我国出口货物的退(免)税仅限于增值税和消费税。

出口退税并不是全部退还购进环节已纳的税款,出口货物的退税率由国家统一规定。

五、出口退税的计算方法

出口货物退(免)税的方式主要有免退税、免抵退税、免税三种,其中免抵退税和免退税方法的比较如表 2-5 所示。

表 2-5 免抵退税和免退税方法比较

退税方法	适用企业和情况		基本政策规定
	适用企业	具体情况	
免抵退税	生产企业	(1) 生产企业出口自产货物、劳务或委托外贸企业出口自产货物、劳务 (2) 列名生产企业出口非自产货物	免征出口增值税,相应的进项税额抵减内销应纳增值税税额(不包括适用即征即退、先征后退政策的应纳增值税税额),未抵减完的部分予以退还
免退税	外贸企业或其他单位	不具有生产能力的外贸出口企业或其他单位出口货物、劳务	免征出口增值税,购进的进项税额予以退还

(一) 生产企业出口免抵退税的计算方法

生产企业自营或委托外贸企业出口自产货物、劳务,除另有规定外,增值税一律实行免抵退税管理办法。其中,“免”税是指生产企业出口的自产货物、劳务,免征本企业生产销售环节增值税;“抵”税是指生产企业出口自产货物所耗用的原材料、零部件、燃料、动力等支付的进项税额,可以抵顶内销货物的应纳税额;“退”税是指生产企业出口自产货物在当月内,因出口原因导致应抵顶的进项税额大于应纳税额时,对未抵顶完的部分予以退税。

具体计算过程如表 2-6 所示。

表 2-6 增值税免抵退税计算步骤

步骤	公　式	解　释
第一步：免	免征出口环节增值税	出口货物不计销项税额
第二步：剔	当期不得免征和抵扣税额＝当期货物出口离岸价格×外汇人民币折合率×(出口货物适用税率－出口货物退税率)－当期不得免征和抵扣税额抵减额 当期不得免征和抵扣税额抵减额＝当期免税购进原材料价格×(出口货物适用税率－出口货物退税率) 如果当期没有免税购进原材料,前述公式中的当期不得免征和抵扣税额抵减额不用计算	本步骤只存在于退税率低于征税率的情形下,将计算出的差额部分的进项税额计入出口货物劳务成本。在退税率等于征税率的情况下,则不存在本步骤
第三步：抵	当期应纳税额＝当期内销货物的销项税额－(当期进项税额－当期免、抵、退不得免征和抵扣税额)－上期期末留抵税额	先用出口应退税额抵减内销应纳税额,让企业用内销少缴税的方式得到出口退税实惠。计算结果如果为正,则是应纳税额,不涉及退税,但涉及免抵;如为负,则进入下一步骤对比大小并计算应退税额
第四步：比较	当期免、抵、退税额＝出口货物离岸价×外汇人民币牌价×出口货物退税率－免、抵、退税额抵减额 免、抵、退税额抵减额＝免税购进原材料×出口货物退税率 (1) 如果当期期末留抵税额≤当期免、抵、退税额 当期应退税额＝期末留抵税额 当期免抵税额＝当期免、抵、退税额－当期应退税额 (2) 如果当期期末留抵税额≥当期免、抵、退税额 当期应退税额＝当期免、抵、退税额 当期免抵税额＝0	如果当期没有免税购进原材料,当期免、抵、退税额抵减额不用计算

(二) 外贸企业出口免退税的计算方法

外贸企业以及其他单位出口货物劳务,免征出口环节的增值税。货物劳务的增值税进项税额,在货物出口后按收购成本与退税率计算退还给外贸企业。退税率低于适用税率的,相应差额部分的税款计入企业成本。

(三) 适用增值税零税率应税服务退(免)税办法

中华人民共和国境内的增值税一般纳税人提供适用增值税零税率的应税服务,实行增值税退(免)税办法。

1. 增值税零税率应税服务适用范围

起点或终点在境外的运单、提单或客票所对应的各航段或路段的运输服务,属于国际运输服务。

起点或终点在港澳台的运单、提单或客票所对应的各航段或路段的运输服务，属于港澳台运输服务。

从境内载运旅客或货物至国内海关特殊监管区域及场所、从国内海关特殊监管区域及场所载运旅客或货物至国内其他地区或者国内海关特殊监管区域及场所，以及向国内海关特殊监管区域及场所内单位提供的研发服务、设计服务，不属于增值税零税率应税服务适用范围。

2. 增值税零税率应税服务退(免)税办法

增值税零税率应税服务退(免)税办法包括免抵退税办法和免退税办法，具体办法及计算公式按上述有关出口货物劳务退(免)税的规定执行。

3. 增值税零税率应税服务的退税率

增值税零税率应税服务的退税率为对应服务提供给境内单位适用的增值税税率。

4. 增值税零税率应税服务的退(免)税计税依据

1) 实行免抵退税办法的退(免)税计税依据

(1) 以铁路运输方式载运旅客的，为按照铁路合作组织清算规则清算后的实际运输收入。

(2) 以铁路运输方式载运货物的，为按照铁路运输进款清算办法，对“发站”或“到站(局)”名称包含“境”字的货票上注明的运输费用以及直接相关的国际联运杂费清算后的实际运输收入。

(3) 以航空运输方式载运货物或旅客的，如果国际运输或港澳台运输各航段由多个承运人承运的，为中国航空结算有限责任公司清算后的实际收入；如果国际运输或港澳台运输各航段由一个承运人承运的，为提供航空运输服务取得的收入。

(4) 其他实行免抵退税办法的增值税零税率应税服务，为提供增值税零税率应税服务取得的收入。

2) 实行免退税办法的退(免)税计税依据

实行免退税办法的退(免)税计税依据为购进应税服务的增值税专用发票或解缴税款的中华人民共和国税收缴款凭证上注明的金额。

【例 2-19】 西安市某交通运输企业为增值税一般纳税人，具备提供国际运输服务的条件和资质。12 月该企业承接境内运输业务，收取运费价税合计 436 万元；当月购进柴油并取得增值税专用发票，注明价款 400 万元、税款 52 万元；当月购进两辆货车用于货物运输，取得增值税专用发票，注明价款 60 万元、税款 7.8 万元；当月对外承接将货物由境内载运出境的业务，收取价款 70 万美元。请计算当期应退税额(退税率 9%，汇率1∶6.6)。

解析：

当期不得免征和抵扣税额＝70×6.6×(9%－9%)＝0。

当期应纳增值税＝436÷(1＋9%)×9%－(52＋7.8)＝－23.8(万元)。

当期免、抵、退税额＝70×6.6×9%＝41.58(万元)。

当期期末留抵税额＜当期免、抵、退税额。

当期应退税额＝23.8(万元)。

第六节 增值税征收管理

一、纳税义务发生时间

纳税义务发生时间，是纳税人发生应税行为应当承担纳税义务的起始时间。纳税义务发生时间正式确认纳税人已经发生属于税法规定的应税行为，应承担纳税义务。

（1）纳税人销售货物、劳务、服务、无形资产和不动产，其纳税义务发生时间为发生应税行为并收讫销售款项或者取得索取销售款项凭据的当天；先开具发票的，为开具发票的当天。

收讫销售款项，是指纳税人销售货物、劳务、服务、无形资产、不动产过程中或者完成后收到款项。

取得索取销售款项凭据的当天，是指书面合同确定的付款日期；未签订书面合同或者书面合同未确定付款日期的，为货物、劳务、服务、无形资产转让完成的当天或者不动产权属变更的当天。

按销售结算方式的不同，纳税义务发生时间有如下几种界定方式：

a. 采取直接收款方式销售货物，不论货物是否发出，均为收到销售款或者取得索取销售款凭据的当天。

b. 采取托收承付和委托银行收款方式销售货物，为发出货物并办妥托收手续的当天。

c. 采取赊销和分期收款方式销售货物，为书面合同约定的收款日期的当天，无书面合同或者书面合同没有约定收款日期的，为货物发出的当天。

d. 采取预收货款方式销售货物，为货物发出的当天，但生产销售生产工期超过 12 个月的大型机械设备、船舶、飞机等货物，为收到预收款或者书面合同约定的收款日期的当天。

e. 委托其他纳税人代销货物，为收到代销单位的代销清单或者收到全部或部分货款的当天。未收到代销清单及货款的，为发出代销货物满 180 天的当天。

f. 纳税人提供建筑服务、租赁服务采取预收款方式的，其纳税义务发生时间为收到预收款的当天。

g. 纳税人从事金融商品转让的，为金融商品所有权转移的当天。

h. 纳税人发生相关视同销售货物行为，为货物移动的当天。

i. 纳税人发生视同销售劳务、服务、无形资产、不动产情形的，其纳税义务发生时间为劳务、服务、无形资产转让完成的当天或者不动产权属变更的当天。

（2）纳税人进口货物，其纳税义务发生时间为报关进口的当天。

（3）增值税扣缴义务发生时间为纳税人增值税纳税义务发生的当天。

【例 2-20】 宜优公司为增值税一般纳税人，于 2022 年 4 月 10 日与心心公司签订货物买卖合同，2022 年 4 月 15 日宜优公司收到心心公司预付的货款，2022 年 4 月 20 日宜优公司给心心公司开具发票，2022 年 5 月 10 日宜优公司向心心公司发出货物，则宜优公司对该批货物的增值税纳税义务发生时间为(　　)。

A. 2022 年 4 月 10 日　　B. 2022 年 4 月 15 日

C. 2022 年 4 月 20 日　　D. 2022 年 5 月 10 日

正确答案：C。

二、纳税地点

(1) 固定业户应当向其机构所在地的税务机关申报纳税。总机构和分支机构不在同一县(市)的，应当分别向各自所在地的税务机关申报纳税；经国务院财政、税务部门或者其授权的财政、税务机关批准，可以由总机构汇总向总机构所在地的税务机关申报纳税。

(2) 固定业户到外县(市)销售货物或者劳务，应当向其机构所在地的税务机关报告外出经营事项，并向其机构所在地的税务机关申报纳税；未报告的，应当向销售地或者劳务发生地的税务机关申报纳税；未向销售地或者劳务发生地的税务机关申报纳税的，由其机构所在地的税务机关补征税款。

(3) 非固定业户销售货物或者劳务，应当向销售地或者劳务发生地的税务机关申报纳税；未向销售地或者劳务发生地的税务机关申报纳税的，由其机构所在地或者居住地的税务机关补征税款。

(4) 进口货物，应当向报关地海关申报纳税。

(5) 其他个人提供建筑服务，销售或者租赁不动产，转让自然资源使用权，应向建筑服务发生地、不动产所在地、自然资源所在地税务机关申报纳税。

(6) 扣缴义务人应当向其机构所在地或者居住地的税务机关申报缴纳其扣缴的税款。

三、纳税期限

根据《增值税暂行条例》及其实施细则和《营业税改征增值税试点实施办法》的规定，增值税的纳税期限分别为 1 日、3 日、5 日、10 日、15 日、1 个月或者 1 个季度。

纳税人的具体纳税期限，由税务机关根据纳税人应纳税额的大小分别核定；不能按照固定期限纳税的，可以按次纳税。以 1 个季度为纳税期限的规定适用于小规模纳税人、银行、财务公司、信托投资公司、信用社，以及财政部和国家税务总局规定的其他纳税人。

纳税人以 1 个月或者 1 个季度为 1 个纳税期的，自期满之日起 15 日内申报纳税；以 1 日、3 日、5 日、10 日或者 15 日为 1 个纳税期的，自期满之日起 5 日内预缴税款，于次月 1 日起 15 日内申报纳税并结清上月应纳税款。

扣缴义务人解缴税款的期限，依照上述规定执行。

纳税人进口货物，应当自海关填发进口增值税专用缴款书之日起 15 日内缴纳税款。

四、纳税申报

(一) 一般纳税人纳税申报必报资料

(1) 增值税及附加税费申报表(一般纳税人适用)(表 2-7)。

表 2-7 增值税及附加税费申报表

（一般纳税人适用）

根据国家税收法律法规及增值税相关规定制定本表。纳税人不论有无销售额，均应按税务机关核定的纳税期限填写本表，并向当地税务机关申报。

税款所属时间：自　　年　月　日至　　年　月　日　　填表日期：　　年　月　日　　　金额单位：元(列至角分)

纳税人识别号(统一社会信用代码)：□□□□□□□□□□□□□□□□□□　　　所属行业：

纳税人名称：		法定代表人姓名		注册地址		生产经营地址	
开户银行及账号		登记注册类型				电话号码	

项目		栏次	一般项目		即征即退项目	
			本月数	本年累计	本月数	本年累计
销售额	（一）按适用税率计税销售额	1				
	其中：应税货物销售额	2				
	应税劳务销售额	3				
	纳税检查调整的销售额	4				
	（二）按简易办法计税销售额	5				
	其中：纳税检查调整的销售额	6				
	（三）免、抵、退办法出口销售额	7			—	—
	（四）免税销售额	8			—	—
	其中：免税货物销售额	9			—	—
	免税劳务销售额	10			—	—
税款计算	销项税额	11				
	进项税额	12				
	上期留抵税额	13				—
	进项税额转出	14				
	免、抵、退应退税额	15			—	—
	按适用税率计算的纳税检查应补缴税额	16			—	—
	应抵扣税额合计	17＝12＋13－14－15＋16		—		—
	实际抵扣税额	18(如 17＜11，则为 17，否则为 11)				
	应纳税额	19＝11－18				
	期末留抵税额	20＝17－18				—
	简易计税办法计算的应纳税额	21				
	按简易计税办法计算的纳税检查应补缴税额	22			—	—
	应纳税额减征额	23				
	应纳税额合计	24＝19＋21－23				

（续表）

项目		栏次	一般项目		即征即退项目	
			本月数	本年累计	本月数	本年累计
税款缴纳	期初未缴税额(多缴为负数)	25				
	实收出口开具专用缴款书退税额	26			—	—
	本期已缴税额	27＝28＋29＋30＋31				
	① 分次预缴税额	28		—		—
	② 出口开具专用缴款书预缴税额	29		—	—	—
	③ 本期缴纳上期应纳税额	30				
	④ 本期缴纳欠缴税额	31				
	期末未缴税额(多缴为负数)	32＝24＋25＋26－27				
	其中：欠缴税额(≥0)	33＝25＋26－27		—		—
	本期应补(退)税额	34＝24－28－29		—		—
	即征即退实际退税额	35	—	—		
	期初未缴查补税额	36			—	—
	本期入库查补税额	37			—	—
	期末未缴查补税额	38＝16＋22＋36－37			—	—
附加税费	城市维护建设税本期应补(退)税额	39			—	—
	教育费附加本期应补(退)费额	40			—	—
	地方教育附加本期应补(退)费额	41			—	—

声明：此表是根据国家税收法律法规及相关规定填写的，本人(单位)对填报内容(及附带资料)的真实性、可靠性、完整性负责。

纳税人(签章)： 年 月 日

经办人： 经办人身份证号： 代理机构签章： 代理机构统一社会信用代码：	受理人： 受理税务机关(章)： 受理日期： 年 月 日

（2）增值税及附加税费申报表附列资料(一)(本期销售情况明细)(表 2-8)。

表 2-8　增值税及附加税费申报表附列资料(一)

(本期销售情况明细)

税款所属时间：　　年　月　日至　　年　月　日

纳税人名称：(公章)　　　　金额单位：元(列至角分)

项目及栏次				开具增值税专用发票		开具其他发票		未开具发票		纳税检查调整		合计			服务、不动产和无形资产扣除项目本期实际扣除金额	扣除后	
				销售额	销项(应纳)税额	销售额	销项(应纳)税额	销售额	销项(应纳)税额	销售额	销项(应纳)税额	销售额	销项(应纳)税额	价税合计		含税(免税)销售额	销项(应纳)税额
				1	2	3	4	5	6	7	8	9=1+3+5+7	10=2+4+6+8	11=9+10	12	13=11－12	14＝13÷(100%＋税率或征收率)×税率或征收率
一、一般计税方法计税	全部征税项目	13%税率的货物及加工修理修配劳务	1											—	—	—	—
		13%税率的服务、不动产和无形资产	2														
		9%税率的货物及加工修理修配劳务	3											—	—	—	—
		9%税率的服务、不动产和无形资产	4														
		6%税率	5														
	其中：即征即退项目	即征即退货物及加工修理修配劳务	6	—	—	—	—	—	—	—	—			—	—	—	—
		即征即退服务、不动产和无形资产	7	—	—	—	—	—	—	—	—						
二、简易计税方法计税	全部征税项目	6%征收率	8							—	—			—	—	—	—
		5%征收率的货物及加工修理修配劳务	9a							—	—			—	—	—	—
		5%征收率的服务、不动产和无形资产	9b							—	—						
		4%征收率	10							—	—			—	—	—	—

（续表）

项目及栏次				开具增值税专用发票		开具其他发票		未开具发票		纳税检查调整		合计			服务、不动产和无形资产扣除项目本期实际扣除金额	扣除后	
				销售额	销项（应纳）税额	销售额	销项（应纳）税额	销售额	销项（应纳）税额	销售额	销项（应纳）税额	销售额	销项（应纳）税额	价税合计		含税（免税）销售额	销项（应纳）税额
				1	2	3	4	5	6	7	8	9=1+3+5+7	10=2+4+6+8	11=9+10	12	13=11−12	14 = 13 ÷（100% + 税率或征收率）× 税率或征收率
二、简易计税方法计税	全部征税项目	3%征收率的货物及加工修理修配劳务	11							—	—			—	—	—	—
		3%征收率的服务、不动产和无形资产	12							—	—						
		预征率　%	13a							—	—						
		预征率　%	13b							—	—						
		预征率　%	13c							—	—						
	其中：即征即退项目	即征即退货物及加工修理修配劳务	14	—	—	—	—	—	—	—	—			—	—	—	—
		即征即退服务、不动产和无形资产	15	—	—	—	—	—	—	—	—						
三、免抵退税	货物及加工修理修配劳务		16	—	—		—		—	—	—		—	—	—	—	—
	服务、不动产和无形资产		17	—	—		—		—	—	—		—				—
四、免税	货物及加工修理修配劳务		18				—		—	—	—		—	—	—	—	—
	服务、不动产和无形资产		19	—	—		—		—	—	—		—				—

（3）增值税及附加税费申报表附列资料(二)(本期进项税额明细)(表 2-9)。

表 2-9 增值税及附加税费申报表附列资料(二)

(本期进项税额明细)

税款所属时间： 年 月 日至 年 月 日

纳税人名称：(公章) 金额单位：元(列至角分)

一、申报抵扣的进项税额				
项目	栏次	份数	金额	税额
(一) 认证相符的增值税专用发票	1=2+3			
其中：本期认证相符且本期申报抵扣	2			
前期认证相符且本期申报抵扣	3			
(二) 其他扣税凭证	4=5+6+7+8a+8b			
其中：海关进口增值税专用缴款书	5			
农产品收购发票或者销售发票	6			
代扣代缴税收缴款凭证	7		—	
加计扣除农产品进项税额	8a	—	—	
其他	8b			
(三) 本期用于购建不动产的扣税凭证	9			
(四) 本期用于抵扣的旅客运输服务扣税凭证	10			
(五) 外贸企业进项税额抵扣证明	11	—	—	
当期申报抵扣进项税额合计	12=1+4+11			
二、进项税额转出额				
项目	栏次	税额		
本期进项税额转出额	13=14 至 23 之和			
其中：免税项目用	14			
集体福利、个人消费	15			
非正常损失	16			
简易计税方法征税项目用	17			
免抵退税办法不得抵扣的进项税额	18			
纳税检查调减进项税额	19			
红字专用发票信息表注明的进项税额	20			
上期留抵税额抵减欠税	21			
上期留抵税额退税	22			
异常凭证转出进项税额	23a			
其他应作进项税额转出的情形	23b			

（续表）

三、待抵扣进项税额				
项目	栏次	份数	金额	税额
（一）认证相符的增值税专用发票	24	—	—	—
期初已认证相符但未申报抵扣	25			
本期认证相符且本期未申报抵扣	26			
期末已认证相符但未申报抵扣	27			
其中：按照税法规定不允许抵扣	28			
（二）其他扣税凭证	29=30至33之和			
其中：海关进口增值税专用缴款书	30			
农产品收购发票或者销售发票	31			
代扣代缴税收缴款凭证	32		—	
其他	33			
	34			
四、其他				
项目	栏次	份数	金额	税额
本期认证相符的增值税专用发票	35			
代扣代缴税额	36	—	—	

（4）增值税及附加税费申报表附列资料（三）（服务、不动产和无形资产扣除项目明细）（表2-10）。

表2-10 增值税及附加税费申报表附列资料（三）

（服务、不动产和无形资产扣除项目明细）

税款所属时间： 年 月 日至 年 月 日

纳税人名称：（公章） 金额单位：元（列至角分）

项目及栏次		本期服务、不动产和无形资产价税合计额（免税销售额）	服务、不动产和无形资产扣除项目				
			期初余额	本期发生额	本期应扣除金额	本期实际扣除金额	期末余额
		1	2	3	4=2+3	5(5≤1且5≤4)	6=4−5
13%税率的项目	1						
9%税率的项目	2						
6%税率的项目（不含金融商品转让）	3						
6%税率的金融商品转让项目	4						
5%征收率的项目	5						
3%征收率的项目	6						
免抵退税的项目	7						
免税的项目	8						

(5) 增值税及附加税费申报表附列资料(四)(税额抵减情况表)(表 2-11)。

表 2-11 增值税及附加税费申报表附列资料(四)

(税额抵减情况表)

税款所属时间:　　年　月　日至　　年　月　日

纳税人名称:(公章)　　　　金额单位:元(列至角分)

一、税额抵减情况						
序号	抵减项目	期初余额	本期发生额	本期应抵减税额	本期实际抵减税额	期末余额
		1	2	3=1+2	4≤3	5=3−4
1	增值税税控系统专用设备费及技术维护费					
2	分支机构预征缴纳税款					
3	建筑服务预征缴纳税款					
4	销售不动产预征缴纳税款					
5	出租不动产预征缴纳税款					

二、加计抵减情况							
序号	加计抵减项目	期初余额	本期发生额	本期调减额	本期可抵减额	本期实际抵减额	期末余额
		1	2	3	4=1+2−3	5	6=4−5
6	一般项目加计抵减额计算						
7	即征即退项目加计抵减额计算						
8	合计						

(6) 增值税减免税申报明细表(表 2-12)。

表 2-12 增值税减免税申报明细表

税款所属时间:自　　年　月　日至　　年　月　日

纳税人名称(公章):　　　　金额单位:元(列至角分)

一、减税项目						
减税性质代码及名称	栏次	期初余额	本期发生额	本期应抵减税额	本期实际抵减税额	期末余额
		1	2	3=1+2	4≤3	5=3−4
合　计	1					
	2					
	3					
	4					
	5					
	6					

（续表）

二、免税项目						
免税性质代码及名称	栏次	免征增值税项目销售额	免税销售额扣除项目本期实际扣除金额	扣除后免税销售额	免税销售额对应的进项税额	免税额
		1	2	3=1−2	4	5
合　计	7					
出口免税	8		—	—	—	
其中：跨境服务	9		—	—	—	
	10				—	
	11				—	
	12				—	
	13				—	
	14				—	
	15				—	
	16				—	

（二）小规模纳税人申报必报资料

（1）增值税及附加税费申报表（小规模纳税人适用）。

（2）增值税及附加税费申报表（小规模纳税人适用）附列资料。

第七节　增值税专用发票使用规定

增值税发票有增值税专用发票、增值税普通发票、增值税电子普通发票和增值税电子专用发票。

增值税专用发票，是增值税一般纳税人（以下简称一般纳税人）销售货物或者提供应税劳务开具的发票，是购买方支付增值税税额并可按照增值税有关规定据以抵扣增值税进项税额的凭证。

一般纳税人应通过增值税防伪税控系统（以下简称防伪税控系统）使用专用发票。使用包括领购、开具、缴销、认证纸质专用发票及其相应的数据电文。增值税专用发票样式如图 2-1 所示。

一、增值税专用发票的联次和用途

专用发票由基本联次或者基本联次附加其他联次构成，基本联次为三联：发票联、抵扣联和记账联。

（1）发票联，作为购买方核算采购成本和增值税进项税额的记账凭证。

（2）抵扣联，作为购买方报送主管税务机关认证和留存备查的凭证。

（3）记账联，作为销售方核算销售收入和增值税销项税额的记账凭证。

其他联次用途，由一般纳税人自行确定。

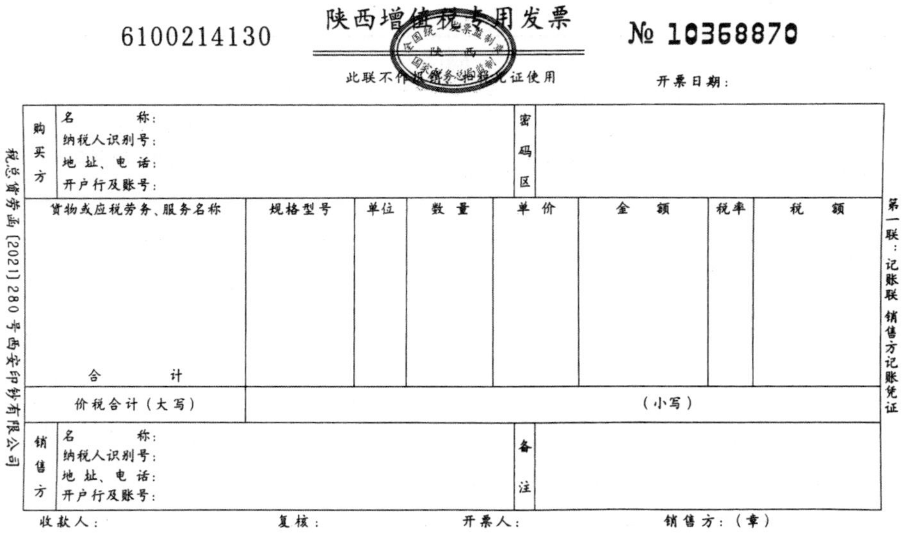

图 2-1　增值税专用发票样式

二、增值税专用发票的领购

一般纳税人领购专用设备后，凭《最高开票限额申请表》《发票领购簿》到主管税务机关办理初始发行。初始发行，是指主管税务机关将一般纳税人的企业名称、税务登记代码、开票限额、购票限量、购票人员姓名和密码、开票机数量和国家税务总局规定的其他信息载入空白金税卡和 IC 卡的行为。一般纳税人凭《发票领购簿》、IC 卡和经办人身份证明领购专用发票。

一般纳税人有下列情形之一的，不得领购开具专用发票：

(1) 会计核算不健全，不能向税务机关准确提供增值税销项税额、进项税额、应纳税额数据及其他有关增值税税务资料的。上列其他有关增值税税务资料的内容，由省、自治区、直辖市和计划单列市国家税务总局确定。

(2) 有《税收征收管理法》规定的税收违法行为，拒不接受税务机关处理的。

(3) 有下列行为之一，经税务机关责令限期改正而仍未改正的：

a. 虚开增值税专用发票。

b. 私自印制专用发票。

c. 向税务机关以外的单位和个人买取专用发票。

d. 借用他人专用发票。

e. 未按规定开具专用发票。

f. 未按规定保管专用发票和专用设备。

g. 未按规定申请办理防伪税控系统变更发行。

h. 未按规定接受税务机关检查。

有上列情形的，如已领购专用发票，主管税务机关应暂扣其结存的专用发票和 IC 卡。

三、增值税专用发票的使用管理

(1) 增值税专用发票开具范围。一般纳税人销售货物、劳务、服务、无形资产、不动产，应向购买方开具增值税专用发票。从事住宿业、鉴证咨询业、建筑业、工业以及信息传输、软件和信息技术服务业、租赁和商业服务业、科学研究和技术服务业、居民服务、修理和其他服务业的试点范围小规模纳税人可以开具增值税专用发票。但属于试点范围的小规模纳税人销售其取得的不动产，需要开具增值税专用发票的，应当按照有关规定向税务机关申请代开。

属于下列情形之一的，不得开具增值税专用发票：

a. 商业企业一般纳税人零售的烟、酒、食品、服装、鞋帽（不包括劳保专用部分）、化妆品等消费品不得开具专用发票。

b. 应税销售行为的购买方为消费者个人的。

c. 发生应税销售行为适用免税规定的。

（2）增值税专用发票应按下列要求开具：

a. 项目齐全，与实际交易相符。

b. 字迹清楚，不得压线、错格。

c. 发票联和抵扣联加盖财务专用章或者发票专用章。

d. 按照增值税纳税义务的发生时间开具。

对不符合上列要求的专用发票，购买方有权拒收。

（3）一般纳税人销售货物或者提供应税劳务可汇总开具专用发票。汇总开具专用发票的，同时使用防伪税控系统开具《销售货物或者提供应税劳务清单》，并加盖财务专用章或者发票专用章。

（4）一般纳税人在开具专用发票当月，发生销货退回、开票有误等情形，收到退回的发票联、抵扣联符合作废条件的，按作废处理；开具时发现有误的，可即时作废。作废专用发票须在防伪税控系统中将相应的数据电文按"作废"处理，在纸质专用发票（含未打印的专用发票）各联次上注明"作废"字样，全联次留存。

四、增值税专用发票的开具方法

（1）选择相应的编码开具增值税发票。自 2018 年 1 月 1 日起，纳税人通过增值税发票管理新系统开具增值税发票（包括：增值税专用发票、增值税普通发票、增值税电子普通发票）时，商品和服务税收分类编码对应的简称会自动显示并打印在发票票面"货物或应税劳务、服务名称"或"项目"栏次中。

（2）"差额征税"发票开具。按照现行政策规定适用差额征税办法缴纳增值税，且不得全额开具增值税发票的（财政部、国家税务总局另有规定的除外），纳税人自行开具或者税务机关代开增值税发票时，通过新系统中差额征税开票功能，录入含税销售额（或含税评估额）和扣除额，系统自动计算税额和不含税金额，备注栏自动打印"差额征税"字样，发票开具不应与其他应税行为混开。

（3）提供建筑服务，纳税人自行开具或者税务机关代开增值税发票时，应在发票的备注栏注明建筑服务发生地县（市、区）名称及项目名称。

（4）销售不动产，纳税人自行开具或者税务机关代开增值税发票时，备注栏注明不动产的详细地址。

（5）出租不动产，纳税人自行开具或者税务机关代开增值税发票时，备注栏注明不动产的详细地址。

知识点视频

增值税的基本原理	增值税的征税范围(一)	增值税的征税范围(二)	增值税纳税义务人与税率、征收率	增值税的计税方法
增值税计税销售额的确定(一)	增值税计税销售额的确定(二)	进项税额抵扣与转出(一)	进项税额抵扣与转出(二)	增值税应纳税额的计算
增值税的征收管理	增值税发票基本种类	增值税发票管理的基本规定	发票管理的主要风险及防范措施(一)	发票管理的主要风险及防范措施(二)

实践能力训练

一、单选题

1. 下列关于增值税纳税人的说法中错误的是(　　)。
   A. 从事货物生产的企业,年应税销售额在500万元(含)以下的,为小规模纳税人
   B. 小规模纳税人会计核算健全,能提供准确税务资料,可申请不作为小规模纳税人
   C. 除国家税务总局另有规定外,已登记为小规模纳税人的企业不得再转为一般纳税人
   D. 销售服务、无形资产或者不动产的企业,年应税销售额超过500万元的,为一般纳税人
2. 下列行为中,应当按销售货物征收增值税的是(　　)。
   A. 提供贷款服务　　B. 销售房地产
   C. 将自产电视机无偿赠送他人　　D. 将房屋出租
3. 下列行为中,应当一并按销售货物征收增值税的是(　　)。
   A. 银行从事存、贷款业务并销售金、银
   B. 百货商店销售商品同时负责运输
   C. 建筑公司提供建筑业劳务的同时销售自产水泥预制构件等建筑材料
   D. 餐饮公司提供餐饮服务的同时销售酒水
4. 下列各项中,增值税税率为13%的是(　　)。
   A. 销售不动产　　B. 提供加工、修理修配劳务

C. 提供租赁服务　　D. 提供交通运输服务

5. 某企业为增值税一般纳税人，2022 年 4 月从农民手中收购一批苹果，农产品收购发票上注明的收购价款为 80 000 元，该企业将这一批苹果加工成果汁对外销售，本月取得不含税销售额 150 000 元，则该企业计算当月应缴纳的增值税的下列算式中，正确的是（　　）。

A. 150 000×13%－80 000×9%＝12 300(元)

B. 150 000×13%－80 000×10%＝11 500(元)

C. 150 000×9%－80 000×9%＝6 300(元)

D. 150 000×9%－80 000×10%＝5 500(元)

6. 甲公司为增值税一般纳税人，2022 年 7 月销售产品一批，取得不含税销售额 10 万元，同时向对方收取包装物押金 1 000 元，已知增值税税率为 13%，则甲公司计算本月增值税销项税额的下列算式中，正确的是（　　）。

A. (100 000＋1 000)÷(1＋13%)×13%＝11 619.47(元)

B. 100 000×13%＝13 000(元)

C. 100 000×13%＋1 000÷(1＋13%)×13%＝13 115.04(元)

D. (100 000＋1 000)×13%＝13 130(元)

7. 某个体商店为增值税小规模纳税人。2022 年 7 月，该个体商店购置一批货物，取得的普通发票上注明金额 3 200 元，当月零售货物取得销售收入 22 400 元；用部分外购商品抵债，抵债商品的买价为 12 000 元，平均售价为 15 000 元，该商店同类产品的最高销售价格为 18 000 元。该个体商店计算当月应纳的增值税的下列算式中，正确的是（　　）。

A. 22 400÷(1＋3%)×3%＋15 000÷(1＋3%)×3%＝1 089.32(元)

B. 22 400×3%＋15 000×3%＝1 122(元)

C. 22 400×3%＋18 000×3%＝1 212(元)

D. 22 400÷(1＋3%)×3%＋18 000÷(1＋3%)×3%＝1 176.7(元)

8. 某金店为增值税一般纳税人，为吸引更多的顾客光临，特推出“以旧换新”的方式向消费者销售金项链。8 月份销售金项链不含增值税售价为 300 000 元，换回的旧项链作价 80 000 元(不含增值税)，甲首饰店实际收取差价款 220 000 元，另收取回炉费共 11 300 元。已知增值税税率为 13%，该金店计算当月该笔业务增值税销项税额的下列算式中，正确的是（　　）。

A. 300 000×13%＝39 000(元)

B. 300 000×13%＋11 300÷(1＋13%)×13%＝40 300(元)

C. (300 000－80 000)×13%＝28 600(元)

D. (300 000－80 000)×13%＋11 300÷(1＋13%)×13%＝29 900(元)

二、综合题

西安市甲公司为增值税一般纳税人，主要从事汽车的生产和销售，2022 年 8 月有关经营情况如下：

(1) 以交款提货方式销售 A 型小汽车 30 辆给汽车销售公司，每辆不含税售价 15 万元，开具税控专用发票注明价款 450 万元(不含税),当月实际收回价款 430 万元,余款下月收回。

(2) 将新研制生产的C型小汽车 5 辆无偿赠送给本企业的中层干部,每辆成本价 10 万元,C型小汽车尚无市场销售价格。税务机关核定的成本利润率为 30%(计税时不考虑消费税)。

(3) 购进机械设备取得税控专用发票注明价款 200 万元,该设备当月投入使用。支付购进设备的运输费用 8 万元(不含税)、装卸搬运费用 3 万元(不含税),取得增值税专用发票并认证通过。

(4) 当月由于管理不善损失库存原材料金额 35 万元,直接记入"营业外支出"账户。

(5) 上期留抵税额 19.8 万元。

已知:增值税一般纳税人的税率为 13%、9%和 6%;取得的扣税凭证均已通过税务机关认证。

要求:

(1) 根据上述资料,不考虑其他因素,计算该企业当月增值税应纳税额。结果保留小数点后两位,四舍五入。

(2) 根据上述资料,填写增值税纳税申报表。

三、实训案例

请扫码获取电子版。

一般纳税人增值税及附加税费
网上申报教学版案例

《中华人民共和国
消费税暂行条例》

第三章 消费税

本章知识结构图

第一节 消费税概述

一、消费税的概念

消费税是对在我国境内从事生产、委托加工和进口应税消费品的单位和个人，就其销售额或销售量征收的一种税，是对特定的消费品和消费行为在特定的环节征收的一种流转税。

消费税是增值税的配套税，是在所有缴纳增值税的货物中又挑选出 15 种货物缴纳消费税，应税消费品包括烟、酒、高档化妆品、小汽车等 15 个税目。销售货物要缴纳增值税，企业生产销售烟、酒、高档化妆品等应税消费品，在缴纳增值税的基础上，还要缴纳一次消费税。

二、消费税的特点

（一）征收范围具有选择性

我国消费税在征收范围上根据产业政策与消费政策仅选部分消费品征税，而不是对所有消费品都征收消费税，目前消费税税目有 15 个。未来可考虑将高端消费纳入消费税征收范围，包括高尔夫球、狩猎、赛马、高档美容健身院、高档酒店私人会所、高级会员俱乐部等。

（二）征税环节具有单一性

消费税主要在生产、委托加工和进口环节征收，除卷烟要在生产和批发两个环节征收外，其他都是单环节征收。

（三）税率较高且税负差异大

消费税的平均税率比较高并且不同征税项目的税负差异较大，如卷烟的最高税率是 56%，排气量在 1.0 升以下的小汽车税率只有 1%，对需要限制或控制消费的消费品，通常税负较重。

（四）征收方法具有灵活性

消费税只有 15 个税目，征收方法既有从价定率法，又有从量定额法，还有复合计税法，征收方法比较灵活。

（五）消费税是价内税

征收消费税的消费品其价格是由成本、利润和消费税三部分组成，价格中含有消费税。

三、消费税的作用

（一）体现消费政策，调整产业结构

消费税的立法体现了国家的消费政策和产业政策，对某种商品是否开征消费税，是提高还是降低其税率，都会相应抑制或刺激对其的消费。我国自 1994 年开征消费税以来，为了抑制对人体健康不利或者是过度消费会对人体有害的消费品的生产，将烟、酒、鞭炮、焰火列入征税范围。为了调节特殊消费，将摩托车、小汽车、贵重首饰及珠宝玉石列入征税范

围。根据社会经济发展情况，2006 年新增高尔夫球及球具、高档手表、游艇、木质一次性筷子、实木地板等税目。2008 年提高大排量乘用车的税率。为了节约能源、减少大气污染物排放，将汽油、柴油等油品列入征税范围，并多次调整成品油消费税，进一步加强了成品油消费税的调控能力，兼顾了宏观调控需要和社会承受能力。2016 年 10 月 1 日起取消对普通美容、修饰类化妆品征收消费税，将“化妆品”税目名称更名为“高档化妆品”，税率调整为 15%。总之，消费税对生产和消费具有很强的调节能力。

（二）正确引导消费，抑制超前消费

目前我国总体财力还比较有限，个人的生活水平还不够宽裕，需要在政策上正确引导人们的消费方向。在消费税立法过程中，对人们日常消费的基本生活用品和企业正常的生产消费物品不征收消费税，只对目前属于奢侈品或超前消费的物品以及其他非基本生活品征收消费税，特别是对其中的某些消费品如烟、酒、高档次的汽车等适用较高的税率，加重调节，增加消费者的负担，适当抑制高水平或超前消费。

（三）调节支付能力，缓解分配不公

通过对某些奢侈品或特殊消费品征收消费税，间接增加某些消费者的税收负担或增加消费支出的超额负担，使高收入者的高消费受到一定的抑制，低收入者或消费基本生活用品的消费者则不负担消费税，支付能力不受影响。从而调节个人支付能力，有利于缓解社会分配不公的矛盾。

（四）组织财政收入

消费税一直是政府组织财政收入的重要税种。从目前的收入规模看，消费税收入在税收总收入中的排名仅次于增值税、企业所得税，是国家财政收入的重要组成部分。但与发达国家相比，我国消费税收入的比重仍然偏低。

第二节 消费税的基本要素

一、消费税纳税人

在中华人民共和国境内生产、委托加工和进口《中华人民共和国消费税暂行条例》（简称《消费税暂行条例》）规定的消费品的单位和个人，以及国务院确定的销售《消费税暂行条例》规定的消费品的其他单位和个人，为消费税的纳税人。

在中华人民共和国境内，是指生产、委托加工和进口属于应当缴纳消费税的消费品的起运地或者所在地在境内。单位，是指企业、行政单位、事业单位、军事单位、社会团体及其他单位。个人，是指个体工商户及其他个人。

由于消费税是在对所有货物普遍征收增值税的基础上选择少量消费品征收的，因此，消费税纳税人同时也是增值税纳税人。

二、消费税税目

根据《消费税暂行条例》的规定，消费税税目共有 15 个，具体内容如表 3-1 所示。

表 3-1　消费税税目表

序号	税目	子目		备　注
1	烟	卷烟	甲类卷烟	指每标准条(200 支)调拨价格在 70 元(不含增值税)以上(含 70 元)的卷烟
			乙类卷烟	指每标准条(200 支)调拨价格在 70 元(不含增值税)以下的卷烟
		雪茄烟		包括各种规格、型号的雪茄烟
		烟丝		包括以烟叶为原料加工生产的不经卷制的散装烟
2	酒	白酒	粮食白酒	以高粱、玉米、大米、糯米、大麦、小麦、青稞等各种粮食为原料,经过糖化、发酵后,采用蒸馏方法酿制的白酒
			薯类白酒	以白薯(红薯、地瓜)、木薯、马铃薯、芋头、山药等各种以鲜薯类为原料,经过糖化、发酵后,采用蒸馏方法酿制的白酒 用甜菜酿制的白酒,比照此类白酒征税
		黄酒		指以糯米、粳米、籼米、大米、黄米、玉米、小麦、薯类等为原料,经加温、糖化、发酵、压榨酿制的酒,包括各种原料酿制的黄酒和酒精度超过 12 度(含 12 度)的土甜酒
		啤酒	甲类啤酒	指每吨出厂价(含包装物及包装物押金)在 3 000 元以上(含 3 000元,不含增值税)的啤酒
			乙类啤酒	指每吨出厂价(含包装物及包装物押金)在 3 000 元(不含增值税)以下的啤酒
		其他酒		包括糠麸白酒、其他原料白酒、土甜酒、复制酒、果木酒、汽酒、药酒、葡萄酒等 对以黄酒为酒基生产的配制或泡制酒,按其他酒征收消费税 调味料酒不征消费税
3	高档化妆品	高档美容、修饰类化妆品,高档护肤类化妆品		生产(进口)环节销售(完税)价格(不含增值税)在 10 元/毫升(克)或 15 元/片(张)及以上的美容、修饰类化妆品和护肤类化妆品 舞台、戏剧、影视演员化妆用的上妆油、卸妆油、油彩,不属于本税目的征收范围
		成套化妆品		由各种用途的化妆品配套盒装而成的产品
4	贵重首饰及珠宝玉石	金银首饰、铂金首饰和钻石及钻石饰品		包括凡以金、银、白金、宝石、珍珠、钻石、翡翠、珊瑚、玛瑙等高贵稀有物质以及其他金属、人造宝石等制作的各种纯金银首饰及镶嵌首饰(含人造金银、合成金银首饰)等
		其他贵重首饰和珠宝玉石		包括钻石、珍珠、松石、青金石、欧泊石、橄榄石、长石、玉、石英、玉髓、石榴石、锆石、尖晶石、黄玉、碧玺、金绿玉、绿柱石、刚玉、琥珀、珊瑚、煤玉、龟甲、合成刚玉、合成宝石、双合石以及玻璃仿制品等
5	鞭炮、焰火			包括各种鞭炮、焰火,具体包括喷花类、旋转类、旋转升空类、火箭类、吐珠类、线香类、小礼花类、烟雾类、造型玩具类、炮竹类、摩擦炮类、组合烟花类、礼花弹类等 体育上用的发令纸、鞭炮药引线,不按本税目征收
6	成品油	汽油		指用原油或其他原料加工生产的辛烷值不小于 66 的可用作汽油发动机燃料的各种轻质油 以汽油、汽油组分调和生产的甲醇汽油、乙醇汽油也属于本税目征收范围

（续表）

序号	税目	子目	备注
6	成品油	柴油	指用原油或其他原料加工生产的凝点或倾点在－50℃～30℃的可用作柴油发动机燃料的各种轻质油和以柴油组分为主、经调和精制可用作柴油发动机燃料的非标油 以柴油、柴油组分调和生产的生物柴油也属于本税目征收范围
		石脑油	包括除汽油、柴油、航空煤油、溶剂油以外的各种轻质油
		溶剂油	以石油加工生产的用于涂料、油漆、食用油、印刷油墨、皮革、农药、橡胶、化妆品生产的轻质油
		航空煤油	以石油加工生产的用于喷气发动机和喷气推进系统中作为能源的石油燃料
		润滑油	包括矿物性润滑油、矿物性润滑油基础油、植物性润滑油、动物性润滑油和化工原料合成润滑油
		燃料油	包括用于电厂发电、船舶锅炉燃料、加热炉燃料、冶金和其他工业炉燃料的各类燃料油，也包括催化料、焦化料
7	摩托车	气缸容量为250毫升	对最大设计车速不超过50公里/小时，发动机气缸总工作容量不超过50毫升的三轮摩托车不征收消费税
		气缸容量在250毫升（不含）以上	
8	小汽车	乘用车	在设计和技术特性上用于载运乘客和货物的汽车，包括含驾驶员座位在内最多不超过9个座位（含） 用排气量小于15升（含）的乘用车底盘（车架）改装、改制的车辆属于本征收范围 电动汽车不属于本税目征收范围 沙滩车、雪地车、卡丁车、高尔夫车不属于消费税征收范围，不征收消费税 对于企业购进货车或厢式货车改装生产的商务车、卫星通信车等专用汽车不属于消费税征收范围，不征收消费税
		中轻型商用客车	在设计和技术特性上用于载运来客和货物的汽车，包括含驾驶员座位在内的座位数在10～23座（含） 用排气量大于15升的乘用车底盘（车架）或用中轻型商用客车底盘（车架）改装、改制的车辆属于中轻型商用客车征收范围 车身长度大于7米（含），并且座位在10～23座（含）以下的商用客车，不属于中轻型商用客车征税范围，不征收消费税
		超豪华小汽车	每辆零售价格为130万元（不含增值税）及以上的乘用车和中轻型商用客车，即乘用车和中轻型商用客车子税目中的超豪华小汽车
9	高尔夫球及球具		包括高尔夫球、高尔夫球杆及高尔夫球包（袋）、高尔夫球杆的杆头、杆身和把
10	高档手表		指销售价格（不含增值税）每只在10 000元（含）以上的各类手表
11	游艇		包括艇身长度大于8米（含）小于90米（含），内置发动机，可以在水上移动，一般为私人或团体购置，主要用于水上运动和休闲娱乐等非牟利活动的各类机动艇

（续表）

序号	税目	子目	备注
12	木制一次性筷子		包括各种规格的木制一次性筷子和未经打磨、倒角的木制一次性筷子
13	实木地板		包括各类规格的实木地板、实木指接地板、实木复合地板，及用于装饰墙壁、天棚的侧端面为榫、槽的实木装饰板以及未经涂饰的素板
14	电池		包括原电池、蓄电池、燃料电池、太阳能电池和其他电池 对无汞原电池、金属氢化物镍蓄电池（又称“氢镍蓄电池”或“镍氢蓄电池”）、锂原电池、锂离子蓄电池、太阳能电池、燃料电池和全钒液流电池免征消费税
15	涂料		指涂于物体表面能形成具有保护、装饰或特殊性能的固态涂膜的一类液体或固体材料的总称 对施工状态下挥发性有机物（volatile organic compounds，VOC）含量低于420克/升（含）的涂料免征消费税

【例3-1】 下列消费品中，征收消费税的有（　　）。

A. 电池　　　　B. 葡萄酒

C. 成套化妆品　　　　D. 涂料

正确答案：ABCD。

三、消费税税率

消费税税率采取比例税率和定额税率两种形式，以适应不同应税消费品的实际情况。

消费税根据不同的税目或子目确定相应的税率或单位税额。一般情况下，对一种消费品只选择一种税率形式，但为了更好、更有效地保全消费税税基，对卷烟和白酒，则采取了比例税率和定额税率复合征收的形式。消费税税目税率如表3-2所示。

表3-2　消费税税目税率表

税　目	税　率
一、烟	
1. 卷烟	
（1）甲类卷烟	56%加0.003元/支（生产环节）
（2）乙类卷烟	36%加0.003元/支（生产环节）
（3）批发环节	11%加0.005元/支
2. 雪茄烟	36%
3. 烟丝	30%
二、酒	
1. 白酒	20%加0.5元/500克（或者500毫升）
2. 黄酒	240元/吨
3. 啤酒	
（1）甲类啤酒　250元/吨	250元/吨
（2）乙类啤酒　220元/吨	220元/吨
4. 其他酒	10%

（续表）

税　　目	税　　率
三、高档化妆品	15%
四、贵重首饰及珠宝玉石	
1. 金银首饰、铂金首饰和钻石及钻石饰品	5%
2. 其他贵重首饰和珠宝玉石	10%
五、鞭炮、焰火	15%
六、成品油	
1. 汽油	1.52 元/升
2. 柴油	1.20 元/升
3. 航空煤油	1.20 元/升
4. 石脑油	1.52 元/升
5. 溶剂油	1.52 元/升
6. 润滑油	1.52 元/升
7. 燃料油	1.20 元/升
七、摩托车	
1. 气缸容量(排气量，下同)250 毫升的	3%
2. 气缸容量在 250 毫升(不含)以上的	10%
八、小汽车	
1. 乘用车	
(1) 气缸容量(排气量，下同)在 1.0 升(含 1.0 升)以下的	1%
(2) 气缸容量在 1.0 升以上至 1.5 升(含 1.5 升)的	3%
(3) 气缸容量在 1.5 升以上至 2.0 升(含 2.0 升)的	5%
(4) 气缸容量在 2.0 升以上至 2.5 升(含 2.5 升)的	9%
(5) 气缸容量在 2.5 升以上至 3.0 升(含 3.0 升)的	12%
(6) 气缸容量在 3.0 升以上至 4.0 升(含 4.0 升)的	25%
(7) 气缸容量在 4.0 升以上的	40%
2. 中轻型商用客车	5%
3. 超豪华小汽车	10%(零售环节)
九、高尔夫球及球具	10%
十、高档手表	20%
十一、游艇	10%
十二、木制一次性筷子	5%
十三、实木地板	5%
十四、电池	4%
十五、涂料	4%

消费税采取列举法按具体应税消费品设置税目税率，征税界限清楚，一般不易发生错用税率的情况。但是，存在下列情况时，纳税人应按照如下相关规定确定适用税率：

(1) 纳税人兼营不同税率的应税消费品，应当分别核算不同税率应税消费品的销售额、销售数量。未分别核算销售额、销售数量，或者将不同税率的应税消费品组成成套消费品销售的，从高适用税率。

（2）配制酒适用税率的确定。配制酒（露酒）是指以发酵酒、蒸馏酒或食用酒精为酒基，加入可食用或药食两用的辅料或食品添加剂，进行调配、混合或再加工制成的并改变了其原酒基风格的饮料酒。

以蒸馏酒或食用酒精为酒基，同时，符合以下条件的配制酒，按其他酒税率征收消费税：①具有国家相关部门批准的国食健字或卫食健字文号；②酒精度低于 38 度（含）。

以发酵酒为酒基，酒精度低于 20 度（含）的配制酒，按其他酒税率征收消费税。

其他配制酒，按白酒税率征收消费税。

上述蒸馏酒或食用酒精为酒基是指酒基中蒸馏酒或食用酒精的比重超过 80%（含）；发酵酒为酒基是指酒基中发酵酒的比重超过 80%（含）。

（3）纳税人自产自用的卷烟应当按照纳税人生产的同牌号规格的卷烟销售价格确定征税类别和适用税率。

（4）卷烟由于接装过滤嘴、改变包装或其他原因提高销售价格后，应按照新的销售价格确定征税类别和适用税率。

（5）委托加工的卷烟按照受托方同牌号规格卷烟的征税类别和适用税率征税。没有同牌号规格卷烟的，一律按卷烟最高税率征税。

（6）残次品卷烟应当按照同牌号规格正品卷烟的征税类别确定适用税率。

（7）下列卷烟不分征税类别一律按照 56%卷烟税率征税，并按照定额每标准箱 150 元计算征税：①白包卷烟；②手工卷烟；③未经国务院批准纳入计划的企业和个人生产的卷烟。

四、消费税征税环节

根据《消费税暂行条例》及其实施细则的规定，消费税的征收环节包括五个环节：生产、委托加工、进口、批发和零售。

（一）生产应税消费品

纳税人生产的应税消费品，于纳税人销售时纳税。

纳税人自产自用的应税消费品，用于连续生产应税消费品的，不纳税；用于其他方面的，于移送使用时纳税。

用于连续生产应税消费品，是指纳税人将自产自用应税消费品作为直接材料生产最终应税消费品，自产自用应税消费品构成最终应税消费品的实体。

用于其他方面，是指纳税人将自产自用的应税消费品用于生产非应税消费品、在建工程、管理部门、非生产机构、提供劳务、馈赠、赞助、集资、广告、样品、职工福利、奖励等方面。

工业企业以外的单位和个人的下列行为视为应税消费品的生产行为，按规定征收消费税：①将外购的消费税非应税产品以消费税应税产品对外销售的；②将外购的消费税低税率应税产品以高税率应税产品对外销售的。

（二）委托加工应税消费品

委托加工的应税消费品，是指由委托方提供原料和主要材料，受托方只收取加工费和代垫部分辅助材料加工的应税消费品。对于由受托方提供原材料生产的应税消费品，或者受托方先将原材料卖给委托方，然后再接受加工的应税消费品，以及由受托方以委托方名义购进原材料生产的应税消费品，不论在财务上是否作为销售处理，都不得作为委托加工应税消费品，而应当按照销售自制应税消费品缴纳消费税。

委托加工的应税消费品，除受托方为个人外，由受托方在向委托方交货时代收代缴消费税。委托个人加工的应税消费品，由委托方收回后缴纳消费税。

委托加工的应税消费品，委托方用于连续生产应税消费品的，所纳税款准予按规定抵扣。

委托方将收回的应税消费品，以不高于受托方的计税价格出售的，为直接出售，不再缴纳消费税；委托方以高于受托方的计税价格出售的，不属于直接出售，需按照规定申报缴纳消费税，在计税时准予扣除受托方已代收代缴的消费税。

（三）进口应税消费品

单位和个人进口应税消费品，于报关进口时缴纳消费税。为了减少征税成本，进口环节缴纳的消费税由海关代征。

（四）批发销售卷烟

自2015年5月10日起，将卷烟批发环节从价税税率由5%提高至11%，并按0.005元/支加征从量税。

烟草批发企业将卷烟销售给其他烟草批发企业的，不缴纳消费税。

卷烟消费税改为在生产和批发两个环节征收后，批发企业在计算应纳税额时不得扣除已含的生产环节的消费税税款。

纳税人兼营卷烟批发和零售业务的，应当分别核算批发和零售环节的销售额、销售数量；未分别核算批发和零售环节销售额、销售数量的，按照全部销售额、销售数量计征批发环节消费税。

【例3-2】 下列关于消费税征收范围的表述中，不正确的是（　　）。

A. 纳税人自产自用的应税消费品，用于连续生产应税消费品的，不缴纳消费税

B. 纳税人将自产自用的应税消费品用于馈赠、赞助的，缴纳消费税

C. 委托加工的应税消费品，受托方在交货时已代收代缴消费税，委托方收回后直接销售的，再缴纳一道消费税

D. 卷烟在生产和批发两个环节均征收消费税

正确答案：C。

（五）零售应税消费品

1. 商业零售金银首饰

自1995年1月1日起，金银首饰消费税由生产销售环节征收改为零售环节征收。改在零售环节征收消费税的金银首饰仅限于金基、银基合金首饰以及金、银和金基、银基合金的镶嵌首饰。自2002年1月1日起，对钻石及钻石饰品消费税的纳税环节由生产环节、进口环节后移至零售环节。自2003年5月1日起，铂金首饰消费税改为零售环节征税。

下列业务视同零售业，在零售环节缴纳消费税：

（1）为经营单位以外的单位和个人加工金银首饰。加工包括带料加工、翻新改制、以旧

换新等业务，不包括修理和清洗。

（2）经营单位将金银首饰用于馈赠、赞助、集资、广告样品、职工福利、奖励等方面。

（3）未经中国人民银行总行批准，经营金银首饰批发业务的单位将金银首饰销售给经营单位。

2. 零售超豪华小汽车

自2016年12月1日起，对超豪华小汽车，在生产（进口）环节按现行税率征收消费税基础上，在零售环节加征消费税，将超豪华小汽车销售给消费者的单位和个人为超豪华小汽车零售环节纳税人。

第三节　消费税应纳税额的计算

一、生产销售应税消费品应纳消费税的计算

（一）实行从价定率计征消费税

其计算公式如下：

应纳消费税税额 = 销售额 × 比例税率

【例3-3】 宜优木地板厂为增值税一般纳税人。2022年5月15日向M建材商场销售实木地板一批，取得含增值税销售额113万元。已知实木地板适用的增值税税率为13%，消费税税率为5%。计算宜优木地板厂当月应纳消费税税额。

解析：根据消费税法律制度的规定，从价计征消费税的销售额中不包括向购货方收取的增值款。所以，在计算消费税时，应将增值税款从计税依据中剔除。计算过程如下：

（1）不含增值税销售额＝113÷（1＋13%）＝100（万元）。

（2）应纳消费税税额＝100×5%＝5（万元）。

（二）实行从量定额计征消费税

其计算公式如下：

应纳消费税税额 = 销售数量 × 定额税率

【例3-4】 宜优石化公司2022年5月销售汽油1 000吨，柴油700吨，另向本公司在建工程车辆提供汽油5吨。已知：汽油1吨＝1 388升，柴油1吨＝1 176升；汽油的定额税率为1.52元/升，柴油的定额税率为1.2元/升。计算该公司当月应纳消费税税额。

解析：根据消费税法律制度的规定，应税消费品用于在建工程应当征收消费税。

所以，该公司将汽油用于在建工程车辆使用也应计算缴纳消费税。

（1）销售汽油应纳税额＝1 000×1 388×1.52÷10 000＝210.976（万元）。

（2）销售柴油应纳税＝700×1 176×1.2÷10 000＝98.784（万元）。

（3）在建工程车辆使用汽油应纳税额＝5×1 388×1.52÷10 000＝1.054 88（万元）。

（4）应纳消费税税额合计＝210.976＋98.784＋1.054 88＝310.814 88（万元）。

(三) 实行从价定率和从量定额复合方法计征消费税

其计算公式如下：

应纳消费税税额 = 销售额 × 比例税率 + 销售数量 × 定额税率

现行消费税的征税范围中，只有卷烟、白酒采用复合计算方法。

【例 3-5】 宜优卷烟生产企业为增值税一般纳税人，2022 年 5 月销售乙类卷烟 1 500 标准条，取得含增值税销售额 84 750 元。已知乙类卷烟消费税比例税率为 36%，定额税率为 0.003 元/支，每标准条有 200 支；增值税税率为 13%。计算该企业当月应纳消费税税额。

解析： 根据消费税法律制度的规定，卷烟实行从价定率和从量定额复合方法计征消费税。计算过程如下：

(1) 不含增值税销售额＝84 750÷(1＋13%)＝75 000(元)。

(2) 从价定率应纳税额＝75 000×36%＝27 000(元)。

(3) 从量定额应纳税额＝1 500×200×0.003＝900(元)。

(4) 应纳消费税税额合计＝27 000＋900＝27 900(元)。

【例 3-6】 宜优白酒生产企业为增值税一般纳税人，2022 年 5 月销售粮食白酒 30 吨，取得不含增值税销售额 180 万元；薯类白酒 50 吨，取得不含增值税销售额 150 万元。已知白酒消费税比例税率为 20%；定额税率为 0.5 元/500 克。计算该企业当月应纳消费税税额。

解析： 根据消费税法律制度的规定，白酒实行从价定率和从量定额复合方法计征消费税。计算过程如下：

(1) 从价定率应纳税额＝(180＋150)×20%＝66(万元)。

(2) 从量定额应纳税额＝(30＋50)×2 000×0.5÷10 000＝8(万元)。

(3) 应纳消费税税额合计＝66＋8＝74(万元)。

二、视同销售应税消费品应纳消费税的计算

纳税人自产自用的应税消费品，凡用于生产非应税消费品、在建工程、管理部门、非生产机构，提供劳务，以及用于馈赠、赞助、集资、广告、样品、职工福利、奖励等方面的，于移送使用时，按照纳税人生产的同类消费品的销售价格计算纳税；没有同类消费品销售价格的，按照组成计税价格计算纳税。

(一) 实行从价定率办法计征消费税

其计算公式如下：

组成计税价格 = (成本 + 利润) ÷ (1 − 比例税率)

应纳消费税税额 = 组成计税价格 × 比例税率

(二) 实行复合计税办法计征消费税

其计算公式如下：

组成计税价格 = (成本 + 利润 + 自产自用数量 × 定额税率) ÷ (1 − 比例税率)

应纳消费税税额 = 组成计税价格 × 比例税率 + 自产自用数量 × 定额税率

上述公式中所说的"成本"，是指应税消费品的产品生产成本。

上述公式中所说的“利润”，是指根据应税消费品的全国平均成本利润率计算的利润。应税消费品全国平均成本利润率由国家税务总局确定。具体标准如表 3-3 所示。

表 3-3　平均成本利润率

消费品名称	利润率	消费品名称	利润率
1. 甲类卷烟	10%	11. 摩托车	6%
2. 乙类卷烟	5%	12. 高尔夫球及球具	10%
3. 雪茄烟	5%	13. 高档手表	20%
4. 烟丝	5%	14. 游艇	10%
5. 粮食白酒	10%	15. 木制一次性筷子	5%
6. 薯类白酒	5%	16. 实木地板	5%
7. 其他酒	5%	17. 乘用车	8%
8. 高档化妆品	5%	18. 中轻型商用客车	5%
9. 鞭炮、焰火	5%	19. 电池	4%
10. 贵重首饰及珠宝玉石	6%	20. 涂料	7%

同类消费品的销售价格是指纳税人或者代收代缴义务人当月销售的同类消费品的销售价格，如果当月同类消费品各期销售价格高低不同，应按销售数量加权平均计算。但销售的应税消费品有下列情况之一的，不得列入加权平均计算：

（1）销售价格明显偏低又无正当理由的。

（2）无销售价格的。

如果当月无销售或者当月未完结，应按照同类消费品上月或者最近月份的销售价格计算纳税。

【例 3-7】 宜优白酒厂 2022 年端午节前，将新研制的薯类白酒 1 吨作为过节福利发放给员工饮用，该薯类白酒无同类产品市场销售价格。已知该批薯类白酒生产成本 50 000 元，成本利润率为 5%；白酒消费税比例税率为 20%，定额税率为 0.5 元/500 克。计算该批薯类白酒应纳消费税税额。

解析：根据消费税法律制度的规定，纳税人自产自用的应税消费品，用于企业员工福利的，应按照同类消费品的销售价格计算缴纳消费税；没有同类消费品销售价格的，按照组成计税价格计算纳税。计算过程如下：

（1）组成计税价格＝[50 000×(1＋5%)＋(1×2 000×0.5)]÷(1－20%)

＝(52 500＋1 000)÷(1－20%)＝66 875(元)。

（2）应纳消费税税额＝66 875×20%＋1×2 000×0.5＝14 375(元)。

三、委托加工应税消费品应纳消费税的计算

委托加工的应税消费品，按照受托方的同类消费品的销售价格计算纳税，没有同类消费品销售价格的，按照组成计税价格计算纳税。

(一) 实行从价定率办法计征消费税

其计算公式如下：

组成计税价格 =（材料成本 + 加工费）÷（1 − 比例税率）

应纳消费税税额 = 组成计税价格 × 比例税率

(二) 实行复合计税办法计征消费税

其计算公式如下：

组成计税价格 =（材料成本 + 加工费 + 委托加工数量 × 定额税率）÷（1 − 比例税率）

应纳消费税税额 = 组成计税价格 × 比例税率 + 委托加工数量 × 定额税率

上述公式中所称“材料成本”，是指委托方所提供加工材料的实际成本。委托加工应税消费品的纳税人，必须在委托加工合同上如实注明（或以其他方式提供）材料成本，凡未提供材料成本的，受托方税务机关有权核定其材料成本。

上述公式中所称“加工费”，是指受托方加工应税消费品向委托方所收取的全部费用（包括代垫辅助材料的实际成本），不包括增值税税款。

【例 3-8】 宜优化妆品企业 2022 年 4 月受托为 M 商场加工一批高档化妆品，收取不含增值税的加工费 15 万元，商场提供的原材料金额为 70 万元。已知该化妆品企业无同类产品销售价格，消费税税率为 15%。计算该化妆品企业应代收代缴的消费税税额。

解析：根据消费税法律制度的规定，委托加工的应税消费品，应按照受托方的同类消费品的销售价格计算缴纳消费税，没有同类消费品销售价格的，按照组成计税价格计算纳税。计算过程如下：

(1) 组成计税价格＝(70＋15)÷(1－15%)＝100(万元)。

(2) 应代收代缴消费税税额＝100×15%＝15(万元)。

四、进口应税消费品应纳消费税的计算

纳税人进口应税消费品，按照组成计税价格和规定的税率计算应纳税额。

(一) 从价定率计征消费税

其计算公式如下：

组成计税价格 =（关税完税价格 + 关税）÷（1 − 比例税率）

应纳消费税税额 = 组成计税价格 × 比例税率

上述公式中所称“关税完税价格”，是指海关核定的关税计税价格。

(二) 实行复合计税办法计征消费税

其计算公式如下：

组成计税价格 =（关税完税价格 + 关税 + 进口数量 × 定额税率）÷（1 − 比例税率）

应纳消费税税额 = 组成计税价格 × 比例税率 + 进口数量 × 定额税率

进口环节消费税除国务院另有规定外，一律不得给予减税、免税。

【例 3-9】 宜优汽车贸易公司 2022 年 4 月从国外进口小汽车 50 辆，海关核定的每辆小汽车关税完税价为 30 万元，已知小汽车关税税率为 20%，消费税税率为 25%。计算该公司进口小汽车应纳消费税税额。

解析:根据消费税法律制度的规定,纳税人进口应税消费品,按照组成计税价格和规定的税率计算应纳税额。计算过程如下:

(1) 应纳关税税额=50×30×20%=300(万元)。

(2) 组成计税价格=(50×30+300)÷(1-25%)=2 400(万元)。

(3) 应纳消费税税额=2 400×25%=600(万元)。

【例 3-10】 宜优烟草公司 2022 年 5 月进口甲类卷烟 100 标准箱,海关核定的每箱卷烟关税完税价格为 3 万元。已知卷烟关税税率为 25%;消费税比例税率为 56%,定额税率为 0.003 元/支,每标准箱有 250 条、每条 200 支。计算该公司进口卷烟的消费税税额(单位:万元)。

解析:根据消费税法律制度的规定,纳税人进口应税消费品,按照组成计税价格和规定的税率计征消费税,进口卷烟实行复合计税办法计算应纳税额。计算过程如下:

(1) 应纳关税税额=100×3×25%=75(万元)。

(2) 组成计税价格=(100×3+75+100×250×200×0.003÷10 000)÷(1-56%)=855.681 8(万元)。

(3) 应纳消费税税额=855.681 8×56%+100×250×200×0.003÷10 000=479.181 8+1.5=480.681 8(万元)。

五、批发卷烟应纳消费税的计算

在中华人民共和国境内从事卷烟批发业务的单位和个人(纳税人),销售给纳税人以外的单位和个人的卷烟于销售时纳税;纳税人之间销售的卷烟不缴纳消费税。即烟草批发企业将卷烟销售给零售单位的,采用复合计税方法,加征 11%的从价税,并按 0.005 元/支加征从量税。纳税地点是卷烟批发企业的机构所在地,总机构与分支机构不在同一地区的,由总机构申报纳税。其计算公式如下:

应纳消费税税额 = 销售额(不含增值税)×11% + 销售数量(箱)×250(元/箱)

注意:①纳税人应将卷烟销售额与其他商品销售额分开算,未分开核算的,一并征收消费税;②卷烟消费税在生产和批发两个环节征收后,批发企业在计算纳税时不得扣除已含的生产环节的消费税税款。

【例 3-11】 卷烟批发企业宜优公司 2022 年 4 月批发销售卷烟 500 箱,其中,销售给 M 卷烟批发企业 300 箱,销售给 N 零售专卖店 150 箱,销售给 L 个体烟摊 50 箱。每箱不含税批发价格为13 000 元。计算宜优公司应缴纳的消费税。

解析:

应纳消费税税额=13 000×(150+50)×11%+(150+50)×250=336 000(元)。

六、零售环节应纳消费税的计算

(一) 零售金银首饰、铂金首饰、钻石及钻石饰品

(1) 对既销售金银首饰,又销售非金银首饰的生产、经营单位,应将两类商品划分清楚,分别核算销售额。凡划分不清楚或不能分别核算,在生产环节销售的,一律从高适用税率征收消费税(10%);在零售环节销售的,一律按金银首饰征收消费税(5%)。

(2) 金银首饰与其他产品组成成套消费品销售的，无论是否单独核算，都应按销售额全额征收消费税。

(3) 金银首饰连同包装物一起销售的，无论包装物是否单独计价，也无论会计上如何核算，均应并入金银首饰的销售额，计征消费税。即将金银首饰的包装物作为价外费用。

(4) 带料加工的金银首饰，应按受托方销售的同类金银首饰的销售价格确定计税依据征收消费税。没有同类金银首饰销售价格的，按照组成计税价格计算纳税。其实质还是委托加工。

(5) 纳税人采用以旧换新(含翻新改制)方式销售的金银首饰，应按实际收取的不含增值税的全部价款确定计税依据征收消费税。

【例 3-12】 宜优商场零售金银首饰取得含税销售额 10.17 万元，其中包括以旧换新业务中新首饰的含税销售额 5.65 万元。在以旧换新业务中，旧首饰作价的含税金额为4.52 万元，宜优商场实际收取的含税金额为 1.13 万元。计算宜优商场零售金银首饰应缴纳的消费税。增值税税率为 13%。

解析：

应纳消费税税额＝(10.17－5.65)÷1.13×5%＋1.13÷1.13×5%＝0.25(万元)。

(二) 零售超豪华小汽车

超豪华小汽车零售环节消费税应纳税额计算公式如下：

应纳消费税税额 ＝ 零售环节销售额(不含增值税)×零售环节税率

国内汽车生产企业直接销售给消费者的超豪华小汽车，消费税税率按照生产环节税率和零售环节税率加总计算。消费税应纳税额计算公式如下：

应纳消费税税额 ＝ 销售额×(生产环节税率＋零售环节税率)

七、已纳消费税的扣除

为了避免重复征税，现行消费税规定，将外购应税消费品和委托加工收回的应税消费品继续生产应税消费品销售的，可以将外购应税消费品和委托加工收回应税消费品已缴纳的消费税给予扣除。

(一) 外购应税消费品已纳税款的扣除

由于某些应税消费品是用外购已缴纳消费税的应税消费品连续生产出来的，在对这些连续生产出来的应税消费品计算征税时，税法规定应按当期生产领用数量计算准予扣除外购的应税消费品已纳的消费税税款。扣除范围如下：

(1) 外购已税烟丝生产的卷烟。

(2) 外购已税高档化妆品原料生产的高档化妆品。

(3) 外购已税珠宝、玉石原料生产的贵重首饰及珠宝、玉石。

(4) 外购已税鞭炮、焰火原料生产的鞭炮、焰火。

(5) 外购已税杆头、杆身和握把为原料生产的高尔夫球杆。

(6) 外购已税木制一次性筷子原料生产的木制一次性筷子。

(7) 外购已税实木地板原料生产的实木地板。

(8) 外购已税石脑油、润滑油、燃料油为原料生产的成品油。

(9) 外购已税汽油、柴油为原料生产的汽油、柴油。

上述当期准予扣除外购应税消费品已纳消费税税款的计算公式如下：

$$\text{当期准予扣除的外购应税消费品已纳税款}=\text{当期准予扣除的外购应税消费品买价}\times\text{外购应税消费品适用税率}$$

$$\text{当期准予扣除的外购应税消费品买价}=\text{期初库存的外购应税消费品的买价}+\text{当期购进的应税消费品的买价}-\text{期末库存的外购应税消费品的买价}$$

外购应税消费品的买价是指购货发票上注明的销售额(不包括增值税税款)。

纳税人用外购的已税珠宝、玉石原料生产的改在零售环节征收消费税的金银首饰(镶嵌首饰),在计税时一律不得扣除外购珠宝、玉石的已纳税款。

对自己不生产应税消费品,而只是购进后再销售应税消费品的工业企业,其销售的高档化妆品、鞭炮、焰火和珠宝、玉石,凡不能构成最终消费品直接进入消费品市场,而需进一步生产加工的,应当征收消费税,同时允许扣除上述外购应税消费品的已纳税款。

允许扣除已纳税款的应税消费品只限于从工业企业购进的应税消费品和进口环节已缴纳消费税的应税消费品,对从境内商业企业购进应税消费品的已纳税款一律不得扣除。

(二) 委托加工收回的应税消费品已纳税款的扣除

委托加工的应税消费品因为已由受托方代收代缴消费税,因此,委托方收回货物后用于连续生产应税消费品的,其已纳税款准予按照规定从连续生产的应税消费品应纳消费税税额中抵扣。下列连续生产的应税消费品准予从应纳消费税税额中按当期生产领用数量计算扣除委托加工收回的应税消费品已纳消费税税款：

(1) 以委托加工收回的已税烟丝为原料生产的卷烟。

(2) 以委托加工收回的已税高档化妆品为原料生产的高档化妆品。

(3) 以委托加工收回的已税珠宝、玉石为原料生产的贵重首饰及珠宝、玉石。

(4) 以委托加工收回的已税鞭炮、焰火为原料生产的鞭炮、焰火。

(5) 以委托加工收回的已税杆头、杆身和握把为原料生产的高尔夫球杆。

(6) 以委托加工收回的已税木制一次性筷子为原料生产的木制一次性筷子。

(7) 以委托加工收回的已税实木地板为原料生产的实木地板。

(8) 以委托加工收回的已税石脑油、润滑油、燃料油为原料生产的成品油。

(9) 以委托加工收回的已税汽油、柴油为原料生产的汽油、柴油。

上述当期准予扣除委托加工收回的应税消费品已纳消费税税款的计算公式如下：

$$\text{当期准予扣除的委托加工应税消费品已纳税款}=\text{期初库存的委托加工应税消费品已纳税款}+\text{当期收回的委托加工应税消费品已纳税款}-\text{期末库存的委托加工应税消费品已纳税款}$$

纳税人用委托加工收回的已税珠宝、玉石原料生产的改在零售环节征收消费税的金银首饰,在计税时一律不得扣除委托加工收回的珠宝、玉石原料的已纳消费税税款。

八、消费税出口退税的计算

纳税人出口应税消费品,免征消费税(国务院另有规定的除外),对于出口前已缴纳的消费税给予退税。

(一) 消费税出口退税的适用情况

纳税人出口应税消费品有三种情况：一是生产企业出口：二是外贸企业出口；三是除生产企业、外贸企业以外的一般商贸业出口。这三种情况只有第二种，即外贸企业出口，要计算消费税的出口退税，下面分别说明。

1. 生产企业出口——免税但不退税

有出口经营权的生产性企业自营出口或委托外贸企业代理出口自产的应收消费品，免征消费税，但不退消费税。免征消费税是指对生产性企业按其实际出口数量免征生产(销售)环节的消费税，不退消费税是因为已免征生产环节的消费税，该应税消费品出口时，已不含有消费税，所以无须再办理退还消费税。

2. 外贸企业出口——出口免税并退税

有出口经营权的外贸企业购进应税消费品直接出口，以及受其他外贸企业委托代理出口应税消费品，免征出口(销售)环节的消费税，并退还其从生产企业购进时支付的消费税。

3. 一般商贸企业出口——不免税也不退税

除生产企业、外贸企业以外的其他企业，具体是指一般商贸企业，这类企业委托外贸企业代理出口应税消费品一律不予退(免)税。

(二) 消费税出口退税的退税比率

消费税出口退税的退税比率，是相应的应税消费品适用的消费税征税率。

(三) 消费税出口退税的计算

$$\text{消费税应退税额}=\text{从价定率计征消费税的退税计税依据}\times\text{比例税率}+\text{从量定额计征消费税的退税计税依据}\times\text{定额税率}$$

出口货物的消费税应退税额的计税依据，按购进出口货物的消费税专用缴款书和海关进口消费税专用缴款书确定，具体如下：

(1) 出口消费品属于从价定率计征消费税的，消费税退税的计税依据为已征且未在内销应税消费品应纳税额中抵扣的购进出口货物金额。

(2) 出口消费品属于从量定额计征消费税的，消费税退税的计税依据为已征且未在内销应税消费品应纳税额中抵扣的购进出口货物数量。

(3) 出口消费品属于复合计征消费税的，消费税退税的计税依据按从价定率和从量定额的计税依据分别确定。

【例 3-13】 宜优卷烟厂为增值税一般纳税人，2022 年 5 月生产经营情况如下：

(1) 月初库存外购已税烟丝 80 万元，当月外购已税烟丝取得增值税专用发票，注明支付货款金额 1 200 万元、进项税额 192 万元，烟丝全部验收入库。

(2) 本月生产领用外购已税烟丝 400 万元。

(3) 生产卷烟 1 500 箱(标准箱)，全部对外销售，取得含税销售额 4 407 万元。支付销货运输费用，取得运输单位开具的增值税专用发票注明价款 60 万元。

(4) 直接销售部分外购已税烟丝，开具普通发票注明价款 50 万元。

已知：销售货物增值税税率为 13%，交通运输服务增值税税率为 9%；烟丝消费税税率为 30%；卷烟消费税定额税率为每箱 150 元，比例税率为 56%。

要求：根据上述资料，不考虑其他因素，分析回答下列小题。

(1) 该卷烟厂本月各项采购、生产和销售业务的税务处理，下列说法中，正确的是(　　)。

A. 外购已税烟丝用于连续生产卷烟，可以抵扣已纳消费税

B. 外购烟丝用于连续生产卷烟，不可以抵扣已纳消费税

C. 卷烟生产企业销售卷烟复合计征消费税

D. 卷烟生产企业直接销售外购已税烟丝，需要按售价计算缴纳消费税

正确答案：AC。

(2) 该卷烟厂本月应缴纳的消费税，下列计算中，正确的是(　　)。

A. 4 407÷(1+13%)×56%+1 500×150÷10 000=2 206.5(万元)

B. 4 407÷(1+13%)×56%=2 184(万元)

C. 4 407÷(1+13%)×56%+1 500×150÷10 000−400×30%=2 086.5(万元)

D. 4 407÷(1+13%)×56%+1 500×150÷10 000−400×30%+50×30%=2 101.5(万元)

正确答案：C。

第四节　消费税征收管理

一、纳税义务发生时间

(1) 纳税人销售应税消费品的，按不同的销售结算方式确定，分别如下：

a. 采取赊销和分期收款结算方式的，为书面合同约定的收款日期的当天，书面合同没有约定收款日期或者无书面合同的，为发出应税消费品的当天。

b. 采取预收货款结算方式的，为发出应税消费品的当天。

c. 采取托收承付和委托银行收款方式的，为发出应税消费品并办妥托收手续的当天。

d. 采取其他结算方式的，为收讫销售款或者取得索取销售款凭据的当天。

(2) 纳税人自产自用应税消费品的，为移送使用的当天。

(3) 纳税人委托加工应税消费品的，为纳税人提货的当天。

(4) 纳税人进口应税消费品的，为报关进口的当天。

二、纳税期限

消费税的纳税期限分别为1日、3日、5日、10日、15日、1个月或者1个季度；纳税人的具体纳税期限，由税务机关根据纳税人应纳税额的大小分别核定；不能按照固定期限纳税的，可以按次纳税。

纳税人以1个月或者1个季度为1个纳税期的，自期满之日起15日内申报纳税；以1日、3日、5日、10日或者15日为1个纳税期的，自期满之日起5日内预缴税款，于次月1日起至15日内申报纳税并结清上月应纳税款。

纳税人进口应税消费品，应当自海关填发海关进口消费税专用缴款书之日起15日内缴纳税款。

【例3-14】 纳税人采取预收货款结算方式销售应税消费品的，其消费税纳税义务发生时间为(　　)。

A. 签订销售合同的当天　　B. 收到预收货款的当天

C. 发出应税消费品的当天　　D. 开具预收款发票的当天

正确答案：C。

三、纳税地点

（1）纳税人销售的应税消费品，以及自产自用的应税消费品，除国务院财政、税务主管部门另有规定外，应当向纳税人机构所在地或者居住地的税务机关申报纳税。

（2）委托加工的应税消费品，除受托方为个人外，由受托方向机构所在地或者居住地的税务机关解缴消费税税款。受托方为个人的，由委托方向机构所在地的税务机关申报纳税。

（3）进口的应税消费品，由进口人或者其代理人向报关地海关申报纳税。

（4）纳税人到外县（市）销售或者委托外县（市）代销自产应税消费品的，于应税消费品销售后，向机构所在地或者居住地税务机关申报纳税。

（5）纳税人的总机构与分支机构不在同一县（市）的，应当分别向各自机构所在地的税务机关申报纳税。

纳税人的总机构与分支机构不在同一县（市），但在同一省（自治区、直辖市）范围内，经省（自治区、直辖市）财政厅（局）、税务局审批同意，可以由总机构汇总向总机构所在地的税务机关申报缴纳消费税。

省（自治区、直辖市）财政厅（局）、税务局应将审批同意的结果，上报财政部、国家税务总局备案。

（6）纳税人销售的应税消费品，如因质量等原因由购买者退回时，经机构所在地或者居住地税务机关审核批准后，可退还已缴纳的消费税税款。

（7）出口的应税消费品办理退税后，发生退关，或者国外退货进口时予以免税的，报关出口者必须及时向其机构所在地或者居住地税务机关申报补缴已退还的消费税税款。

纳税人直接出口的应税消费品办理免税后，发生退关或者国外退货，进口时已予以免税的，经机构所在地或者居住地税务机关批准，可暂不办理补税，待其转为国内销售时，再申报补缴消费税。

（8）个人携带或者邮寄进境的应税消费品的消费税，连同关税一并计征，具体办法由国务院关税税则委员会会同有关部门制定。

【例 3-15】 宜优公司是一家卷烟厂，2022 年 4 月从烟农乙手中收购一批烟叶，并将之委托给丙公司加工成烟丝，收回后一半直接出售给 A 企业，一半用于连续生产卷烟，并将生产出的卷烟销售给丁卷烟批发公司，丁公司又将卷烟销售给戊卷烟批发公司，戊公司又将其批发给 B、C、D 等多家卷烟零售企业。

（1）下列关于消费税的说法中错误的有（　　）。

A. 在收购烟叶的业务中宜优公司是消费税的纳税人

B. 在收购烟叶的业务中烟农乙是消费税的纳税人

C. 在委托加工的业务中宜优公司是消费税的纳税人

D. 在委托加工的业务中丙公司是消费税的纳税人

正确答案：ABD。

（2）下列关于消费税的说法中错误的有（　　）。

A. 在将烟丝出售给A企业的业务中，宜优公司是消费税的纳税人
B. 在用烟丝加工卷烟的活动中，宜优公司是消费税的纳税人
C. 在向丁公司销售卷烟的业务中，宜优公司是消费税的纳税人
D. 在向戊公司的销售业务中，丁公司是消费税的纳税人

正确答案： ABD。

(3) 下列关于消费税的说法中错误的有(　　)。
A. 在向零售企业的批发业务中，戊公司是消费税的纳税人
B. 在卷烟零售环节中，B、C、D等卷烟零售企业是消费税的纳税人
C. 在委托加工业务中，消费税的纳税地点为宜优公司所在地
D. 在委托加工业务中，消费税的纳税地点为丙公司所在地

正确答案： BC。

四、纳税申报

消费税的纳税申报表按“烟”“酒”“成品油”“小汽车”“其他应税消费品”等分别设置，不同类别的消费品其纳税申报表的格式和内容不同，纳税人应根据应税消费品的类别分别填写相应的申报表。消费税主要的纳税申报表如表3-4(含附注1、附注2)、表3-5所示。

表3-4　消费税及附加税费申报表

税款所属期：自　　年　月　日至　　年　月　日
纳税人识别号(统一社会信用代码)：□□□□□□□□□□□□□□□□□□□□
纳税人名称：　　　　金额单位：人民币元(列至角分)

项目 应税消费品名称	适用税率		计量单位	本期销售数量	本期销售额	本期应纳税额
	定额税率	比例税率				
	1	2	3	4	5	6=1×4+2×5
合计	—	—	—	—	—	

	栏次	本期税费额
本期减(免)税额	7	
期初留抵税额	8	
本期准予扣除税额	9	
本期应扣除税额	10=8+9	
本期实际扣除税额	11[10<(6−7)，则为10，否则为6−7]	
期末留抵税额	12=10−11	
本期预缴税额	13	

（续表）

	栏次	本期税费额
本期应补(退)税额	14=6−7−11−13	
城市维护建设税本期应补(退)税额	15	
教育费附加本期应补(退)费额	16	
地方教育附加本期应补(退)费额	17	
声明：此表是根据国家税收法律法规及相关规定填写的，本人(单位)对填报内容(及附带资料)的真实性、可靠性、完整性负责。 纳税人(签章)： 年 月 日		
经办人： 经办人身份证号： 代理机构签章： 代理机构统一社会信用代码：	受理人： 受理税务机关(章)： 受理日期： 年 月 日	

附注 1(对应填写适用税率)

应税消费品名称、税率和计量单位对照表

应税消费品名称	比例税率	定额税率	计量单位
一、烟			
1. 卷烟			
(1) 工业			
① 甲类卷烟[调拨价 70 元(不含增值税)/条以上(含 70 元)]	56%	30 元/万支	万支
② 乙类卷烟[调拨价 70 元(不含增值税)/条以下]	36%	30 元/万支	
(2) 商业批发	11%	50 元/万支	
2. 雪茄烟	36%	—	支
3. 烟丝	30%	—	千克
二、酒			
1. 白酒	20%	0.5 元/500 克(毫升)	500 克(毫升)
2. 黄酒	—	240 元/吨	吨
3. 啤酒			
(1) 甲类啤酒[出厂价格 3 000 元(不含增值税)/吨以上(含 3 000元)]	—	250 元/吨	吨
(2) 乙类啤酒[出厂价格 3 000 元(不含增值税)/吨以下]	—	220 元/吨	
4. 其他酒	10%	—	吨
三、高档化妆品	15%	—	实际使用计量单位
四、贵重首饰及珠宝玉石			
1. 金银首饰、铂金首饰和钻石及钻石饰品	5%	—	实际使用计量单位
2. 其他贵重首饰和珠宝玉石	10%	—	
五、鞭炮、焰火	15%	—	实际使用计量单位

（续表）

应税消费品名称	比例税率	定额税率	计量单位
六、成品油			
1. 汽油	—	1.52元/升	升
2. 柴油	—	1.20元/升	
3. 航空煤油	—	1.20元/升	
4. 石脑油	—	1.52元/升	
5. 溶剂油	—	1.52元/升	
6. 润滑油	—	1.52元/升	
7. 燃料油	—	1.20元/升	
七、摩托车			
1. 气缸容量(排气量，下同)=250毫升	3%	—	辆
2. 气缸容量>250毫升	10%	—	
八、小汽车			
1. 乘用车			
(1) 气缸容量(排气量，下同)≤1.0升	1%	—	辆
(2) 1.0升<气缸容量≤1.5升	3%	—	
(3) 1.5升<气缸容量≤2.0升	5%	—	
(4) 2.0升<气缸容量≤2.5升	9%	—	
(5) 2.5升<气缸容量≤3.0升	12%	—	
(6) 3.0升<气缸容量≤4.0升	25%	—	
(7) 气缸容量>4.0升	40%	—	
2. 中轻型商用客车	5%	—	
3. 超豪华小汽车	10%	—	
九、高尔夫球及球具	10%	—	实际使用计量单位
十、高档手表	20%	—	只
十一、游艇	10%	—	艘
十二、木制一次性筷子	5%	—	万双
十三、实木地板	5%	—	平方米
十四、电池	4%	—	只
十五、涂料	4%	—	吨

附注2

计量单位换算标准

1. 汽油　1吨=1 388升
2. 柴油　1吨=1 176升
3. 石脑油　1吨=1 385升
4. 溶剂油　1吨=1 282升
5. 润滑油　1吨=1 126升
6. 燃料油　1吨=1 015升
7. 航空煤油　1吨=1 246升
8. 黄酒　1吨=962升
9. 啤酒　1吨=988升

表 3-5 本期准予扣除税额计算表

金额单位：元(列至角分)

准予扣除项目 \ 应税消费品名称							合计
一、本期准予扣除的委托加工应税消费品已纳税款计算		期初库存委托加工应税消费品已纳税款	1				
		本期收回委托加工应税消费品已纳税款	2				
		期末库存委托加工应税消费品已纳税款	3				
		本期领用不准予扣除委托加工应税消费品已纳税款	4				
		本期准予扣除委托加工应税消费品已纳税款	5=1+2−3−4				
二、本期准予扣除的外购应税消费品已纳税款计算	(一)从价计税	期初库存外购应税消费品买价	6				
		本期购进应税消费品买价	7				
		期末库存外购应税消费品买价	8				
		本期领用不准予扣除外购应税消费品买价	9				
		适用税率	10				
		本期准予扣除外购应税消费品已纳税款	11=(6+7−8−9)×10				
	(二)从量计税	期初库存外购应税消费品数量	12				
		本期外购应税消费品数量	13				
		期末库存外购应税消费品数量	14				
		本期领用不准予扣除外购应税消费品数量	15				
		适用税率	16				
		计量单位	17				
		本期准予扣除的外购应税消费品已纳税款	18=(12+13−14−15)×16				
三、本期准予扣除税款合计			19=5+11+18				

知识点视频

消费税概述

消费税的税目

消费税的征税范围(一)

消费税的征税范围(二)

消费税的税率

消费税的计算方法和计税依据的确定(一)

消费税的计算方法和计税依据的确定(二)

消费税应纳税额的计算

消费税的征收管理

实践能力训练

一、单选题

1. 根据我国现行的消费税制度，下面各种说法不正确的是（　　）。
   A. 消费税是价内税
   B. 消费税是选择部分消费品课税
   C. 消费税一般对同一消费品只能课征一次
   D. 消费税实行的是差别比例税率
2. 根据消费税法律制度的规定，下列各项中，属于消费税征税范围的是（　　）。
   A. 进口音响　　B. 酒精
   C. 中轻型商用客车　　D. 高档西服
3. 根据消费税法律制度的规定，下列消费品中，实行从价定率计征办法征收消费税的是（　　）。
   A. 黄酒　　B. 柴油　　C. 白酒　　D. 高档手表
4. 甲卷烟厂为增值税一般纳税人，受托加工一批烟丝，委托方提供的烟叶成本 49 140 元，甲卷烟厂收取含增值税加工费 2 457 元。已知增值税税率为 13%，消费税税率为 30%，无同类烟丝销售价格，计算甲卷烟厂该笔业务应代收代缴消费税税额的下列算式中，正确的是（　　）。
   A. [49 140＋2 457÷(1＋13%)]÷(1－30%)×30%
   B. (49 140＋2 457)÷(1－30%)×30%
   C. 49 140÷(1－30%)×30%
   D. [(49 140＋2 457)÷(1＋13%)]÷(1－30%)×30%
5. 甲公司为增值税小规模纳税人，2022 年 6 月生产销售一批应税消费品，取得不含增值税销售额 33 372 元，已知增值税征收率为 3%，消费税税率为 10%，计算甲公司生产销售该批应税消费品应缴纳的消费税税额的下列算式中，正确的是（　　）。
   A. 33 372×10%＝3 337.2(元)
   B. 33 372×(1－10%)×10%＝3 003.48(元)
   C. 33 372÷(1－10%)×10%＝3 708(元)
   D. 33 372÷(1＋3%)×10%＝3 240(元)
6. 2022 年 6 月甲酒厂将自产的 1 吨药酒用于抵偿债务，1 吨药酒赠送给了客户，该批药酒生产成本 35 000 元/吨，甲酒厂同类药酒不含增值税最高销售价格 62 000 元/吨，不含增值税平均销售价格 60 000 元/吨，不含增值税最低销售价格 59 000 元/吨，已知消费税税率 10%，计算甲酒厂当月该笔业务应缴纳消费税税额的下列算式中，正确的是（　　）。
   A. 2×59 000×10%＝11 800(元)
   B. 2×60 000×10%＝12 000(元)
   C. 2×62 000×10%＝12 400(元)
   D. (1×62 000＋1×60 000)×10%＝12 200(元)
7. 根据消费税法律制度的规定，企业将自产应税消费品用于下列情形中，不缴纳消费税的是（　　）。
   A. 地板厂将自产的实木地板用于装修办公室

B. 摩托车厂将自产的摩托车用于赞助

C. 化妆品厂将自产的高档化妆品用于广告

D. 卷烟厂将自产的烟丝用于连续生产卷烟

8. 根据消费税法律制度的规定，正小保公司接受杨氏集团公司委托加工一批烟丝，下列情形按照委托加工应税消费品计算缴纳消费税的是（　　）。

A. 正小保公司接受杨氏集团公司委托，由正小保公司提供原材料生产烟丝

B. 正小保公司接受杨氏集团公司委托，正小保公司先将原材料卖给杨氏集团公司，然后再加工烟丝

C. 杨氏集团公司提供原料和主要材料，正小保公司只收取加工费和代垫部分辅助材料加工烟丝

D. 正小保公司以杨氏集团的名义购进原材料生产的烟丝

二、综合题

甲公司为增值税一般纳税人，主要生产和销售高档化妆品。2022 年 6 月有关经济业务如下：

（1）销售高档面膜，取得不含增值税价款 300 万元，另收取品牌使用费 11.3 万元。

（2）受托加工高档粉饼，收取不含增值税加工费 5 万元，委托方提供的原材料成本 80 万元，甲公司无同类产品销售价格。

（3）销售高档口红两批，第一批不含增值税单价为 0.2 万元/箱，共 100 箱；第二批不含增值税单价为 0.16 万元/箱，共 200 箱。

（4）将高档口红 50 箱赞助给国内某化妆品展销会。

已知：高档化妆品增值税税率为 13%，消费税税率为 15%。

要求：

（1）根据上述资料，不考虑其他因素，计算该企业当月各业务应缴纳的消费税及应代收代缴的消费税。

（2）根据上述资料，填写消费税纳税申报表。

三、实训案例

请扫码获取电子版。

烟类消费税及附加税费
网上申报教学版案例

第四章 关 税 法

《中华人民共和国
进出口关税条例》

本章知识结构图

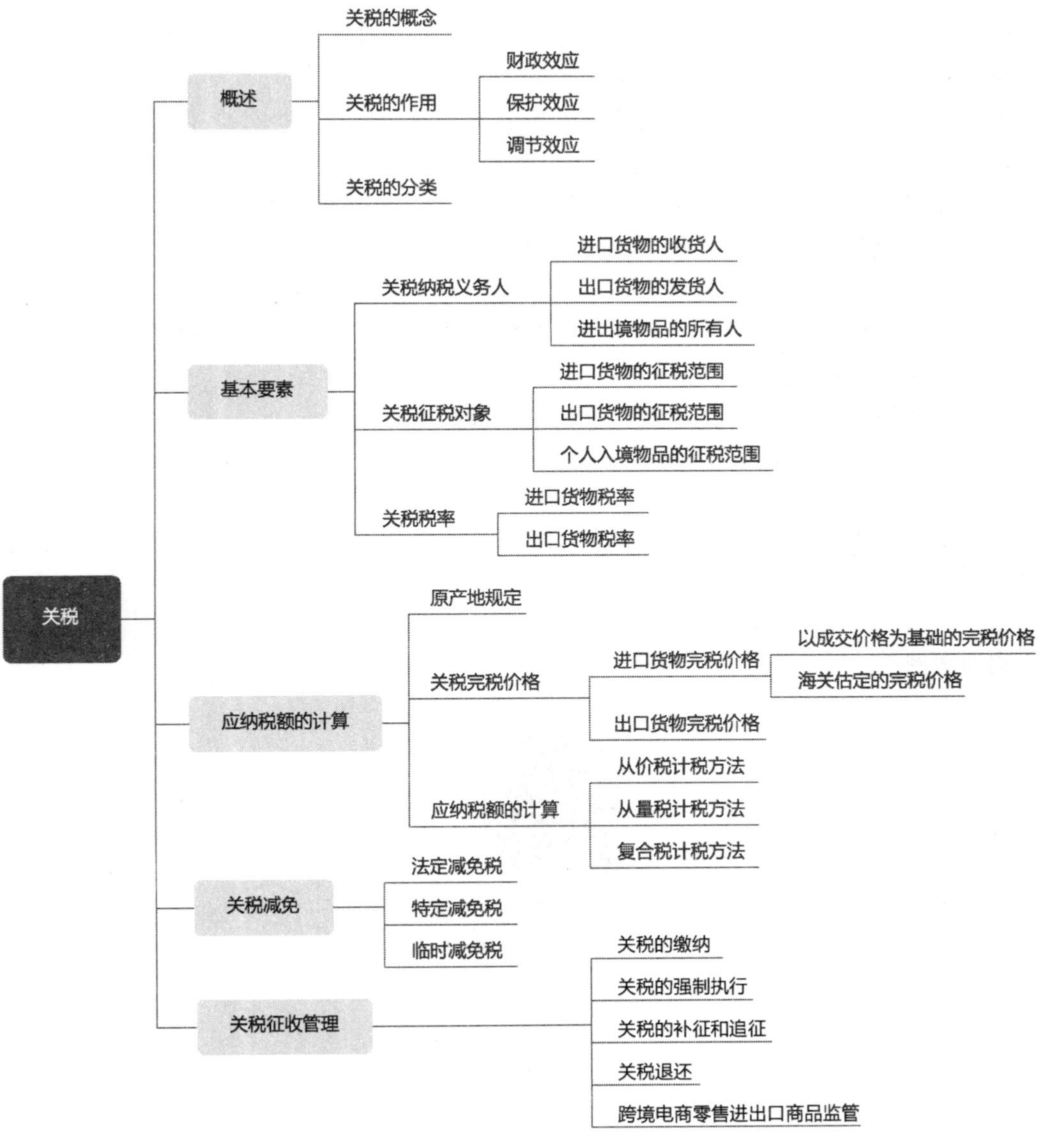

第一节 关税概述

一、关税的概念

关税是指一国海关对进出境的货物或者物品征收的一种税。进出境指的是进出我国的关境，即我国海关法适用的范围。

关境与国境是两个概念，它们既有联系，又不完全相同。国境是指一个主权国家行使行政权力的领域范围；关境，是指一国海关法规可以全面实施的境域。通常情况下，一国的关境与其国境的范围是一致的。但是，当一个国家在国境内设立自由贸易港、自由贸易区、保税区、保税仓库时，关境就小于国境；当几个国家结成关税同盟，成员国之间相互取消关税，对外实行共同的关税税则时，就其成员国而言，关境就大于国境。

关税一般分为进口关税、出口关税和过境关税。我国目前对进出境货物征收的关税分为进口关税和出口关税两类。

目前我国关税的相关法律、法规包括：2004 年 1 月实施、2016 年修订的《中华人民共和国进出口关税条例》(简称《进出口关税条例》)，《中华人民共和国进出口税则(2022)》(简称《进出口税则》)，1987 年 1 月 22 日第六届全国人民代表大会常务委员会第十九次会议通过、2021 年 4 月 29 日第十三届全国人民代表大会常务委员会第二十八次会议修改的《中华人民共和国海关法》(简称《海关法》)。

二、关税的作用

关税对经济发展的大三作用是财政、保护和调节，即关税的财政效应、保护效应和调节效应。

(一) 关税的财政效应——组织财政收入

在经济发展早期，关税是许多国家财政收入的重要来源。随着经济的发展，关税阻碍贸易自由的特性逐渐体现，人们开始认识到关税的财政效应应该服从于国际经贸的需要，许多国家开始降低关税，关税在国家财政收入中的比例不断降低。从世界大多数国家尤其是发达国家的税制结构分析，关税收入在整个财政收入中的比重不大，且呈下降趋势，关税的财政效应在发达国家已被淡化。但在许多发展中国家，主要是那些国内工业不发达、工商税源有限、国民经济主要依赖于某种或某几种初级资源出口，以及国内许多消费品主要依赖于进口的国家，征收进出口关税仍然是取得财政收入的重要渠道之一。

(二) 关税的保护效应——维护国家主权和经济利益

对进口货物征收关税，进口商品在进口国市场上的价格会出现一定程度的提高，国内生产者会因为该商品价格上升而增加国内商品的供给数量，关税对国内产业间接进行保护。关税作为一种对经济保护手段，广泛运用于发展中国家保护其较弱的产业。当一国国内产业处于发展的初级阶段时，在与国外成熟厂商的竞争中处于不利位置，这时对该产业的进口商品征收关税，一方面会提高外国商品的价格，削弱其在本国市场上的竞争力；另一方面可以维持国内同类商品的价格，保护本国产业的生产积极性，达到扶持本国产业的目的。一国采取什么样的关税政策直接关系到国与国之间的主权和经济利益。关税已成为各国政府维护本国政治、经济权益的一个重要武器。

（三）关税的调节效应——调节国民经济和对外贸易

关税是国家的重要经济杠杆，通过税率的高低和关税的减免，可以影响进出口规模，调节国民经济活动。例如，调节出口产品和出口产品生产企业的利润水平，有意识地引导各类产品的生产，调节进出口商品数量和结构，可促进国内市场商品的供需平衡，保护国内市场的物价稳定，等等。

三、关税的分类

（一）按进出关境的货物或物品流向分类

按通过关境的货物和物品的不同流向，关税可分为进口关税和出口关税。

进口关税，是海关对进口货物或物品征收的关税。通常是在货物或物品进入关境或国境或从保税仓库提出投入国内市场时征收。当今世界各国的关税均以进口关税为主体。征收进口关税的目的在于保护本国市场和增加财政收入。

出口关税，是海关对出口货物或物品征收的关税。征收出口关税将增加出口货物的成本，降低出口货物在国际市场的竞争力。目前世界各国一般少征或不征出口关税。但在一些发展中国家和经济落后的国家，为保护本国生产和市场供应，增加财政收入，特别是为防止本国自然资源的大量外流，对部分商品仍征收出口关税。

（二）按货物国别来源而区别对待的原则分类

按对进口货物输出国实行区别对待的原则，关税可分为加重关税和优惠关税。

加重关税，也称歧视性关税，是为了达到某种特别目的而征收的关税。例如，为了保护本国工农业生产和本国经济的发展征收加重关税。即在征收一般关税之外又加征的一种临时性的进口附加税，主要包括反倾销税、反补贴税和报复关税。

优惠关税，是对某些国家进口的货物使用低于普通税率的优惠税率所征收的关税，包括互惠税、特惠税、最惠国待遇、普惠制和世界贸易组织成员方间的关税减让。

（三）按计税标准分类

按计税标准的不同，关税可分为从价税、从量税、复合税和滑准税。

从价税，是以进出口货物的完税价格为计税标准计算征收的关税。目前我国海关计征关税主要是从价税。

从量税，是以进出口货物的数量、重量、体积、容积等计量单位为计税标准计算征收的关税。计税时以货物的计量单位乘以每单位应纳税额即可得出该商品的关税税额。

复合税，是对同一种进出口货物同时采用从价和从量两种标准计算征收的关税。复合税有从价、从量两种税率，随着完税价格和进口数量而变化，征收时两种税率合并计征。目前我国对录像机、放像机、数字照相机和摄录一体机征收复合税。

滑准税，也叫滑动税，是根据货物的不同价格适用不同税率的一类特殊的从价关税。滑准税的税率随进口货物价格由高至低而由低至高来设置，即进口货物的价格越高，其进口关税税率越低；进口货物的价格越低，其进口关税税率越高。其特点是可保持实行滑准税货物的国内市场价格的相对稳定，不受国际市场价格波动的影响，目前我国仅对进口新闻纸实行滑准税。

（四）按征收关税目的分类

按征收目的的不同，关税可分为财政关税和保护关税。

财政关税，又称收入关税，是以增加财政收入为主要目的而课征的关税。其税率一般比保护关税低。

保护关税，是以保护本国经济发展为主要目的而课征的关税。保护关税主要是进口税，税率较高，有的高达百分之几百。通过征收高额进口税，提高进口货物的成本和价格，从而削弱其在进口国市场的竞争力，甚至阻碍其进口，以达到保护本国经济发展的目的。它是实现一个国家对外贸易政策的重要措施之一。

第二节 关税的基本要素

一、关税纳税义务人

贸易性商品的纳税人是经营进口货物的收货人、出口货物的发货人。

进出口货物的收、发货人是依法取得对外贸易经营权，并进口或者出口货物的法人或者其他社会团体。虽然从事进出口业务，但没有自营进出口权的企业，必须委托专门的报关人代理报关和申报纳税。

进出境物品的纳税人是物品的所有人和推定为所有人的人。具体包括如下几类人：

（1）对于携带进境的物品，推定其携带人为所有人。

（2）对分离运输的行李，推定相应的进出境旅客为所有人。

（3）对以邮递方式进境的物品，推定其收件人为所有人。

（4）以邮递或其他运输方式出境的物品，推定其寄件人或托运人为所有人。

【例 4-1】 下列不属于关税纳税义务人的是（　　）。

A. 进口货物的收货人　　B. 出口货物的发货人

C. 邮递出口物品的收件人　　D. 进境物品的携带人

正确答案：C。

二、关税征税对象

关税的征税对象是准许进出我国国境或关境的货物和物品。关税的征税范围具体包括三个方面。

（一）进口货物的征税范围

国家准许进口的货物，除《进出口税则》列明免税的以外，均应征收进口关税，征收进口关税的货物在《进出口税则》中已经按照货物的名称详细列举。我国目前进口应税货物大致有四类：一是必需品类，即国内不能生产或生产较少的货物；二是需要品类，即非必需品，但仍属需要的货物；三是非必需品类，即在国内已经大量生产或非国计民生必需物品；四是限制进口类,即奢侈性货物。

(二) 出口货物的征税范围

为了鼓励出口贸易,我国仅选择了一些因种种原因,国家需要控制盲目出口的货物征收出口关税,对其他出口货物则不征税。征收出口关税的货物亦由《进出口税则》按货物名称详细列举。现行税则仅对鳗鱼苗、栗、钨矿砂、山羊板皮和锑等三十多种商品征收出口关税。

(三) 个人入境物品的征税范围

对入境旅客的行李物品和个人邮递物品进口税的征税范围为:一切入境旅客随身携带的行李和物品、各种运输工具上服务人员携带进口的自用物品、个人邮递物品、馈赠物品及以其他方式入境的个人物品。

三、关税税率

关税税率是关税制度的核心要素。目前我国的关税税率主要有以下几种。

(一) 进口货物税率

我国于2001年12月11日起正式成为世界贸易组织成员,2001年进口关税平均税率为15.3%,到了2021年我国进口关税总水平已降至7.4%。

进口关税设置最惠国税率、协定税率、特惠税率、普通税率、配额税率等,进口货物在一定期限内可以实行暂定税率。

(1) 最惠国税率,适用原产于与我国共同适用最惠国待遇条款的世界贸易组织成员方或地区的进口货物,或原产于与我国签订有相互给予最惠国待遇条款的双边贸易协定的国家或地区的进口货物。

(2) 协定税率,适用原产于我国参加的含有关税优惠条款的区域性贸易协定的有关缔约方的进口货物。

(3) 特惠税率,适用原产于与我国签订有特殊优惠关税协定的国家或地区的进口货物。

(4) 普通税率,适用原产于上述国家或地区以外的国家或地区的进口货物。

(5) 配额税率,按照国家规定实行关税配额管理的进口货物,关税配额内的,适用关税配额税率,即按低于配额外税率的进口税率征收;关税配额外的,其税率的适用按照前述的规定执行。

(6) 暂定税率,对某些税号中的部分货物在适用最惠国税率的前提下,通过法律程序暂时实施的进口税率,具有非全税目的特点,低于最惠国税率。

适用最惠国税率的进口货物有暂定税率的,应当适用暂定税率;适用协定税率、特惠税率的进口货物有暂定税率的,应当从低适用税率;适用普通税率的进口货物,不适用暂定税率。

(二) 出口货物税率

出口货物税率没有普通税率和优惠税率之分。为了鼓励国内企业出口创汇,同时又能够控制某些商品的盲目出口,我国对绝大部分出口货物不征收出口关税,只对少数商品征收出口关税。现行税则仅对钨矿砂及其精矿、高纯生铁、部分铁合金、铜废碎料、铜和锌等商品征收出口关税,实行0%～20%暂定税率。

【例 4-2】 下列关于关税税率适用的说法中，正确的是(　　)。

A. 进出口货物，应当按照纳税义务人签订购买合同或者销售合同的当天实施的税率征收

B. 协定税率适用原产于与我国签订有特殊优惠关税协定的国家或地区的进口货物

C. 因纳税义务人违反规定需要追征税款的进出口货物，应当适用原进口之日实施的税率

D. 减免税货物经批准转让或者移作他用的货物，应当适用海关接受纳税义务人再次填写报关单申报办理纳税及有关手续之日实施的税率

正确答案：D。

第三节　关税应纳税额的计算

一、原产地规定

世界大多数国家根据进口产品的不同来源，分别给予不同待遇。在实行差别关税的国家，进口货物的原产地是决定其是否享受关税优惠待遇的重要依据之一。在采取禁运、反倾销、进出口数量限额、贸易制裁、联合抵制、卫生防疫管制、外汇管制等贸易措施中，只有在对进口货物的原产地做出准确的判定时，其贸易措施才能真正发挥作用。

原产地规则(rules of origin)，指一国根据国家法令或国际协定确定的原则制定并实施的，以确定生产或制造货物的国家或地区的具体规定。为了实施关税的优惠或差别待遇、数量限制或与贸易有关的其他措施，海关必须根据原产地规则的标准来确定进口货物的原产国，给以相应的海关待遇。

《中华人民共和国进出口货物原产地条例》于 2005 年 1 月 1 日起施行。条例适用于实施最惠国待遇、反倾销和反补贴、保障措施、原产地标记管理、国别数量限制、关税配额等非优惠性贸易措施以及进行政府采购、贸易统计等活动对进出口货物原产地的确定。

根据《中华人民共和国进出口货物原产地条例》，完全在一个国家(地区)获得的货物，以该国(地区)为原产地；两个以上国家(地区)参与生产的货物，以最后完成实质性改变的国家(地区)为原产地。

完全在一个国家(地区)获得的货物具体有以下几类：

(1) 在该国(地区)领土、领水或其海底开采的矿产品；在该国(地区)生长、收获的植物产品、动物产品及其制品；在其国内渔猎所获的产品。

(2) 该国(地区)船舶在公海上捕获的海产品和用这些捕获物在该国海上加工、船上加工制造的产品。

(3) 该国国内收集的生产和加工后的剩料和废料及废旧物品。

(4) 完全用以上物品在该国国内生产的商品。

实质性改变是货物必须在出口国经过最后一道实质性加工生产，使货物得到其特有的性质，该出口国才被认为是该货物的原产国。

原产地证书是国际贸易中用来证明货物产地来源的证明文书。常见原产地证书主要

有：一般原产地证书、普惠制原产地证书、纺织品配额原产地证书、区域性经济集团成员国之间的产地证书、手工制品原产地证书、濒危动植物原产地证书。

进口货物的收货人按照《海关法》及有关规定办理进口货物的海关申报手续时，应当如实申报进口货物的原产地；同一批货物的原产地不同的，应当分别申报原产地。海关在审核确定进口货物原产地时，可以要求进口货物的收货人提交该进口货物的原产地证书，并予以审验；必要时，可以请求该货物出口国（地区）的有关机构对该货物的原产地进行核查。

出口货物发货人可以向国家质量监督检验检疫总局所属的各地出入境检验检疫机构、中国国际贸易促进委员会及其地方分会（以下简称签证机构），申请领取出口货物原产地证书。

二、关税完税价格

完税价格（dutiable value）是指海关规定的对进出口货物计征关税时使用的价格。

完税价格是关税计算的基础。完税价格分为进口货物的完税价格和出口货物的完税价格两种。

（一）进口货物的完税价格

进出口货物的完税价格，以进口货物运达我国输入地点的到岸价格为完税价格，成交价格无法确定时，完税价格由海关依法进行估定。

1. 以成交价格为基础的完税价格

进口货物的完税价格，由海关以该货物的成交价格为基础审查确定，并应当包括货物运抵中华人民共和国境内输入地点起卸前的运输及其相关费用、保险费，即买方为购买进口货物直接或间接支付的总额，按如下公式计算：

$$\text{进口货物的完税价格} = \text{货物的成交价格} + \text{货物运抵中华人民共和国境内输入地点起卸前的运输及其相关费用} + \text{保险费}$$

在进口货物的成交价格中应当包括下列费用，如果未包括的，则应计入完税价格：

(1) 佣金和经纪费，指由买方负担的除购货佣金以外的佣金和经纪费。购货佣金指买方为购买进口货物向自己的采购代理人支付的劳务费用。经纪费指买方为购买进口货物向代表买卖双方利益的经纪人支付的劳务费用。

(2) 原材料等费用，指与该货物的生产和向中华人民共和国境内销售有关的，由买方以免费或者以低于成本的方式提供并可以按适当比例分摊的料件、工具、模具、消耗材料及类似货物的价款，以及在境外开发、设计等相关服务的费用。

(3) 特许权使用费，指与该货物有关并作为卖方向我国销售该货物的一项条件，应当由买方直接或间接支付的，受著作权保护的作品、专利、商标、专有技术和其他权利的使用许可费。在估定完税价格时，进口货物在境内的复制权费不得计入该货物的实付或应付价格之中。

(4) 由买方负担的与该货物视为一体的容器费用。

(5) 由买方负担的包装材料和包装劳务费用。

(6) 卖方直接或间接从买方对该货物进口后转售、处置或使用所得中获得的收益。

下列费用，如能与该货物实付或者应付价格区分，不应计入完税价格：

(1) 厂房、机械、设备等货物进口后的基建、安装、装配、维修和技术服务的费用。

(2) 货物运抵境内输入地点之后的运输费用、保险费和其他相关费用。

(3) 进口关税及其他国内税收。

(4) 为在境内复制进口货物而支付的费用。

进口货物的运费，应按照实际支付费用计算。如果进口货物运费无法确定，海关应当按照该货物的实际运输成本或者该货物进口同期运输行业公布的运费率(额)计算运费。

进口货物的保险费，应按照实际支付费用计算。如果进口货物保险费无法确定或者未实际发生，海关应当按照“货价＋运费”两者总额的 3‰计算保险费。

邮运进口的货物，应当以邮费作为运输及其相关费用、保险费。

以境外边境口岸价格条件成交的铁路或者公路运输进口货物，海关应当按照境外边境口岸价格的 1%计算运输及其相关费用、保险费。

【例 4-3】 下列税费中，应计入进口货物关税完税价格的是(　　)。

A. 单独核算的境外技术培训费用

B. 报关时海关代征的增值税和消费税

C. 进口货物运抵我国境内输入地点起卸前的保险费

D. 由买方单独支付的入关后的运输费用

正确答案： C。

2. 海关估定的完税价格

对于进出口货物的收发货人或其代理人向海关申报进出口货物的成交价格明显偏低，而又不能提供合法证据和正当理由的，或者申报价格经海关调查认定买卖双方之间有特殊经济关系或对货物的使用、转让互相订有特殊条件或特殊安排，影响成交价格的，以及其他特殊成交情况，海关可以以下列价格为基础估定关税完税价格。

(1) 相同货物成交价格法。该项进口货物的同一出口国或者地区购进的相同货物的成交价格。相同货物是指在所有方面都相同的货物，包括物理或化学性质、质量和信誉，但表面上的微小差别或包装的差别允许存在。

(2) 类似货物成交价格法。该项进口货物的同一出口国或者地区购进的类似进口货物的成交价格。类似货物，是指具有类似原理和结构、类似特性、类似组成材料，并有同样的使用价值，而且在功能上与商业上可以互换的货物。

(3) 国际市场价格法。该项进口货物的相同或类似货物在国际市场上公开的成交价格。

(4) 国内市场价格倒扣法。该项进口货物的相同或者类似货物在国内市场的批发价格，减去进口关税和进口环节其他税费以及进口后的正常运输、储存、营业费用及利润之后的价格。

(5) 合理方法估定的价格。以上述四种价格为基础仍不能确定进口货物成交价格时，则由海关按照其他合理方法估定进口货物完税价格。

(二) 出口货物的完税价格

出口货物的完税价格由海关以该货物的成交价格为基础审查确定，并应当包括货物运至中华人民共和国境内输出地点装载前的运输及其相关费用、保险费。

出口货物的成交价格，是指该货物出口销售时，卖方为出口该货物应当向买方直接收取和间接收取的价款总额。

下列税收、费用不计入出口货物的完税价格：

(1) 出口关税。

(2) 在货物价款中单独列明的货物运至中华人民共和国境内输出地点装载后的运输及其相关费用、保险费。

(3) 在货物价款中单独列明由卖方承担的佣金。

出口货物的成交价格不能确定的，海关经了解有关情况，并与纳税义务人进行价格磋商后，依次以下列价格审查确定该货物的完税价格：

(1) 同时或者大约同时向同一国家或者地区出口的相同货物的成交价格。

(2) 同时或者大约同时向同一国家或者地区出口的类似货物的成交价格。

(3) 根据境内生产相同或者类似货物的成本、利润和一般费用(包括直接费用和间接费用)、境内发生的运输及其相关费用、保险费计算所得的价格。

【例 4-4】 下列关于关税完税价格的说法，正确的有(　　)。

A. 出口货物关税的完税价格不包含出口关税

B. 进口货物的保险费无法确定时，海关应按照货价的5%计算保险费

C. 进口货物的关税完税价格不包括进口关税

D. 经海关批准的暂时进境货物，应当按照一般进口货物完税价格确定的有关规定，审查确定完税价格

E. 出口货物的完税价格，由海关以该货物的成交价格为基础审查确定，并应包括货物运至我国境内输出地点装载前的运输及其相关费用、保险费

正确答案： ACDE。

【例 4-5】 海关对进口货物估价时可以采用的方法有(　　)。

A. 货物向第三国出口的价格估价方法

B. 相同货物成交价格估价方法

C. 倒扣价格估价方法

D. 计算价格估价方法

E. 成本加成法

正确答案： BCD。

【例 4-6】 下列各项中，应计入出口货物完税价格的是(　　)。

A. 出口关税税额

B. 单独列明的支付给境外的佣金

C. 货物在我国境内输出地点装载后的运输费用

D. 货物运至我国境内输出地点装载前的保险费

正确答案： D。

三、应纳税额的计算

关税的应纳税额计算有三种方法，分别是从价税计税方法、从量税计税方法、复合税计税方法。

(1) 从价税计税方法，是以进(出)口货物的完税价格作为计税依据的一种关税计征方法，其应纳税额的计算公式如下：

应纳税额 = 完税价格 × 关税税率

(2) 从量税计税方法，是以进口商品的数量为计税依据的一种关税计征方法，其应纳税额的计算公式如下：

应纳税额 = 货物数量 × 单位税额

(3) 复合税计税方法，是对进口货物同时使用从价和从量计征的一种关税计征方法，其应纳税额的计算公式如下：

应纳税额 = 完税价格 × 关税税率 + 货物数量 × 单位税额

【例 4-7】 宜优公司 10 月进口货物一批，该批货物在国外的买价是 500 万元，该批货物运抵我国海关前发生的包装费、运输费、保险费等共计 80 万元。货物报关后，宜优公司按规定缴纳了进口环节的增值税并取得海关开具的完税凭证。假定该批进口货物在国内全部销售，取得不含税销售额 1 200 万元。已知货物进口关税税率为 25%。请计算该批货物的关税税额。

解析：

完税价格=500+80=580(万元)。

应纳关税税额=580×25%=145(万元)。

【例 4-8】 宜优公司海运进口一批货物，海关审定货价折合人民币 3 000 万元，运抵境内输入地点起卸前的运费折合人民币 25 万元，保险费无法查明，该批货物进口关税税率为 15%，则宜优公司应纳关税多少万元?

解析： 进口货物保险费无法确定时，应当按照“货价+运费”两者总额的 3‰计算。

完税价格=(3 000+25)×(1+3‰)=3 034.08(万元)。

应纳关税税额=3 034.08×15%=455.11(万元)。

第四节 关 税 减 免

关税减免是对从外国进口商品减征或免征进口税的一种待遇。根据我国《海关法》规定，我国关税减免权属于中央，各地海关一般按海关法和税则规定以及中央的指示等执行。关税减税分为法定减免税、特定减免税和临时减免税。

(一) 法定减免税

根据我国《海关法》和《进出口关税条例》规定，法定减免税主要有下列情形：

(1) 关税税额在人民币 50 元以下的一票货物，可免征关税。

(2) 无商业价值的广告品和货样，可免征关税。

(3) 外国政府、国际组织无偿赠送的物资，可免征关税。

(4) 进出境运输工具装载的途中必需的燃料、物料和饮食用品，可予免税。

(5) 为境外厂商加工、装配成品和为制造外销产品而进口的原材料、辅料、零件、部件、配套件和包装物料，海关按照实际加工出口的成品数量免征进口关税；或者对进口料、件先征进口关税，再按照实际加工出口的成品数量予以退税。

(6) 因故退还的中国出口货物，经海关审查属实，可予免征进口关税，但已征收的出口关税不予退还。

(7) 因故退还的境外进口货物，经海关审查属实，可予免征出口关税，但已征收的进口关税不予退还。

(8) 无代价抵偿货物，即进口货物在征税放行后，发现货物残损、短少或品质不良，而由国外承运人、发货人或保险公司免费补偿或更换的同类货物，可以免税。但有残损或质量问题的原进口货物如未退运国外，其进口的无代价抵偿货物应照章征税。

(9) 我国缔结或者参加的国际条约规定减征、免征关税的货物、物品，按照规定予以减免关税。

进口货物如有以下情形，经海关查明属实，可酌情减免进口关税：

(1) 在境外运输途中或者在起卸时，遭受损坏或者损失的。

(2) 起卸后海关放行前，因不可抗力遭受损坏或者损失的。

(3) 海关查验时已经破漏、损坏或者腐烂，经证明不是保管不慎造成的。

(二) 特定减免税

特定减免税是指按照《海关法》和《进出口关税条例》的规定，给予经济特区等特定地区进出口的货物，中外合资经营企业、中外合作经营企业、外商独资企业等特定企业进出口的货物，以及其他依法给予关税减免优惠的进出口货物以减免关税优惠。

特定减免税是针对特定地区(保税区和出口加工区)、特定企业(主要外商投资企业，包括外资企业、中外合资企业、中外合作企业)、特定用途(国内投资项目、利用外资项目、科教用品项目、残疾人专用品、慈善捐赠物资、加工贸易产品、边境贸易进口物资)。

(三) 临时减免税

临时减免税是指以上法定和特定减免税以外的其他减免税，一案一批，专文下达。我国已加入世界贸易组织，为公平税负、平等竞争，国家严格控制减免税，一般不办理个案临时减免税。

【例 4-9】 下列进口货物中，免征进口关税的是(　　)。

A. 外国政府无偿赠送的物资　　B. 具有一定商业价值的货样

C. 因保管不慎造成损坏的进口货物　　D. 关税税额为人民币 80 元的一票货物

正确答案： A。

第五节　关税征收管理

一、关税的缴纳

进口货物的纳税义务人应当自运输工具申报进境之日起 14 日内，出口货物的纳税义务人除海关特准的外，应当在货物运抵海关监管区后、装货的24小时以前，向货物的进出境地海关申报。进行关税申报时，纳税人应按照海关的规定提供有关确定完税价格、进行商品归类、确定原产地以及采取反倾销、反补贴或者保障措施等所需的资料。

纳税义务人应当自海关填发税款缴款书之日起15日内(星期日和法定节假日除外)向指定银行缴纳税款。纳税义务人未按期缴纳税款的，从滞纳税款之日起，按日加收滞纳税款5‰的滞纳金。不能按期缴纳税款，经依法提供税款担保后，可延期缴纳，但最长不得超过6个月。

二、关税的强制执行

进出口货物的纳税义务人在规定的纳税期限内有明显的转移、藏匿其应税货物以及其他财产迹象的，海关可以责令纳税义务人提供担保；纳税义务人不能提供纳税担保的，经直属海关关长或者其授权的隶属海关关长批准，海关可以采取下列税收保全措施：

(1) 书面通知纳税义务人开户银行或者其他金融机构暂停支付纳税义务人相当于应纳税款的存款。

(2) 扣留纳税义务人价值相当于应纳税款的货物或者其他财产。

纳税义务人、担保人超过3个月仍未缴纳的，经直属海关关长或者其授权的隶属海关关长批准，海关可以采取下列强制措施：

(1) 书面通知其开户银行或者其他金融机构从其存款中扣缴税款。

(2) 将应税货物依法变卖，以变卖所得抵缴税款。

(3) 扣留并依法变卖其价值相当于应纳税款的货物或其他财产，以变卖所得抵缴税款。

海关采取强制措施时，对前款所列纳税义务人、担保人未缴纳的滞纳金同时强制执行。

三、关税补征和追征

进出口货物放行后，海关发现少征或者漏征税款的，应当自缴纳税款或者货物放行之日起1年内，向纳税义务人补征税款。

因纳税义务人违反规定造成少征或者漏征税款的，海关可以自缴纳税款或者货物放行之日起3年内追征税款，并从缴纳税款或者货物放行之日起按日加收少征或者漏征税款5‰的滞纳金。

四、关税退还

关税退还是关税纳税义务人按海关核定的税额缴纳关税后，因某种原因的出现，海关将实际征收多于应当征收的税额(溢征关税)退还给原纳税义务人的一种行政行为。

我国关税退还制度包括复出口退税和溢征退税两类退税。已纳进口关税的进境货物，在境内经加工、制造或修理后复出境时，海关退还全部或部分已纳关税税额，称为复出口退税。纳税人缴纳关税后，海关或纳税人发现多征关税，即构成溢征。海关将多征收的税额退还给纳税人的行为，称为溢征退税。

根据我国《海关法》规定，海关多征的税款，海关发现后应当立即退还。

有下列情形之一的，进出口货物的纳税义务人可以自缴纳税款之日起1年内，书面声明理由，连同原纳税收据向海关申请退税，逾期不予受理：

(1) 因海关误征，多纳税款的。

(2) 海关核准免验进口的货物，在完税后，发现有短卸情形，经海关审查认可的。

(3) 已征出口关税的货物，因故未将其运出口，申报退关，经海关查验属实的。

对已征出口关税的出口货物和已征进口关税的进口货物，因货物品种或规格原因(非其他原因)原状复运进境或出境的，经海关查验属实的，也应退还已征关税。海关应当自受理退税申请之日起 30 日内，书面答复并通知退税申请人。

五、跨境电商零售进出口商品监管

我国海关总署于 2018 年 12 月发布《关于跨境电商零售进出口商品监管事宜的公告》，以期进行跨境电子商务零售进出口商品监管工作，促进跨境电子商务健康有序发展。海关对于跨境电商零售进出口商品的监管包括企业及商品范围、企业管理、通关管理、税收征管、场所管理、检疫、查验和物流管理、退货管理、其他事项等事项，本节着重讲解企业及商品范围、通关管理及税收征管。

(一) 跨境电商企业范围

跨境电子商务平台企业、物流企业、支付企业等参与跨境电子商务零售进口业务的企业，应当依据海关报关单位注册登记管理相关规定，向所在地海关办理注册登记；境外跨境电子商务企业应委托境内代理人向该代理人所在地海关办理注册登记。

(二) 跨境电商零售进出口商品范围

跨境电商零售进出口商品，包括从其他国家或地区进口的、《跨境电子商务零售进口商品清单》范围内的以下商品：

(1) 所有通过与海关联网的电子商务交易平台交易，能够实现交易、支付、物流电子信息“三单”比对的跨境电子商务零售进口商品。

(2) 未通过与海关联网的电子商务交易平台交易，但快递、邮政企业能够统一提供交易、支付、物流等电子信息，并承诺承担相应法律责任进境的跨境电子商务零售进口商品。

不属于跨境电子商务零售进口的个人物品以及无法提供交易、支付、物流等电子信息的跨境电子商务零售进口商品，按现行规定执行。

(三) 通关管理

我国目前针对四个不同进出口模式采取不同的通关管理措施。

一般出口模式下，采用“清单核放、汇总申报”的方式，电商出口商品以邮件、快件方式分批运送，海关凭清单核放出境，定期把已核放清单数据汇总形成出口报关单，电商企业或平台凭此办理结汇、退税手续。

“保税电商”，俗称“备货模式”，该模式开展区域必须是跨境贸易电子商务进口试点城市的特殊监管区域。我国从 2013 年开始陆续在一些试点城市开展跨境电商，前有上海、杭州、宁波、郑州、重庆、广州、深圳前海，后有福州、平潭、天津，在国家政策支持下发展跨境电商，现在已经有 10 个试点城市。该模式下，商家将商品批量备货至海关监管下的保税仓库，消费者下单后，电商企业根据订单为每件商品办理海关通关手续，在保税仓库完成贴面单和打包，经海关查验放行后，由电商企业委托物流配送至消费者手中。

直购进口模式中，境外商家将多个已售出商品统一打包，通过国际物流运送至国内的保税仓库，电商企业为每件商品办理海关通关手续，经海关查验放行后，由电商企业委托国内快递派送至消费者手中，每个订单附有海关单据。

保税电商 A 模式的监管方式适用于境内电子商务企业通过海关特殊监管区域或保税物流中心(B 型)一线进境的跨境电子商务零售进口商品，该模式下进口商品需要提供通关单(仅限上述非试点城市)。

(四) 税收征管

对跨境电子商务零售进口商品，海关按照国家关于跨境电子商务零售进口税收政策征收关税和进口环节增值税、消费税，完税价格为实际交易价格，包括商品零售价格、运费和保险费。

跨境电子商务零售进口商品消费者(订购人)为纳税义务人。在海关注册登记的跨境电子商务平台企业、物流企业或申报企业作为税款的代收代缴义务人，代为履行纳税义务。代收代缴义务人应如实、准确地向海关申报跨境电子商务零售进口商品的商品名称、规格型号、税则号列、实际交易价格及相关费用等税收征管要素。跨境电子商务零售进口商品的申报币制为人民币。

海关对符合监管规定的跨境电子商务零售进口商品按时段汇总计征税款，代收代缴义务人应当依法向海关提交足额有效的税款担保。

海关放行后 30 日内未发生退货或修撤单的，代收代缴义务人在放行后第 31 日至第 45 日内向海关办理纳税手续。

知识点视频

关税

实践能力训练

单选题

1. 当一个国家存在自由港、自由区时，该国国境(　　)关境。
   A. 大于　　B. 等于　　C. 小于　　D. 无法比较
2. 任何国家或者地区对其进口的原产于我国的货物征收歧视性关税或者给予其他歧视性待遇的，我国对原产于该国家或者地区的进口货物征收(　　)。
   A. 保障性关税　　B. 报复性关税　　C. 反倾销税　　D. 反补贴税
3. 下列项目中，不应计入关税进口货物完税价格的有(　　)。
   A. 进口关税
   B. 由买方负担的与该货物视为一体的容器费用

C. 由买方负担的包装材料费用

D. 货物运抵境内输入地点起卸前的运输费用

4. 海关有权对滞纳关税的纳税人进行强制执行，强制执行措施不包括（　　）。

A. 变价抵缴　　B. 加收关税滞纳金　　C. 强制扣缴　　D. 罚款

5. 下列各项中，经海关审查无误，不能免征关税的有（　　）。

A. 进出境运输工具装载的途中必需的燃料、物料和饮食用品

B. 外国政府无偿赠送的物资

C. 无商业价值的广告品

D. 有商业价值的广告品

6. 根据我国关税法规，减免进出口关税的权限属于（　　）。

A. 中央　　B. 地方　　C. 省　　D. 市

7. 陆运、空运、海运方式进口货物的运费和保险费，如果运费无法确定或未实际发生，海关应按照该货物进口同期运输行业公布的运费率（额）计算运费；按照“货价＋运费”两者总额的（　　）计算保险费。

A. 1‰　　B. 3‰　　C. 5‰　　D. 2‰

8. 甲公司3月进口一批货物，海关核定的货价100万元，货物运抵我国关境内输入地点起卸前的运费9万元、保险费3万元。已知关税税率为8%。甲公司当月计算该笔业务应缴纳关税税额的下列算式中，正确的是（　　）。

A. (100＋9)×8%＝8.72(万元)

B. (100＋9＋3)×8%＝8.96(万元)

C. (100＋3)×8%＝8.24(万元)

D. 100×8%＝8(万元)

第五章 企业所得税

《中华人民共和国企业所得税法》

本章知识结构图

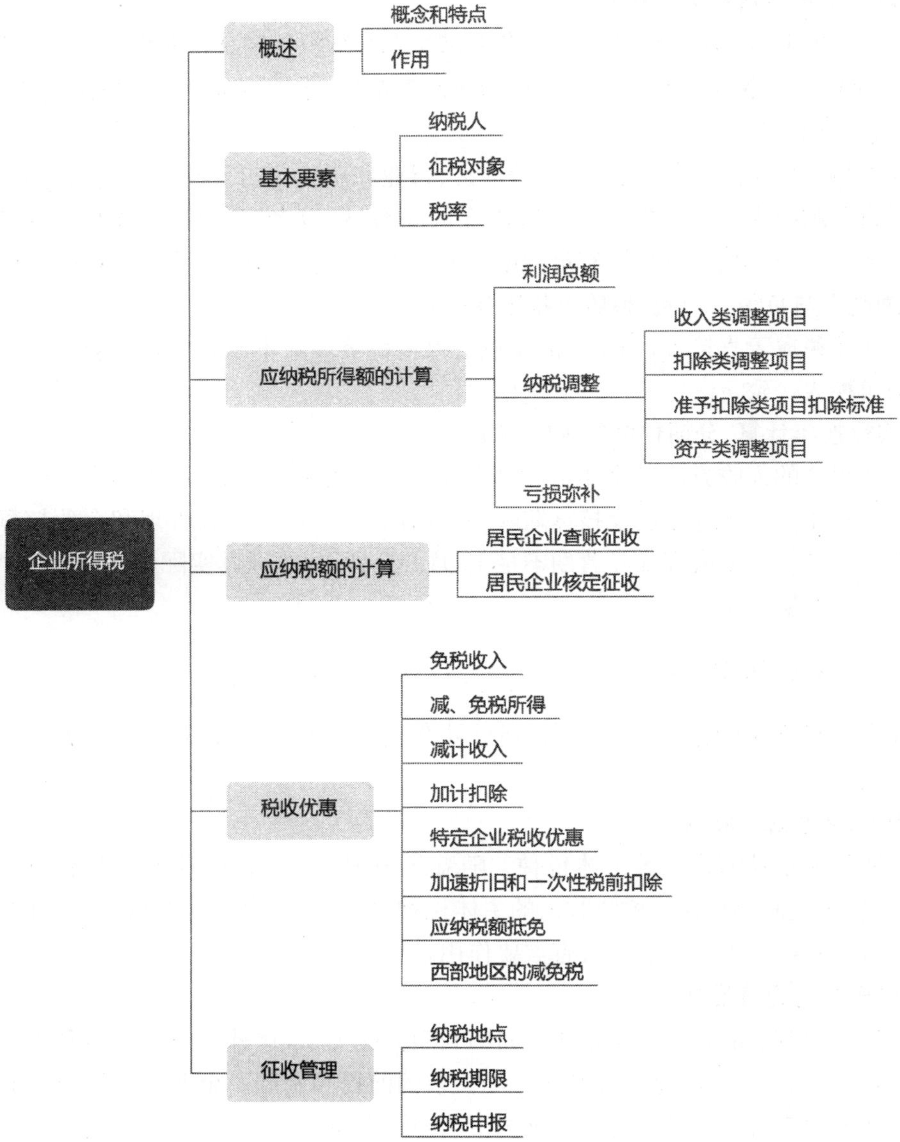

第一节 企业所得税概述

一、企业所得税的概念和特点

企业所得税是对我国境内的企业和其他取得收入的组织的生产经营所得和其他所得征收的一种税。企业所得税法，就是国家制定的用以调整企业所得税征纳主体之间权利及义务关系的法律规范。企业所得税具有以下特点。

1. 以应纳税所得额为课税对象

企业所得税不同于流转税，其课税对象是纳税人在纳税年度获得的生产经营所得和其他所得，即以纳税人所取得的各项收入总额，扣除各项成本、费用、损失、税金之后的净收益。

2. 税负公平

企业所得税对企业不分所有制，不分地区、行业和层次，实行统一的比例税率。纳税人的税负轻重和纳税人的所得的多少有着内在的联系，所得多、负担能力强的多征，所得少、负担能力弱的少征，没有所得、没有负担能力的就不征，充分体现了税负公平的原则。

3. 纳税人与负税人一致，税收负担不易转嫁

企业所得税属于直接税，纳税人的企业所得税税负一般不易转嫁，由纳税人自己负担，纳税人与负税人一致。

4. 实行按年计算、分期预缴的征收方法

企业所得税的征收方法以全年应税所得额为计税依据，分期(月或者季)预缴，年终汇算清缴。纳税年度与会计年度及核算期限一致，有利于税收的征收管理和企业核算期限的一致。对一个纳税年度内实际经营期不足 12 月的企业，应当以其实际经营期为一个纳税年度计算缴纳企业所得税。

二、企业所得税的作用

企业所得税在组织国家财政收入、促进社会经济发展、实施宏观调控等方面具有重要的职能作用。

1. 组织国家财政收入

企业所得税是我国第二大主体税种。随着我国国民经济的快速发展和企业经济效益的不断提高，企业所得税作为税收收入的主体税种之一，税收收入也取得了较快的增长，企业所得税收入对组织国家财政收入有重要作用。

2. 促进社会经济发展

企业所得税调节的是国家与企业之间的利润分配关系，这种分配关系是我国经济分配制度中最重要的一个方面，是处理其他分配关系的前提和基础。企业所得税对所有企业实行统一的比例税率，税负公平，有利于维护市场经济秩序。

3. 实施宏观调控

企业所得税是国家实施税收优惠政策的最主要税种，有减免税、降低税率、加计扣除、加速折旧、投资抵免、减计收入等众多的税收优惠措施，是贯彻国家产业政策和社会政策，实施宏观调控的主要政策工具。在为国家组织财政收入的同时，企业所得税作为国家宏观调控的一种重要手段，也促进了我国产业结构调整和经济又好又快地发展。

第二节　企业所得税的基本税制要素

一、纳税人

在中华人民共和国境内，企业和其他取得收入的组织（以下统称企业）为企业所得税的纳税人，依照《中华人民共和国企业所得税法》（简称《企业所得税法》）的规定缴纳企业所得税。

企业所得税纳税人包括各类企业、事业单位、社会团体、民办非企业单位和从事经营活动的其他组织。依照中国法律、行政法规成立的个人独资企业、合伙企业，不属于企业所得税纳税义务人，不缴纳企业所得税。

根据收入来源地管辖权和居民管辖权相结合的属人兼属地的双重税收管辖权，把企业分为居民企业和非居民企业，分别确定不同的纳税义务。

（一）居民企业

居民企业，是指依法在中国境内成立，或者依照外国（地区）法律成立但实际管理机构在中国境内的企业。

（二）非居民企业

非居民企业，是指依照外国（地区）法律成立且实际管理机构不在中国境内，但在中国境内设立机构、场所的，或者在中国境内未设立机构、场所，但有来源于中国境内所得的企业。

【例 5－1】　根据企业所得税法律制度，下列公司中，属于企业所得税纳税人的有（　　）。

A. 甲有限责任公司　　B. 乙事业单位

C. 丙个人独资企业　　D. 丁股份有限公司

正确答案：ABD。

二、征税对象

（一）企业所得税征税对象

居民企业应当就其来源于中国境内、境外的所得缴纳企业所得税，包括销售货物所得、提供劳务所得、转让财产所得、股息红利等权益性投资所得、利息所得、租金所得、特许权使用费所得、接受捐赠所得和其他所得。

非居民企业在中国境内设立机构、场所的，应当就其所设机构、场所取得的来源于中国境内的所得，以及发生在中国境外但与其所设机构、场所有实际联系的所得，缴纳企业所得税。

非居民企业在中国境内未设立机构、场所的，或者虽设立机构、场所但取得的所得与其所设机构、场所没有实际联系的，应当就其来源于中国境内的所得缴纳企业所得税。实际联系，是指非居民企业在中国境内设立的机构、场所拥有据以取得所得的股权、债权，以及拥有、管理、控制据以取得所得的财产等。

（二）所得来源的确定原则

来源于中国境内、境外的所得，按照以下原则确定：

（1）销售货物所得，按照交易活动发生地确定。

（2）提供劳务所得，按照劳务发生地确定。

（3）转让财产所得，不动产转让所得按照不动产所在地确定，动产转让所得按照转让动产的企业或者机构、场所所在地确定，权益性投资资产转让所得按照被投资企业所在地确定。

（4）股息、红利等权益性投资所得，按照分配所得的企业所在地确定。

（5）利息所得、租金所得、特许权使用费所得，按照负担、支付所得的企业或者机构、场所所在地确定，或者按照负担、支付所得的个人的住所地确定。

（6）其他所得，由国务院财政、税务主管部门确定。

【例 5-2】 根据企业所得税法律制度的规定，下列各项中，属于来源于中国境内所得的有（　　）。

A. 甲国企业在中国境内提供咨询服务取得的收入

B. 乙国企业转让中国境内公司股权取得的收入

C. 丁国企业在中国境外为中国公司技术人员提供培训服务取得的收入

D. 丙国企业通过其代理商在中国境内销售货物取得的收入

正确答案：ABD。

三、税率

（一）基本税率

居民企业以及在中国境内设立机构、场所且取得的所得与其所设机构、场所有实际联系的非居民企业，应当就其来源于中国境内、境外的所得缴纳企业所得税，均适用25%的基本税率。

（二）低税率

非居民企业在中国境内未设立机构、场所的，或者虽设立机构、场所但取得的所得与其所设机构、场所没有实际联系的，应当就其来源于中国境内的所得缴纳企业所得税，适用税率为20%。

（三）优惠税率

（1）符合条件的小型微利企业，减按20%的税率征收企业所得税。

（2）适用于国家重点扶持的高新技术企业，技术先进型的服务企业，设在西部地区的鼓励类企业，减按15%的税率征收企业所得税。

第三节　应纳税所得额的计算

企业所得税的计税依据是应纳税所得额，即指企业每一纳税年度的收入总额，减除不征税收入、免税收入、各项扣除以及允许弥补的以前年度亏损后的余额。应纳税所得额与会计利润是两个不同的概念，两者既有联系又有区别。应纳税所得额是一个税收概念，是根据企业所得税法按照一定的标准确定的、纳税人在一个时期内的计税所得。而会计利润是一个会计核算概念，反映的是企业一定时期内生产经营的财务成果。会计利润是确定应纳税所得额的基础，但是不能等同于应纳税所得额。会计利润根据税法规定做相应的调整后，才能作为企业的应纳税所得额。

企业应纳税所得额的计算，以权责发生制为原则，属于当期的收入和费用，不论款项是否收付，均作为当期的收入和费用；不属于当期的收入和费用，即使款项已经在当期收付，均不作为当期的收入和费用。在计算应纳税所得额时，企业财务、会计处理办法与税收法律法规的规定不一致的，应当依照税收法律法规的规定计算。

应纳税所得额的计算有直接计算法和间接计算法。直接计算法有利于掌握企业所得税的计算原理和要求，其计算公式如下：

$$\text{应纳税所得额} = \text{收入总额} - \text{不征税收入} - \text{免税收入} - \text{各项扣除} - \text{弥补以前年度亏损}$$

间接计算法有利于掌握企业所得税纳税申报表的填制方法，其原理是在会计利润总额的基础上加上或者减去按照税法规定需要调整的项目金额后，计算应纳税所得额。具体计算公式如下：

$$\text{应纳税所得额} = \text{会计利润总额} - \text{境外所得} + \text{纳税调整增加额} - \text{纳税调整减少额} - \text{税基优惠} + \text{境外应税所得弥补境内亏损} - \text{弥补以前年度亏损}$$

由于在实际工作中，企业所得税的计算和纳税申报采用的是间接计算法。接下来就依据间接计算法的原理，按照纳税申报表中的结构顺序学习企业所得税年度应纳税所得额的计算。

一、利润总额

企业所得税年度纳税申报表(A)类中的利润总额是指企业按照国家统一会计制度口径要求核算的会计利润总额，即按会计口径的收入减除会计口径的成本费用。

$$\begin{aligned}\text{利润总额} = {} & \text{营业收入} - \text{营业成本} - \text{税金及附加} - \text{管理费用} - \text{财务费用} - \text{销售费用} - \text{资产减值损失} - \text{信用减值损失} + \text{资产处置收益} \\ & + \text{公允价值变动损益} + \text{投资收益} + \text{其他收益} + \text{营业外收入} - \text{营业外支出}\end{aligned}$$

二、纳税调整

之所以要进行纳税调整，是因为利润总额的计算依据是会计口径，与税法口径存在差异，所以需要将利润总额在两者之间存在差异的地方按照税法口径进行调整，最终将利润总额调整成应纳税所得额。具体有以下几类调整。

（一）收入类调整项目

1. 收入总额

企业收入总额是指以货币形式和非货币形式从各种来源取得的收入，包括：销售货物收入，提供劳务收入，转让财产收入，股息、红利等权益性投资收益，利息收入，租金收入，特许权使用费收入，接受捐赠收入以及其他收入。企业取得收入的货币形式包括现金、存款、应收账款、应收票据、准备持有至到期的债券投资以及债务的豁免等。企业取得收入的非货币形式包括固定资产、生物资产、无形资产、股权投资、存货、不准备持有至到期的债券投资、劳务以及有关权益等。非货币形式收入应当按照公允价值确定收入额。收入的具体构成如下。

1）一般收入的确认

（1）销售货物收入，是指企业销售商品、产品、原材料、包装物、低值易耗品以及其他存货取得的收入。除法律法规另有规定外，企业销售货物收入的确认，必须遵循权责发生制原则和实质重于形式原则。

符合收入确认条件，采取下列商品销售方式的，应按以下规定确认收入实现时间：

a. 销售商品采用托收承付方式的，在办妥托收手续时确认收入。

b. 销售商品采用预收款方式的，在发出商品时确认收入。

c. 销售商品需要安装和检验的，在购买方接受商品以及安装和检验完毕时确认收入。如果安装程序比较简单，可在发出商品时确认收入。

d. 销售商品采用支付手续费方式委托代销的，在收到代销清单时确认收入。

采用售后回购方式销售商品的，销售的商品按售价确认收入，回购的商品作为购进商品处理。有证据表明不符合销售收入确认条件的，例如以销售商品方式进行融资，收到的款项应确认为负债，回购价格大于原售价的，差额应在回购期间确认为利息费用。

销售商品以旧换新的，销售商品应当按照销售商品收入确认条件确认收入，回收的商品作为购进商品处理。

企业为促进商品销售而在商品价格上给予的价格扣除属于商业折扣，商品销售涉及商业折扣的，应当按照扣除商业折扣后的金额确定销售商品收入金额。

债权人为鼓励债务人在规定的期限内付款而向债务人提供的债务扣除属于现金折扣，销售商品涉及现金折扣的，应当按扣除现金折扣前的金额确定销售商品收入金额，现金折扣在实际发生时作为财务费用扣除。

企业因售出商品的质量不合格等原因而在售价上给予的减让属于销售折让；企业因售出商品质量、品种不符合要求等原因而发生的退货属于销售退回。企业已经确认销售收入的售出商品发生销售折让和销售退回，应当在发生当期冲减当期销售商品收入。

（2）提供劳务收入，是指企业从事建筑安装、修理修配、交通运输、仓储租赁、金融保险、邮电通信、咨询经纪、文化体育、科学研究、技术服务、教育培训、餐饮住宿、中介代理、卫生保健、社区服务、旅游、娱乐、加工以及其他劳务服务活动取得的收入。

企业在各个纳税期末，提供劳务交易的结果能够可靠估计的，应采用完工进度（百分比）法确认提供劳务收入。

企业应按照从接受劳务方已收或应收的合同或协议价款确定劳务收入总额，根据纳税期末提供劳务收入总额乘以完工进度扣除以前纳税年度累计已确认提供劳务收入后的金额，确认为当期劳务收入。同时，按照提供劳务估计总成本乘以完工进度扣除以前纳税期间累计已确认劳务成本后的金额，结转为当期劳务成本。

（3）转让财产收入，是指企业转让固定资产、生物资产、无形资产、股权、债权等财产取得的收入。转让财产收入应当按照从财产受让方已收或应收的合同或协议价款确认收入。

(4) 股息、红利等权益性投资收益，是指企业因权益性投资从被投资方取得的收入。股息、红利等权益性投资收益，除国务院财政、税务主管部门另有规定外，按照被投资方做出利润分配决定的日期确认收入的实现。

(5) 利息收入，是指企业将资金提供他人使用但不构成权益性投资，或者因他人占用本企业资金取得的收入，包括存款利息、贷款利息、债券利息、欠款利息等收入。利息收入，按照合同约定的债务人应付利息的日期确认收入的实现。

(6) 租金收入，是指企业提供固定资产、包装物或者其他有形资产的使用权取得的收入。租金收入，按照合同约定的承租人应付租金的日期确认收入的实现。如果交易合同或协议中规定租赁期限跨年度，且租金提前一次性支付的，出租人可对上述已确认的收入，在租赁期内，分期均匀计入相关年度收入。

(7) 特许权使用费收入，是指企业提供专利权、非专利技术、商标权、著作权以及其他特许权的使用权取得的收入。特许权使用费收入，按照合同约定的特许权使用人应付特许权使用费的日期确认收入的实现。

(8) 接受捐赠收入，是指企业接受的来自其他企业、组织或者个人无偿给予的货币性资产、非货币性资产。接受捐赠收入，按照实际收到捐赠资产的日期确认收入的实现。

企业以买一赠一等方式组合销售本企业商品的，不属于捐赠，应将总的销售金额按各项商品的公允价值的比例来分摊确认各项的销售收入。

(9) 其他收入，是指企业取得《企业所得税法》具体列举的收入外的其他收入，包括企业资产溢余收入、逾期未退包装物押金收入、确实无法偿付的应付款项、已作坏账损失处理后又收回的应收款项、债务重组收入、补贴收入、违约金收入、汇兑收益等。

2) 特殊收入的确认

(1) 以分期收款方式销售货物的，按照合同约定的收款日期确认收入的实现。

(2) 企业受托加工制造大型机械设备、船舶、飞机，以及从事建筑、安装、装配工程业务或者提供其他劳务等，持续时间超过 12 个月的，按照纳税年度内完工进度或者完成的工作确认收入的实现。

(3) 采取产品分成方式取得收入的，按照企业分得产品的日期确认收入的实现，其收入额按照产品的公允价值确定。

(4) 企业发生非货币性资产交换，以及将货物、财产、劳务用于捐赠、偿债、赞助、集资、广告、样品、职工福利或者利润分配等用途的，应当视同销售货物、转让财产或者提供劳务，但国务院财政、税务主管部门另有规定的除外。

【例 5-3】 2022 年 9 月 1 日，宜优公司与乙公司签订一项销售合同，采用预收款方式销售一批商品，并于 9 月 10 日收到全部价款。宜优公司 9 月 20 日发出商品，乙公司 9 月 21 日收到该批商品，宜优公司根据企业所得税法律制度的规定，关于销售收入确认时间的表述正确的是(　　)。

A. 9 月 10 日确认销售收入　　B. 9 月 20 日确认销售收入

C. 9 月 21 日确认销售收入　　D. 9 月 1 日确认销售收入

正确答案：B。

2. 视同销售收入的纳税调整

所谓视同销售收入，即该业务在会计处理上不作收入处理，但是符合税法收入确认。因此，在计算利润总额时，不包括视同销售收入，但在计算应纳税所得额时，要作为调整事项予以调增。

企业发生非货币性资产交换，以及将货物、财产和劳务用于捐赠、偿债、赞助、集资、广告、样品、职工福利或者利润分配等用途应当视同销售货物、转让财产或者提供劳务，确认视同销售收入。

3. 不征税收入

不征税收入，是指从性质和根源上不属于企业营利性活动带来的经济利益，不作为应纳税所得额组成部分的收入。不征税收入用于支出所形成的费用，不得在计算应纳税所得额时扣除；用于支出所形成的资产，其计算的折旧、摊销不得在计算应纳税所得额时扣除。下列收入为不征税收入：

（1）财政拨款，是指各级人民政府对纳入预算管理的事业单位、社会团体等组织拨付的财政资金，但国务院和财政、税务主管部门另有规定的除外。

（2）依法收取并纳入财政管理的行政事业性收费、政府性基金。行政事业性收费，是指依照法律法规等有关规定，按照国务院规定程序批准，在实施社会公共管理，以及在向公民、法人或者其他组织提供特定公共服务过程中，向特定对象收取并纳入财政管理的费用。政府性基金，是指企业依照法律、行政法规等有关规定，代政府收取的具有专项用途的财政资金。

（3）国务院规定的其他不征税收入，是指企业取得的，由国务院财政、税务主管部门规定专项用途并经国务院批准的财政性资金。

根据税法规定，企业从县级及以上各级人民政府财政部门及其他部门取得的应计入收入总额的财政性资金，凡同时符合以下条件的，可以作为不征税收入，在计算应纳税所得额时从收入总额中减除：

（1）企业能够提供规定资金专项用途的资金拨付文件。

（2）财政部门或其他拨付资金的政府部门对该资金有专门的资金管理办法或具体管理要求。

（3）企业对该资金以及该资金发生的支出单独进行核算。

【例 5-4】 根据企业所得税法律制度的规定，下列各项中，属于不征税收入的是（　　）

A. 接受捐赠收入　　B. 国债利息收入

C. 销售货物收入　　D. 财政拨款

正确答案：D。

（二）扣除类调整项目

1. 准予税前扣除的项目

企业实际发生的与取得收入有关的、合理的支出，包括成本、费用、税金、损失和其他支出，准予在计算应纳税所得额时扣除。合理的支出，是指符合生产经营活动，应当计入当期损益或者有关资产成本的必要和正常的支出。除另有规定外，企业实际发生的成本、费用、税金、损失和其他支出，不得重复扣除。

企业发生的支出应当区分收益性支出和资本性支出。收益性支出在发生当期直接扣除;资本性支出应当分期扣除或者计入有关资产成本,不得在发生当期直接扣除。

准予扣除的项目具体包括如下几类:

(1) 成本,是指企业在生产经营活动中发生的销售成本、销货成本、业务支出以及其他耗费,即企业销售商品(包括产品、材料、下脚料、废料、废旧物资等)、提供劳务、转让固定资产和无形资产的成本。

(2) 费用,是指企业在生产经营活动中发生的销售费用、管理费用和财务费用。已经计入成本的有关费用除外。

销售费用,是指应由企业负担的为销售商品而发生的费用。

管理费用,是指企业的行政管理部门为管理组织经营活动提供各项支援性服务而发生的费用。

财务费用,是指企业筹集经营性资金而发生的费用。

(3) 税金,是指企业发生的除企业所得税和允许抵扣的增值税以外的各项税金及其附加,即纳税人按照规定缴纳的消费税、资源税、土地增值税、关税、城市维护建设税、教育费附加、房产税、车船税、城镇土地使用税、印花税等。企业缴纳的增值税属于价外税,故不在扣除之列。

(4) 损失,是指企业在生产经营活动中发生的固定资产和存货的盘亏、毁损、报废损失,转让财产损失,呆账损失,坏账损失,自然灾害等不可抗力因素造成的损失以及其他损失。

企业发生的损失,减除责任人赔偿和保险赔款后的余额,依照国务院财政、税务主管部门的规定扣除。企业已经作为损失处理的资产,在以后纳税年度又全部收回或者部分收回时,应当计入当期收入。

(5) 其他支出,是指除成本、费用、税金、损失外,企业在生产经营活动中发生的与生产经营活动有关的、合理的支出。

2. 不得税前扣除的项目

(1) 向投资者支付的股息、红利等权益性投资收益款项。

(2) 企业所得税税款。

(3) 税收滞纳金,是指纳税人违反税收法规,被税务机关处以的滞纳金。

(4) 罚金、罚款和被没收财物的损失,是指纳税人违反国家有关法律、法规规定,被有关部门处以的罚款,以及被司法机关处以的罚金和被没收财物。

(5) 超过规定标准的捐赠支出。

(6) 赞助支出,是指企业发生的与生产经营活动无关的各种非广告性质支出。

(7) 未经核定的准备金支出,是指不符合国务院财政、税务主管部门规定的各项资产减值准备、风险准备等准备金支出。

(8) 企业之间支付的管理费、企业内营业机构之间支付的租金和特许权使用费,以及非银行企业内营业机构之间支付的利息,不得扣除。

(9) 与取得收入无关的其他支出。

(三) 准予扣除类项目扣除标准

准予扣除的项目在会计核算中是如实扣除,而税法规定了具体扣除标准,二者之间可能存在差异,需要进行纳税调整。

1. 视同销售成本

视同销售成本是视同销售业务所对应的货物或者劳务可以计量的成本,与视同销售收入对应。有视同销售收入,就有视同销售成本。一般情况下,视同销售收入和视同销售成本是相等的,不会产生视同销售所得。

2. 职工薪酬

1) 工资、薪金支出

企业发生的合理的工资、薪金支出,准予扣除。工资、薪金,是指企业每一纳税年度支付给在本企业任职或者受雇的员工的所有现金形式或者非现金形式的劳动报酬,包括基本工资、奖金、津贴、补贴、年终加薪、加班工资,以及与员工任职或者受雇有关的其他支出。合理的工资、薪金,是指企业按照股东大会、董事会、薪酬委员会或相关管理机构制定的工资、薪金制度规定实际发放给员工的工资、薪金。

一般情况下,会计与税法之间不会产生差异,不需进行调整。但有时二者还是有差异的,例如计提的工资、薪金在进行汇算清缴前未实际发放完的情况。

2) 职工福利费、工会经费、职工教育经费

(1) 企业发生的职工福利费支出,不超过实际发放的工资、薪金总额14%的部分,准予扣除;超过部分,需做纳税调增。企业的职工福利费,包括以下内容:

a. 尚未实行分离办社会职能的企业,其内设福利部门所发生的设备、设施和人员费用,包括职工食堂、职工浴室、理发室、医务所、托儿所、疗养院等集体福利部门的设备、设施及维修保养费用和福利部门工作人员的工资薪金、社会保险费、住房公积金、劳务费等。

b. 为职工卫生保健、生活、住房、交通等所发放的各项补贴和非货币性福利,包括企业向职工发放的因公外地就医费用、未实行医疗统筹企业职工医疗费用、职工供养直系亲属医疗补贴、供暖费补贴、职工防暑降温费、职工困难补贴、救济费、职工食堂经费补贴、职工交通补贴等。

c. 按照其他规定发生的其他职工福利费,包括丧葬补助费、抚恤费、安家费、探亲假路费等。

企业发生的职工福利费,应该单独设置账册,进行准确核算。没有单独设置账册准确核算的,税务机关应责令企业在规定的期限内进行改正。逾期仍未改正的,税务机关可对企业发生的职工福利费进行合理的核定。

(2) 企业拨缴的工会经费,不超过实际发放的工资、薪金总额2%的部分,准予扣除。超过部分,需做纳税调增。

(3) 企业发生的职工教育经费支出,不超过实际发放的工资、薪金总额8%的部分,准予扣除;超过部分,准予在以后纳税年度结转扣除,当年需做纳税调增。

【例5-5】 宜优工业企业2021年度实际支出的工资、薪金总额为150万元,福利费本期发生30万元,拨缴的工会经费3万元,已经取得工会拨缴经费原始单据,实际发生职工教育经费4.50万元,该企业在计算2021年应纳税所得额时,应调整的应纳税所得额为(　　)万元。

A. 0　　B. 7.75　　C. 9　　D. 35.50

正确答案: C。

3. 社会保险费和住房公积金

（1）企业依照国务院有关主管部门或者省级人民政府规定的范围和标准为职工缴纳的基本养老保险费、基本医疗保险费、失业保险费、工伤保险费、生育保险费等基本社会保险费和住房公积金，准予扣除。

（2）企业根据国家有关政策规定，为在本企业任职或者受雇的全体员工支付的补充养老保险费、补充医疗保险费，分别在不超过职工工资总额5%标准内的部分，在计算应纳税所得额时准予扣除；超过的部分，不予扣除，需做纳税调增。

（3）企业职工因公出差乘坐交通工具发生的人身意外保险费支出，准予企业在计算应纳税所得额时扣除。除企业依照国家有关规定为特殊工种职工支付的人身安全保险费和国务院、财政和税务主管部门规定可以扣除的其他商业保险费外，企业为投资者或职工支付的商业保险费，不得扣除，需做纳税调增。

4. 借款费用

（1）企业在生产经营活动中发生的合理的不需要资本化的借款费用，准予扣除。

（2）企业为购置、建造固定资产、无形资产和经过12个月以上的建造才能达到预定可销售状态的存货发生借款的，在有关资产购置、建造期间发生的合理的借款费用，应当作为资本性支出计入有关资产的成本，并依照《企业所得税法实施条例》的有关规定扣除。

5. 利息费用

企业在生产经营活动中发生的下列利息支出，准予扣除：

（1）非金融企业向金融企业借款的利息支出、金融企业的各项存款利息支出和同业拆借利息支出、企业经批准发行债券的利息支出可据实扣除。

（2）非金融企业向非金融企业借款的利息支出，不超过按照金融企业同期同类贷款利率计算的数额的部分可据实扣除，超过部分不许扣除，需做纳税调增。

金融企业，是指各类银行、保险公司及经中国人民银行批准从事金融业务的非银行金融机构。

（3）凡企业投资者在规定期限内未缴足其应缴资本额的，该企业对外借款所发生的利息，相当于投资者实缴资本额与在规定期限内应缴资本额的差额应计付的利息，其不属于企业合理的支出，应由企业投资者负担，不得在计算企业应纳税所得额时扣除。

6. 汇兑损失

企业在货币交易中，以及纳税年度终了时将人民币以外的货币性资产、负债按照期末即期人民币汇率中间价折算为人民币时产生的汇兑损失，除已经计入有关资产成本以及与向所有者进行利润分配相关的部分外，准予扣除。

7. 公益性捐赠

企业通过公益性社会组织或者县级（含县级）以上人民政府及其组成部门和直属机构，用于慈善活动、公益事业的捐赠支出，在年度利润总额12%以内的部分，准予在计算应纳税所得额时扣除；超过年度利润总额12%的部分，准予结转以后3年内在计算应纳税所得额时扣除。

公益性社会组织，应当依法取得公益性捐赠税前扣除资格。

年度利润总额，是指企业依照国家统一会计制度的规定计算的大于零的数额。

公益性捐赠，需具备以下几个条件：

(1) 签订公益性捐赠合同。

(2) 捐赠的款项用于公益事业。

(3) 接受捐赠的单位是县级以上的国家机关或者符合条件的社团、团体。

(4) 开出的票据是非税收入一般缴款书或省级部门或财政部门监制的捐赠专用收据。

【例 5-6】 宜优公司 2021 年实现利润总额为 30 万元，在“营业外支出”账目中列支了两笔捐赠款项：①向灾区直接捐赠 6 万元；②通过国家机关向灾区捐赠 4 万元。已知公益性捐赠支出不超过年度利润总额 12%部分，准予在计算企业所得税应纳税所得额时扣除，该企业当年捐赠支出可以税前扣除的金额正确的是(　　)万元。

A. 10　　B. 4

C. 6　　D. 3.6

正确答案： D。

8. 业务招待费

企业发生的与生产经营活动有关的业务招待费支出，按照发生额的 60%扣除，但最高不得超过当年销售(营业)收入的 5‰，超过部分需做纳税调增。

企业在筹建期间，发生的与筹办活动有关的业务招待费支出，可按实际发生额的 60%计入企业筹办费，并按有关规定在税前扣除。

销售(营业)收入总额是指主营业务收入、其他业务收入和视同销售收入。

【例 5-7】 宜优公司 2021 年实现销售收入为 1 000 万元，发生的与生产经营活动有关的业务招待费支出 6 万元。已知在计算企业所得税应纳税所得额时，企业发生的与经营活动有关的业务招待费支出，按照发生额的 60%扣除，但最高不得超过当年销售(营业)收入的 5‰，宜优公司在计算 2021 年度应纳税所得额时，准予扣除的业务招待费金额正确的是(　　)万元。

A. 6　　B. 3.6

C. 4.97　　D. 5

正确答案： B。

9. 广告费和业务宣传费

企业发生的符合条件的广告费和业务宣传费支出，除国务院财政、税务主管部门另有规定外，不超过当年销售(营业)收入 15%的部分，准予扣除；超过部分，准予在以后纳税年度结转扣除，当年需做纳税调增。

企业在筹建期间，发生的广告费和业务宣传费，可按实际发生额计入企业筹办费，并按有关规定在税前扣除。

自 2016 年 1 月 1 日起至 2025 年 12 月 31 日，对化妆品制造或销售、医药制造和饮料制造(不含酒类制造)企业发生的广告费和业务宣传费支出，不超过当年销售(营业)收入 30%的部分，准予扣除；超过部分，准予在以后纳税年度结转扣除。

烟草企业的烟草广告费和业务宣传费支出，一律不得在计算应纳税所得额时扣除。

【例 5-8】 2021 年度，宜优服饰公司实现销售收入 3 000 万元，当年发生广告费 400 万元，上年度结转未扣除广告费 60 万元。已知广告费不超过当年销售收入 15%的部分，准予扣除。宜优公司在计算2021年度企业所得税应纳税所得额时，准予扣除的广告费金额为(　　)万元。

A. 340　　B. 510　　C. 450　　D. 460

正确答案：C。

10. 环境保护专项资金

企业依照法律、行政法规有关规定提取的用于环境保护、生态恢复等方面的专项资金，准予扣除。上述专项资金提取后改变用途的，不得扣除。

11. 租赁费

企业根据生产经营活动的需要租入固定资产支付的租赁费，按照以下方法扣除：

(1) 以经营租赁方式租入固定资产发生的租赁费支出，按照租赁期限均匀扣除。经营性租赁是指所有权不转移的租赁。

(2) 以融资租赁方式租入固定资产发生的租赁费支出，按照规定构成融资租入固定资产价值的部分应当提取折旧费用分期扣除。融资租赁是指在实质上转移与一项资产所有权有关的全部风险和报酬的一种租赁。

12. 劳动保护费

企业发生的合理的劳动保护支出，准予扣除。

13. 总机构分摊的费用

非居民企业在中国境内设立的机构、场所，就其中国境外总机构发生的与该机构、场所生产经营有关的费用，能够提供总机构出具的费用汇集范围、定额分配依据和方法等证明文件，并合理分摊的，准予扣除。

14. 手续费及佣金支出

1) 保险企业

财产保险企业按照全部保费收入扣除退保金等后余额的15%计算限额；人身保险企业按当年全部保费收入扣除退保金等后余额的10%计算限额。

2) 其他企业

按与具有合法经营资格的中介服务机构或个人(不含交易双方及其雇员、代理人和代表人等)所签订服务协议或合同确认的收入金额的5%计算限额。

3) 从事代理服务、主营业务收入为手续费、佣金的企业

比较典型的该类企业有证券、期货、保险代理等企业，其为取得该类收入而实际发生的营业成本(包括手续费及佣金支出)，准予在企业所得税前据实扣除。

15. 与取得收入无关的支出

税法规定，与取得收入无关的其他支出不得扣除，因此要做纳税调增。如企业给退休职工发放的节日补助，会计处理时可以作为职工福利费列支，但企业负担的离退休职工补贴税务上不得在税前扣除。

16. 其他

企业实际发生的与取得收入直接相关的合理的支出。

(四) 资产类调整项目

企业资产，是指企业拥有或者控制的、用于经营管理活动且与取得应税收入有关的资

产。企业的各项资产，包括固定资产、生产性生物资产、无形资产、长期待摊费用、投资资产、存货等，以历史成本为计税基础。历史成本，是指企业取得该项资产时实际发生的支出。企业持有各项资产期间资产增值或者减值，除国务院财政、税务主管部门规定可以确认损益外，不得调整该资产的计税基础。

企业转让资产，该项资产的净值，准予在计算应纳税所得额时扣除。资产的净值，是指有关资产、财产的计税基础减除已经按照规定扣除的折旧、折耗、摊销、准备金等后的余额。除另有规定外，企业在重组过程中，应当在交易发生时确认有关资产的转让所得或者损失，相关资产应当按照交易价格重新确定计税基础。

1. 固定资产

固定资产，是指企业为生产产品、提供劳务、出租或者经营管理而持有的，使用时间超过12个月的非货币性资产，包括房屋、建筑物、机器、机械、运输工具以及其他与生产经营活动有关的设备、器具、工具等。在计算应纳税所得额时，企业按照规定计算的固定资产折旧，准予扣除。

1）固定资产的计税基础

（1）外购的固定资产，以购买价款和支付的相关税费以及直接归属于使该资产达到预定用途发生的其他支出为计税基础。

（2）自行建造的固定资产，以竣工结算前发生的支出为计税基础。

（3）融资租入的固定资产，以租赁合同约定的付款总额和承租人在签订租赁合同过程中发生的相关费用为计税基础，租赁合同未约定付款总额的，以该资产的公允价值和承租人在签订租赁合同过程中发生的相关费用为计税基础。

（4）盘盈的固定资产，以同类固定资产的重置完全价值为计税基础。

（5）通过捐赠、投资、非货币性资产交换、债务重组等方式取得的固定资产，以该资产的公允价值和支付的相关税费为计税基础。

（6）改建的固定资产，除法定的支出外，以改建过程中发生的改建支出增加计税基础。

2）固定资产的折旧范围

下列固定资产不得计算折旧扣除：

（1）房屋、建筑物以外未投入使用的固定资产。

（2）以经营租赁方式租入的固定资产。

（3）以融资租赁方式租出的固定资产。

（4）已足额提取折旧仍继续使用的固定资产。

（5）与经营活动无关的固定资产。

（6）单独估价作为固定资产入账的土地。

（7）其他不得计算折旧扣除的固定资产。

3）固定资产的折旧方法

固定资产按照直线法计算的折旧，准予扣除。企业应当自固定资产投入使用月份的次月起计算折旧；停止使用的固定资产，应当自停止使用月份的次月起停止计算折旧。企业应当根据固定资产的性质和使用情况，合理确定固定资产的预计净残值。固定资产的预计净残值一经确定,不得变更。

4）固定资产的最低折旧年限

除国务院财政、税务主管部门另有规定外,固定资产计算折旧的最低年限如下:

(1) 房屋、建筑物,为20年。

(2) 飞机、火车、轮船、机器、机械和其他生产设备,为10年。

(3) 与生产经营活动有关的器具、工具、家具等,为5年。

(4) 飞机、火车、轮船以外的运输工具,为4年。

(5) 电子设备,为3年。

5）纳税调整

会计核算中计提的折旧费与按税法规定计提的折旧费不一致时,需要做纳税调整,造成会税之间折旧费不同的主要原因有初始入账价值与计税基础不一致、折旧方法不一致以及折旧年限不一致。

2. 生产性生物资产

生产性生物资产是指企业生产农产品、提供劳务或者出租等而持有的生物资产,包括经济林、薪炭林、产畜和役畜等。

1）生产性生物资产的计税基础

(1) 外购的生产性生物资产,以购买价款和支付的相关税费为计税基础。

(2) 通过捐赠、投资、非货币性资产交换、债务重组等方式取得的生产性生物资产,以该资产的公允价值和支付的相关税费为计税基础。

2）生产性生物资产的折旧方法

生产性生物资产按照直线法计算的折旧,准予扣除。企业应当自生产性生物资产投入使用月份的次月起计算折旧;停止使用的生产性生物资产,应当自停止使用月份的次月起停止计算折旧。企业应当根据生产性生物资产的性质和使用情况,合理确定生产性生物资产的预计净残值。生产性生物资产的预计净残值一经确定,不得变更。

3）生产性生物资产的最低折旧年限

(1) 林木类生产性生物资产,为10年。

(2) 畜类生产性生物资产,为3年。

3. 无形资产

无形资产是指企业为生产产品、提供劳务、出租或者经营管理而持有的、没有实物形态的非货币性长期资产,包括专利权、商标权、著作权、土地使用权、非专利技术、商誉等。在计算应纳税所得额时,企业按照规定计算的无形资产摊销费用,准予扣除。

1）无形资产的计税基础

(1) 外购的无形资产,以购买价款和支付的相关税费以及直接归属于使该资产达到预定用途发生的其他支出为计税基础。

(2) 自行开发的无形资产,以开发过程中该资产符合资本化条件后至达到预定用途前发生的支出为计税基础。

(3) 通过捐赠、投资、非货币性资产交换、债务重组等方式取得的无形资产,以该资产的公允价值和支付的相关税费为计税基础。

2）无形资产摊销的范围

会计上将无形资产分为使用期限确定的无形资产和使用期限不确定的无形资产。对于使用期限确定的无形资产，其价值在有效期年内逐年摊销，计入当期损益；而对使用期限不确定的无形资产不进行摊销，应于期末进行减值测试，确认减值损失。税法未将无形资产进行类似区分，只是规定下列无形资产不得计算摊销费用扣除：

（1）自行开发的支出已在计算应纳税所得额时扣除的无形资产。

（2）自创商誉。

（3）与经营活动无关的无形资产。

（4）其他不得计算摊销费用扣除的无形资产。

3）无形资产的摊销方法及年限

无形资产按照直线法计算的摊销费用，准予扣除。无形资产的摊销年限不得低于10年。

作为投资或者受让的无形资产，有关法律规定或者合同约定了使用年限的，可以按照规定或者约定的使用年限分期摊销。外购商誉的支出，在企业整体转让或者清算时，准予扣除。

因摊销方法和年限不同导致的会税差异，需做纳税调整。

4. 长期待摊费用

长期待摊费用，是指企业发生的应在1个年度以上或几个年度进行摊销的费用。在计算应纳税所得额时，企业发生的下列支出作为长期待摊费用，按照规定摊销的，准予扣除：

（1）已足额提取折旧的固定资产的改建支出，按照固定资产预计尚可使用年限分期摊销。

（2）租入固定资产的改建支出，按照合同约定的剩余租赁期限分期摊销。

所谓固定资产的改建支出，是指改变房屋或者建筑物结构、延长使用年限等发生的支出。

改建的固定资产延长使用年限的，除前述规定外，应当适当延长折旧年限。

固定资产的大修理支出，按照固定资产尚可使用年限分期摊销，是指同时符合下列条件的支出：

（1）修理支出达到取得固定资产时的计税基础50%以上。

（2）修理后固定资产的使用年限延长2年以上。

其他应当作为长期待摊费用的支出，自支出发生月份的次月起，分期摊销，摊销年限不得低于3年。

5. 投资资产

投资资产，是指企业对外进行权益性投资和债权性投资形成的资产。企业对外投资期间，投资资产的成本在计算应纳税所得额时不得扣除。企业在转让或者处置投资资产时，投资资产的成本，准予扣除。投资资产按照以下方式确定成本：

（1）通过支付现金方式取得的投资资产，以购买价款为成本。

（2）通过支付现金以外的方式取得的投资资产，以该资产的公允价值和支付的相关税费为成本。

6. 存货

存货，是指企业持有以备出售的产品或者商品、处在生产过程中的在产品、在生产或者提供劳务过程中耗用的材料和物料等。存货按照以下方法确定成本：

(1) 通过支付现金方式取得的存货，以购买价款和支付的相关税费为成本。

(2) 通过支付现金以外的方式取得的存货，以该存货的公允价值和支付的相关税费为成本。

(3) 生产性生物资产收获的农产品，以产出或者采收过程中发生的材料费、人工费和分摊的间接费用等必要支出为成本。

企业使用或者销售存货，按照规定计算的存货成本，准予在计算应纳税所得额时扣除。

企业使用或者销售的存货的成本计算方法，可以在先进先出法、加权平均法、个别计价法中选用一种。计价方法一经选用，不得随意变更。

7. 资产损失

资产损失，是指企业在生产经营活动中实际发生的、与取得应税收入相关的资产损失，包括现金损失、银行存款损失、坏账损失、贷款损失、股权投资损失、固定资产和存货的盘亏、毁损、报废、被盗损失，还有自然灾害等不可抗力因素造成的损失以及其他损失。企业发生上述资产损失，应该按税法规定申报扣除。

企业以前年度发生的资产损失未能在当年税前扣除的，可以按照规定，向税务机关说明并进行专项申报扣除。其中，属于实际资产损失，准予追补至该项损失发生年度扣除，其追补确认期限一般不得超过5年。企业因以前年度实际资产损失未在税前扣除而多缴的企业所得税税款，可在追补确认年度企业所得税应纳税款中予以抵扣，不足抵扣的，向以后年度递延抵扣。

8. 资产减值准备金

资产减值准备金是指坏账准备、存货跌价准备等不允许税前扣除的各类资产减值准备金。会计核算中当资产的账面价值高于可收回金额时，可以计提资产减值准备金，但税法规定一般企业提取的资产减值准备是不能在税前扣除的，因此企业计提的时候需做纳税调增。

三、亏损弥补

亏损，是指企业将每一纳税年度的收入总额减除不征税收入，免税收入和各项扣除后小于零的数额。税法规定，企业某一纳税年度发生的亏损可以用下一年度的所得弥补，下一年度的所得不足以弥补的，可以逐年延续弥补，但最长不得超过5年。企业在汇总计算缴纳企业所得税时，其境外营业机构的亏损不得抵减境内营业机构的盈利。

自2018年1月1日起，当年具备高新技术企业或科技型中小企业资格的企业，其具备资格年度之前5个年度发生的尚未弥补完的亏损，准予结转以后年度弥补，最长结转年限由5年延长至10年。

【例5-9】 宜优公司2012年开始投入生产经营，各年获利情况如表5-1所示。

表5-1　宜优公司各年获利情况　　单位：万元

年度	2012	2013	2014	2015	2016	2017	2018
获利额	−50	−10	5	15	20	−5	25

要求：计算该公司 2018 年度应纳税所得额。

解析：2018 年应纳税所得额＝25－10－5＝10(万元)。

第四节　应纳税额的计算

企业所得税的纳税人有居民企业和非居民企业，本书主要探讨居民企业所得税的计算和纳税申报。居民企业所得税的纳税方式又分为查账征收和核定征收。

查账征收，是指纳税人在规定的纳税期限内根据账簿记载和税法规定，自行计算应纳税额。这种征收方式适用于账簿、凭证、财务核算制度比较健全，能够据以如实核算，反映生产经营成果，正确计算应纳税款的纳税人。

核定征收，是指按照公平、公正、公开原则，根据纳税人的生产经营行业特点，综合考虑企业的地理位置、经营规模、收入水平、利润水平等因素，分类逐户核定应纳所得税额或者应税所得率，适用于不能准确核算成本费用或销售收入的纳税人。

企业所得税实行按年计征、分期预缴、年终汇算清缴、多退少补。

一、居民企业查账征收应纳税额的计算

税法规定，居民企业应当就其来源于中国境内、境外的所得缴纳企业所得税。其思路为：先将总的会计利润剔除境外所得，计算境内所得应纳税额，再计算境外所得应纳税额，之后将境内外所得应纳税额之和扣除境外所得抵免税额，再扣除已累计预缴纳所得税额，就得到企业的应纳税额。其公式如下：

$$\text{居民企业实际应纳税额}=\text{境内所得应纳税额}+\text{境外所得应纳税额}-\text{境外所得抵免税额}-\text{已累计预缴的所得税税额}$$

(一) 境内所得应纳税额的计算

境内所得应纳税额 ＝ 应纳税所得额(境内)×法定税率 － 减免所得税税额 － 抵免所得税税额

【例 5-10】 宜优制衣企业为增值税一般纳税人，资产总额为 6 000 万元，生产职工年均为 1 000 人。该公司 2021 年相关生产、经营资料如下：

(1) 全年实现不含税销售额 9 000 万元。

(2) 可扣除的产品销售成本为 5 000 万元。

(3) 发生销售费用 2 000 万元，其中，广告宣传费 1 500 万元；发生财务费用 300 万元，其中，1 月 1 日与某企业签订借款合同，借款 2 000 万元，借期为 1 年，支付利息费用 250 万元，同期银行贷款的年利率为 5%；发生管理费用 900 万元，其中，业务招待费 50 万元，新产品研发费用 80 万元(未形成无形资产)。

(4) 8 月，发生洪涝灾害，经税务机关核定库存原材料损失为 50 万元，10 月取得保险公司赔款 10 万元。

(5) 教师节时通过教育部门向农村义务教育捐款 10 万元，重阳节时直接向某老年服务机构捐款 5 万元。

根据所给资料，试计算宜优制衣公司2021年应缴纳的企业所得税（提示：企业所得税税率为25%，向农村义务教育进行的公益性捐赠准予全额扣除）。

解析：

(1) 会计利润=9 000－5 000－2 000－300－900－50＋10－10－5=745(万元)。

(2) 税收调整项目及金额如表5-2所示。

表5-2　税收调整项目及金额　　单位：万元

调整项目	账载金额	税收金额	调整金额
广告宣传费	1 500	1 350	150
利息费用	250	100	150
业务招待费	50	30	20
研发费用	80	140	－60
直接捐赠	5	0	5

(3) 应纳税所得额=745＋150＋150＋20－60＋5=1 010(万元)。

(4) 应缴纳企业所得税=1 010 ×25%=252.5(万元)。

(二) 境外所得应纳税额的计算

税法规定居民企业来源于境外的所得应依法缴纳企业所得税，但境外所得已在境外缴纳了税款，为了避免重复征税，企业所得税法对于境外的所得，在计算应纳所得税时实行税额抵免制度。境外所得应纳税额的计算步骤如下。

1. 计算境外所得应纳税额

境外所得应纳税额 =（境外所得纳税调整后所得 − 弥补境外以前年度亏损 − 境内亏损）× 税率

2. 计算可抵免境外所得税税额

可抵免境外所得税税额，是指企业依照中国境外税收法律以及相关规定应当缴纳并已实际缴纳的企业所得税性质的税款。

3. 计算抵免限额

企业取得的已在境外缴纳的所得税税额，可以从其当期应纳税额中抵免，抵免限额为该项所得依照我国税法规定计算的应纳税额；超过抵免限额的部分，可以在以后5个年度内，用每年抵免限额抵免当年应抵税额后的余额进行抵补。

$$\text{某国(地区)所得税抵免限额} = \text{中国境内、境外应纳税总额} \times \text{来源于某国(地区)的应纳税所得额} \div \text{中国境内、境外应纳税所得总额}$$

4. 计算境外所得实际应纳税额

将可抵免境外所得税税额与抵免限额进行比较，确定境外所得抵免税额，进而计算境外所得实际应纳税额。

境外所得实际应纳税额 = 境外所得应纳税额 − 境外所得抵免税额

【例5-11】 宜优居民企业适用的企业所得税税率为25%，2021年境内应纳税所得额为300万元，其设在A国的分公司应纳税所得额为90万元（折合人民币，下同），在A国已缴纳企业所得税 25 万元。其设在 B 国的分公司应纳税所得额为 100 万元，在 B 国已缴纳企业所得税 20 万元。该企业选择按国(地区)别分别计算其来源于境外的应纳税所得额，根据企业所得税法律制度的规定，该企业 2021 年在我国实际应缴纳的企业所得税为(　　)万元。

A. 72.5　　B. 80　　C. 75　　D. 97.5

正确答案：B。

二、居民企业核定征收应纳税额的计算

(一) 核定征收的范围

居民企业纳税人具有下列情形之一的，核定征收企业所得税：

(1) 依照法律、行政法规的规定可以不设置账簿的。

(2) 依照法律、行政法规的规定应当设置但未设置账簿的。

(3) 擅自销毁账簿或者拒不提供纳税资料的。

(4) 虽设置账簿，但账目混乱或者成本资料、收入凭证、费用凭证残缺不全，难以查账的。

(5) 发生纳税义务，未按照规定的期限办理纳税申报，经税务机关责令限期申报，逾期仍不申报的。

(6) 申报的计税依据明显偏低，又无正当理由的。

(二) 不适用核定征收的范围

特殊行业、特殊类型的纳税人和一定规模以上的纳税人不适用核定征收企业所得税。上述特定纳税人包括如下几类：

(1) 享受《企业所得税法》及其实施条例和国务院规定的一项或几项企业所得税优惠政策的企业(不包括仅享受《企业所得税法》第二十六条规定免税收入优惠政策的企业)。

(2) 汇总纳税企业。

(3) 上市公司。

(4) 银行、信用社、小额贷款公司、保险公司、证券公司、期货公司、信托投资公司、金融资产管理公司、融资租赁公司、担保公司、财务公司、典当公司等金融企业。

(5) 会计、审计、资产评估、税务、房地产估价、土地估价、工程造价、律师价格鉴证、公证机构、基层法律服务机构、专利代理、商标代理以及其他经济鉴证类社会中介机构。

(6) 国家税务总局规定的其他企业。

(三) 核定征收的方式

根据纳税人具体情况，税务机关可以核定应税所得率或者核定应纳所得税税额。

1. 定率征收

纳税人具有以下情形之一的，核定其应税所得率：

(1) 能正确核算(查实)收入总额，但不能正确核算(查实)成本费用总额的。

(2) 能正确核算(查实)成本费用总额，但不能正确核算(查实)收入总额的。

(3) 通过合理方法，能计算和推定纳税人收入总额或成本费用总额的。

2. 定额征收

纳税人不属于以上核定应税所得率情形的，核定其应纳所得税税额。

(四) 核定应税所得率征收计算

应纳税所得额＝应税收入额×应税所得率
＝成本(费用)支出额÷(1－应税所得率)×应税所得率

第五节　税收优惠

我国企业所得税的税收优惠包括免税收入、可以减免税的所得、优惠税率、民族自治地方的减免税、加计扣除、抵扣应纳税所得额、加速折旧、减计收入、抵免应纳税额和其他专项优惠政策。企业同时从事适用不同企业所得税待遇的项目的，其优惠项目应当单独计算所得，并合理分摊企业的期间费用；没有单独计算的，不得享受企业所得税优惠。

一、免税收入

免税收入，是指属于企业的应税所得，但是按照税法规定免予征收企业所得税的收入。企业的免税收入包括如下几类：

(1) 国债利息收入，是指企业持有国务院财政部门发行的国债取得的利息收入。

(2) 符合条件的居民企业之间的股息、红利等权益性投资收益，是指居民企业直接投资于其他居民企业取得的投资收益。

(3) 在中国境内设立机构、场所的非居民企业从居民企业取得与该机构、场所有实际联系的股息、红利等权益性投资收益。

股息、红利等权益性投资收益，不包括连续持有居民企业公开发行并上市流通的股票不足12个月取得的投资收益。

(4) 符合条件的非营利组织的收入。不包括非营利组织从事营利性活动取得的收入，但国务院财政、税务主管部门另有规定的除外。对非营利组织从事非营利性活动取得的收入给予免税，但从事营利性活动取得的收入则要征税。

二、减、免税所得

1. 免征企业所得税的项目

(1) 蔬菜、谷物、薯类、油料、豆类、棉花、麻类、糖料、水果、坚果的种植。

(2) 农作物新品种的选育。

(3) 中药材的种植。

(4) 林木的培育和种植。

(5) 牲畜、家禽的饲养。

(6) 林产品的采集。

(7) 灌溉、农产品初加工、兽医、农技推广、农机作业和维修等农、林、牧、渔服务业项。

(8) 远洋捕捞。

2. 减半征收企业所得税的项目

(1) 花卉、茶以及其他饮料作物和香料作物的种植。

(2) 海水养殖、内陆养殖。

3. 从事国家重点扶持的公共基础设施项目投资经营的所得

国家重点扶持的公共基础设施项目，是指《公共基础设施项目企业所得税优惠目录》规定的港口码头、机场、铁路、公路、城市公共交通、电力、水利等项目。

(1) 企业从事上述国家重点扶持的公共基础设施项目的投资经营的所得，自项目取得第1笔生产经营收入所属纳税年度起，第1年至第3年免征企业所得税，第4年至第6年减半征收企业所得税。

(2) 企业承包经营、承包建设和内部自建自用上述项目，不得享受上述企业所得税优惠。

4. 从事符合条件的环境保护、节能节水项目的所得

符合条件的环境保护、节能节水项目，包括公共污水处理、公共垃圾处理、沼气综合开发利用、节能减排技术改造、海水淡化等。项目的具体条件和范围由国务院财政、税务主管部门制定，报国务院批准后公布施行。

企业从事上述规定的符合条件的环境保护、节能节水项目的所得，自项目取得第1笔生产经营收入所属纳税年度起，第1年至第3年免征企业所得税，第4年至第6年减半征收企业所得税。

5. 符合条件的技术转让所得

符合条件的技术转让所得免征、减征企业所得税，是指一个纳税年度内，居民企业技术转让所得不超过500万元的部分，免征企业所得税；超过500万元的部分，减半征收企业所得税。其计算公式如下：

技术转让所得 = 技术转让收入 − 技术转让成本 − 相关税费

6. 非居民企业所得

在中国境内未设立机构、场所的，或者虽设立机构、场所但取得的所得与其所设机构、场所没有实际联系的非居民企业，其取得的来源于中国境内的所得，减按10%的税率征收企业所得税。下列所得可以免征企业所得税：

(1) 外国政府向中国政府提供贷款取得的利息所得。

(2) 国际金融组织向中国政府和居民企业提供优惠贷款取得的利息所得。

(3) 经国务院批准的其他所得。

7. 其他

从2014年11月17日起，对合格境外机构投资者(QFII)、人民币合格境外机构投资者(RQFII)取得来源于中国境内的股票等权益性投资资产转让所得，暂免征收企业所得税。

三、减计收入

1. 企业综合利用资源生产产品取得的收入

企业综合利用资源，生产符合国家产业政策规定的产品所取得的收入，可以在计算应纳税所得额时减计收入，减按 90%计入收入总额。

2. 铁路债券利息收入

企业投资者持有 2019—2023 年发行的铁路债券取得的利息收入，减半征收企业所得税。

四、加计扣除

(一) 研究开发费用

根据《财政部　国家税务总局　科技部关于完善研究开发费用税前加计扣除政策的通知》(财税〔2015〕119 号)，企业为开发新技术、新产品、新工艺发生的研究开发费用，未形成无形资产计入当期损益的，在按照规定据实扣除的基础上，按照研究开发费用的 50%加计扣除；形成无形资产的，按照无形资产成本的 150%摊销。

为进一步激励企业加大研发投入，支持科技创新，财政部、国家税务总局 2018 年下发 99 号文件——《财政部　国家税务总局　科技部关于提高研究开发费用税前加计扣除比例的通知》。据此，企业开展研发活动中实际发生的研发费用，未形成无形资产计入当期损益的，在按规定据实扣除的基础上，在 2018 年 1 月 1 日至 2020 年 12 月 31 日期间，再按照实际发生额的 75%在税前加计扣除；形成无形资产的，在上述期间按照无形资产成本的 175%在税前摊销。根据 2021 年《财政部　国家税务总局关于延长部分税收优惠政策执行期限的公告》，将上述政策有效期延长至 2023 年 12 月 31 日。

根据《财政部　国家税务总局关于进一步完善研发费用税前加计扣除政策的公告》，制造业企业开展研发活动中实际发生的研发费用，未形成无形资产计入当期损益的，在按规定据实扣除的基础上，自 2021 年 1 月 1 日起，再按照实际发生额的 100%在税前加计扣除；形成无形资产的，自 2021 年 1 月 1 日起，按照无形资产成本的 200%在税前摊销。本条所称制造业企业，是指以制造业业务为主营业务，享受优惠当年主营业务收入占收入总额的比例达到 50%以上的企业。

为进一步支持科技创新，鼓励科技型中小企业加大研发投入，财政部、国家税务总局、科技部发布《关于进一步提高科技型中小企业研发费用税前加计扣除比例的公告》，科技型中小企业开展研发活动中实际发生的研发费用，未形成无形资产计入当期损益的，在按规定据实扣除的基础上，自 2022 年 1 月 1 日起，再按照实际发生额的 100%在税前加计扣除；形成无形资产的，自 2022 年 1 月 1 日起，按照无形资产成本的 200%在税前摊销。

1. 研发活动的定义

研发活动，是指企业为获得科学与技术新知识，创造性运用科学技术新知识，或实质性改进技术、产品(服务)、工艺而持续进行的具有明确目标的系统性活动。

2. 不适用加计扣除的活动

(1) 企业产品(服务)的常规性升级。

(2) 对某项科研成果的直接应用，如直接采用公开的新工艺、材料、装置、产品、服务或知识等。

(3) 企业在商品化后为顾客提供的技术支持活动。

(4) 对现存产品、服务、技术、材料或工艺流程进行的重复或简单改变。

(5) 市场调查研究、效率调查或管理研究。

(6) 作为工业(服务)流程环节或常规的质量控制、测试分析、维修维护。

(7) 社会科学、艺术或人文学方面的研究。

3. 不适用加计扣除政策的行业

住宿和餐饮业、烟草制造业、批发和零售业、娱乐业、房地产业、租赁和商务服务业不适用加计扣除政策。

不适用加计扣除政策行业的企业,是指以上述行业业务为主营业务,其研发费用发生当年的主营业务收入占企业按税法第六条规定计算的收入总额减除不征税收入和投资收益的余额50%(不含)以上的企业。上述行业企业主营业务收入占50%(含)以下的,可按规定备案申报享受加计扣除政策。

(二) 企业安置残疾人员所支付的工资

企业安置残疾人员的,在按照支付给残疾职工工资据实扣除的基础上,可以在计算应纳税所得额时按照支付给残疾职工工资的100%加计扣除。残疾人员的范围适用《中华人民共和国残疾人保障法》的有关规定。

五、特定企业税收优惠

(一) 小型微利企业

自2021年1月1日至2022年12月31日,对小型微利企业年应纳税所得额不超过100万元的部分,减按12.5%计入应纳税所得额,按20%的税率缴纳企业所得税。自2022年1月1日至2024年12月31日,对小型微利企业年应纳税所得额超过100万元但不超过300万元的部分,减按25%计入应纳税所得额,按20%的税率缴纳企业所得税。

符合条件的小型微利企业,是指从事国家非限制和禁止行业,且同时符合年度应纳税所得额不超过300万元、从业人数不超过300人、资产总额不超过5 000万元三个条件的企业。

以上定义中,国家限制和禁止行业可参照《产业结构调整指导目录(2011年本)》(2013年修订)规定的限制类和淘汰类及《外商投资产业指导目录(2017年修订)》中规定的限制外商投资产业目录、禁止外商投资产业目录列举的产业加以判断;从业人数,包括与企业建立劳动关系的职工人数和企业接受的劳务派遣用工人数;所称从业人数和资产总额指标,应按企业全年的季度平均值确定。

具体计算公式如下:

$$季度平均值 = (季初值 + 季末值) \div 2$$

$$全年季度平均值 = 全年各季度平均值之和 \div 4$$

年度中间开业或者终止经营活动的,以其实际经营期作为一个纳税年度确定上述相关指标。

(二) 高新技术企业和技术先进型服务企业

国家需要重点扶持的高新技术企业,减按15%的税率征收企业所得税。自2018年1月1日起,对经认定的技术先进型服务企业(服务贸易类),减按15%的税率征收企业所得税。

(三) 集成电路设计企业

2018年1月1日后投资新设的集成电路线宽小于130纳米，且经营期在10年以上的集成电路生产企业或项目，第1年至第2年免征企业所得税，第3年至第5年按照25%的法定税率减半征收企业所得税，并享受至期满为止。

2018年1月1日后投资新设的集成电路线宽小于65纳米或投资额超过150亿元，且经营期在15年以上的集成电路生产企业或项目，第1年至第5年免征企业所得税，第6年至第10年按照25%的法定税率减半征收企业所得税，并享受至期满为止。

(四) 从事污染防治的第三方企业

自2019年1月1日至2023年12月31日，对符合条件的从事污染防治的第三方企业(以下称第三方防治企业)减按15%的税率征收企业所得税。

所称第三方防治企业应当同时符合以下条件：

(1) 在中国境内(不包括港、澳、台地区)依法注册的居民企业。

(2) 具有1年以上连续从事环境污染治理设施运营实践，且能够保证设施正常运行。

(3) 具有至少5名从事本领域工作且具有环保相关专业中级及以上技术职称的技术人员，或者至少2名从事本领域工作且具有环保相关专业高级及以上技术职称的技术人员。

(4) 从事环境保护设施运营服务的年度营业收入占总收入的比例不低于60%。

(5) 具备检验能力，拥有自有实验室，仪器配置可满足运行服务范围内常规污染物指标的检测需求。

(6) 保证其运营的环境保护设施正常运行，使污染物排放指标能够连续稳定达到国家或者地方规定的排放标准要求。

(7) 具有良好的纳税信用，近三年内纳税信用等级未被评定为C级或D级。

有的符合条件的第三方防治企业同时符合《中华人民共和国企业所得税法实施条例》第八十八条规定的从事符合条件的环境保护、节能节水项目所得三免三减半优惠。三免三减半是仅针对环境保护、节能节水项目所得的定期减免税，其他项目不享受；而15%税率是整个企业享受的优惠税率，即使其他项目也享受15%税率。那么，企业可以择优享受。若第三方防治企业为单一项目企业，完全从事污染防治，则可以在三免三减半结束后，继续享受15%优惠税率；若第三方防治企业为多项目企业，既有三免三减半项目，又有其他项目，则三免三减半项目继续享受三免三减半，其他项目享受15%税率，但三免三减半项目优惠到期后，也享受15%税率。需要注意的是，企业只能按照25%法定税率计算减半，不能按照15%优惠税率计算减半。

(五) 创业投资企业

创业投资企业采取股权投资方式投资于未上市的中小高新技术企业2年以上的，可以按照其投资额的70%在股权持有满2年的当年抵扣该创业投资企业的应纳税所得额；当年不足抵扣的，可以在以后纳税年度结转抵扣。

公司制创业投资企业采取股权投资方式直接投资于种子期、初创期科技型企业满2年(24个月)的，可以按照投资额的70%在股权持有满2年的当年抵扣该公司制创业投资企业的应纳税所得额；当年不足抵扣的，可以在以后纳税年度结转抵扣。

有限合伙制创业投资企业采取股权投资方式直接投资于初创科技型企业满 2 年的，该合伙创投企业的法人合伙人可以按照对初创科技型企业投资额的 70%抵扣法人合伙人从合伙创投企业分得的所得；当年不足抵扣的，可以在以后纳税年度结转抵扣。

有限合伙制创业投资企业采取股权投资方式投资于未上市的中小高新技术企业满 2 年(24 个月)的，其法人合伙人可按照对未上市中小高新技术企业投资额的 70%抵扣该法人合伙人从该有限合伙制创业投资企业分得的应纳税所得额，当年不足抵扣的，可以在以后纳税年度结转抵扣。

【例 5-12】 宜优公司为创业投资企业，2019 年 2 月采取股权投资方式向乙公司(未上市的中小高新技术企业)投资 300 万元，至 2021 年 12 月 31 日仍持有该股权。宜优公司 2021 年在未享受股权投资应纳税所得额抵扣的税收优惠政策前的企业所得税应纳税所得额为 2 000 万元。已知企业所得税税率为 25%，宜优公司享受股权投资应纳税所得额抵扣的税收优惠政策。计算宜优公司 2021 年度应缴纳企业所得税税额的下列算式中，正确的是(　　)。

A. (2 000－300)×25%＝425(万元)

B. (2 000－300×70%)×25%＝447.5(万元)

C. 2 000×70%×25%＝350(万元)

D. (2 000×70%－300)×25%＝275(万元)

正确答案：B。

六、加速折旧和设备、器具一次性税前扣除

企业的固定资产由于技术进步等原因，确需加速折旧的，可以缩短折旧年限或者采取加速折旧的方法。可以采取缩短折旧年限或者采取加速折旧的方法的固定资产，包括如下几类：

(1) 由于技术进步，产品更新换代较快的固定资产。

(2) 常年处于强震动、高腐蚀状态的固定资产。

采取缩短折旧年限方法的，最低折旧年限不得低于税法规定折旧年限的 60%；采取加速折旧方法的，可以采取双倍余额递减法或者年数总和法。

对符合相关条件的生物药品制造业，专用设备制造业，铁路、船舶、航空航天和其他运输设备制造业，计算机、通信和其他电子设备制造业，仪器仪表制造业，信息传输、软件和信息技术服务业等行业企业，2014 年 1 月 1 日后购进的固定资产(包括自行建造)，对符合相关条件的轻工、纺织、机械、汽车等四个领域重点行业的企业，2015 年 1 月 1 日后新购进的固定资产，允许按不低于企业所得税法规定折旧年限的 60%缩短折旧年限，或选择采取双倍余额递减法或年数总和法进行加速折旧。上述重点行业企业是指以上述行业业务为主营业务，其固定资产投入使用当年的主营业务收入占企业收入总额 50%(不含)以上的企业。

企业在 2018 年 1 月 1 日至 2023 年 12 月 31 日期间新购进(包括自行建造)的设备、器具，单位价值不超过 500 万元的，允许一次性计入当期成本费用在计算应纳税所得额时扣除，不再分年度计算折旧。

自 2019 年 1 月 1 日起，适用《财政部　国家税务总局关于完善固定资产加速折旧企业

所得税政策的通知》(财税〔2014〕75 号)和《财政部　国家税务总局关于进一步完善固定资产加速折旧企业所得税政策的通知》(财税〔2015〕106 号)规定固定资产加速折旧优惠的行业范围,扩大至全部制造业领域。制造业按照国家统计局《国民经济行业分类与代码(GB/4754—2017)》确定。

七、应纳税额抵免

企业购置并实际使用《环境保护专用设备企业所得税优惠目录》《节能节水专用设备企业所得税优惠目录》《安全生产专用设备企业所得税优惠目录》规定的环境保护、节能节水、安全生产等专用设备的,该专用设备的投资额的 10%可以从企业当年的应纳税额中抵免;当年不足抵免的,可以在以后 5 个纳税年度结转抵免。

享受上述规定的企业所得税优惠的企业,应当实际购置并自身实际投入使用上述规定的专用设备;企业购置上述专用设备在 5 年内转让、出租的,应当停止享受企业所得税优惠,并补缴已经抵免的企业所得税税款。购置并实际使用的环境保护、节能节水和安全生产专用设备,包括承租方企业以融资租赁方式租入的、并在融资租赁合同中约定租赁期届满时租赁设备所有权转移给承租方企业,且符合规定条件的上述专用设备。凡融资租赁期届满后租赁设备所有权未转移至承租方企业的,承租方企业应停止享受抵免企业所得税优惠,并补缴已经抵免的企业所得税税款。

八、西部地区的减免税

对设在西部地区以《西部地区鼓励类产业自录》中新增鼓励类产业项目为主营业务,且其当年度主营业务收入占企业收入总额 70%以上的企业,自 2014 年 10 月 1 日起,可减按 15%税率缴纳企业所得税。

第六节　企业所得税征收管理

一、纳税地点

除税收法律、行政法规另有规定外,居民企业以企业登记注册地为纳税地点,但登记注册地在境外的,以实际管理机构所在地为纳税地点。

非居民企业在中国境内设立机构、场所的,以机构、场所所在地为纳税地点。非居民企业在中国境内设立两个或者两个以上机构、场所的,经税务机关审核批准,可以选择由其主要机构、场所汇总缴纳企业所得税。

在中国境内未设立机构、场所的,或者虽设立机构、场所但取得的所得与其所设机构、场所没有实际联系的非居民企业,以扣缴义务人所在地为纳税地点。

非居民企业经批准汇总缴纳企业所得税后,需要增设、合并、迁移、关闭机构、场所或者停止机构、场所业务的,应当事先由负责汇总申报缴纳企业所得税的主要机构、场所向其所在地税务机关报告;需要变更汇总缴纳企业所得税的主要机构、场所的,依照前述规定办理。

二、纳税期限

企业所得税按年计征，分月或者分季预缴，年终汇算清缴，多退少补。纳税年度自公历1月1日起至12月31日止。

企业在一个纳税年度中间开业，或者终止经营活动，使该纳税年度的实际经营期不足12个月的，应当以其实际经营期为1个纳税年度。企业依法清算时，应当以清算期间作为1个纳税年度。

企业应当自年度终了之日起5个月内，向税务机关报送年度企业所得税纳税申报表，并汇算清缴，结清应缴应退税款。

企业在年度中间终止经营活动的，应当自实际经营终止之日起60日内，向税务机关办理当期企业所得税汇算清缴。

三、纳税申报

按月或按季预缴的，应当自月份或者季度终了之日起15日内，向税务机关报送预缴企业所得税纳税申报表，预缴税款。

企业在报送企业所得税纳税申报表时，应当按照规定附送财务会计报告和其他有关资料。

企业应当在办理注销登记前，就其清算所得向税务机关申报并依法缴纳企业所得税。

企业分月或者分季预缴企业所得税时，应当按照月度或者季度的实际利润额预缴；按照月度或者季度的实际利润额预缴有困难的，可以按照上一纳税年度应纳税所得额的月度或者季度平均额预缴，或者按照经税务机关认可的其他方法预缴。预缴方法一经确定，该纳税年度内不得随意变更。

企业在纳税年度内无论盈利或者亏损，都应当依照规定期限，向税务机关报送预缴企业所得税纳税申报表、年度企业所得税纳税申报表、财务会计报告和税务机关规定应当报送的其他有关资料。

企业所得税以人民币计算。所得以人民币以外的货币计算的，应当折合成人民币计算并缴纳税款。企业所得以人民币以外的货币计算的，预缴企业所得税时，应当按照月度或者季度最后一日的人民币汇率中间价，折合成人民币计算应纳税所得额。

年度终了汇算清缴时，对已经按照月度或者季度预缴税款的，不再重新折合计算，只就该纳税年度内未缴纳企业所得税的部分，按照纳税年度最后一日的人民币汇率中间价，折合成人民币计算应纳税所得额。

经税务机关检查确认，企业少计或者多计前述规定的所得的，应当按照检查确认补税或者退税时的上一个月最后一日的人民币汇率中间价，将少计或者多计的所得折合成人民币计算应纳税所得额，再计算应补缴或者应退的税款。

居民企业查账征收汇算清缴部分纳税申报表如表5-3、表5-4、表5-5、表5-6、表5-7、表5-8、表5-9所示。

表 5-3　中华人民共和国企业所得税年度纳税申报表(A100000)

行次	类别	项　　目	金　额
1	利润总额计算	一、营业收入(填写 A101010\101020\103000)	
2		减：营业成本(填写 A102010\102020\103000)	
3		减：税金及附加	
4		减：销售费用(填写 A104000)	
5		减：管理费用(填写 A104000)	
6		减：财务费用(填写 A104000)	
7		减：资产减值损失	
8		加：公允价值变动收益	
9		加：投资收益	
10		二、营业利润(1－2－3－4－5－6－7＋8＋9)	
11		加：营业外收入(填写 A101010\101020\103000)	
12		减：营业外支出(填写 A102010\102020\103000)	
13		三、利润总额(10＋11－12)	
14	应纳税所得额计算	减：境外所得(填写 A108010)	
15		加：纳税调整增加额(填写 A105000)	
16		减：纳税调整减少额(填写 A105000)	
17		减：免税、减计收入及加计扣除(填写 A107010)	
18		加：境外应税所得抵减境内亏损(填写 A108000)	
19		四、纳税调整后所得(13－14＋15－16－17＋18)	
20		减：所得减免(填写 A107020)	
21		减：弥补以前年度亏损(填写 A106000)	
22		减：抵扣应纳税所得额(填写 A107030)	
23		五、应纳税所得额(19－20－21－22)	
24	应纳税额计算	税率(25%)	
25		六、应纳所得税额(23×24)	
26		减：减免所得税额(填写 A107040)	
27		减：抵免所得税额(填写 A107050)	
28		七、应纳税额(25－26－27)	
29		加：境外所得应纳所得税额(填写 A108000)	
30		减：境外所得抵免所得税额(填写 A108000)	
31		八、实际应纳所得税额(28＋29－30)	
32		减：本年累计实际已缴纳的所得税额	
33		九、本年应补(退)所得税额(31－32)	
34		其中：总机构分摊本年应补(退)所得税额(填写 A109000)	
35		财政集中分配本年应补(退)所得税额(填写 A109000)	
36		总机构主体生产经营部门分摊本年应补(退)所得税额(填写 A109000)	
37	实际应纳税额计算	减：民族自治地区企业所得税地方分享部分：(□ 免征　□ 减征：减征幅度__ %)	
38		十、本年实际应补(退)所得税额(33－37)	

表 5-4 纳税调整项目明细表(A105000)

行次	项 目	账载金额	税收金额	调增金额	调减金额
		1	2	3	4
1	一、收入类调整项目(2+3+…8+10+11)	*	*		
2	(一) 视同销售收入(填写 A105010)	*			*
3	(二) 未按权责发生制原则确认的收入(填写 A105020)				
4	(三) 投资收益(填写 A105030)				
5	(四) 按权益法核算长期股权投资对初始投资成本调整确认收益	*	*	*	
6	(五) 交易性金融资产初始投资调整	*	*		*
7	(六) 公允价值变动净损益		*		
8	(七) 不征税收入	*	*		
9	其中:专项用途财政性资金(填写 A105040)	*	*		
10	(八) 销售折扣、折让和退回				
11	(九) 其他				
12	二、扣除类调整项目(13+14+…24+26+27+28+29+30)	*	*		
13	(一) 视同销售成本(填写 A105010)	*		*	
14	(二) 职工薪酬(填写 A105050)				
15	(三) 业务招待费支出				*
16	(四) 广告费和业务宣传费支出(填写 A105060)	*	*		
17	(五) 捐赠支出(填写 A105070)				
18	(六) 利息支出				
19	(七) 罚金、罚款和被没收财物的损失		*		*
20	(八) 税收滞纳金、加收利息		*		*
21	(九) 赞助支出		*		*
22	(十) 与未实现融资收益相关在当期确认的财务费用				
23	(十一) 佣金和手续费支出(保险企业填写 A105060)				*
24	(十二) 不征税收入用于支出所形成的费用	*	*		*
25	其中:专项用途财政性资金用于支出所形成的费用(填写 A105040)	*	*		*
26	(十三) 跨期扣除项目				
27	(十四) 与取得收入无关的支出		*		*
28	(十五) 境外所得分摊的共同支出	*	*		*
29	(十六) 党组织工作经费				
30	(十七) 其他				
31	三、资产类调整项目(32+33+34+35)	*	*		
32	(一) 资产折旧、摊销(填写 A105080)				
33	(二) 资产减值准备金		*		
34	(三) 资产损失(填写 A105090)				

（续表）

行次	项　目	账载金额	税收金额	调增金额	调减金额
		1	2	3	4
35	（四）其他				
36	四、特殊事项调整项目(37＋38＋…＋43)	*	*		
37	（一）企业重组及递延纳税事项(填写 A105100)				
38	（二）政策性搬迁(填写 A105110)	*	*		
39	（三）特殊行业准备金(填写 A105120)				
40	（四）房地产开发企业特定业务计算的纳税调整额(填写 A105010)	*			
41	（五）合伙企业法人合伙人应分得的应纳税所得额				
42	（六）发行永续债利息支出				
43	（七）其他	*	*		
44	五、特别纳税调整应税所得	*	*		
45	六、其他	*	*		
46	合计(1＋12＋31＋36＋44＋45)	*	*		

表 5-5　职工薪酬支出及纳税调整明细表(A105050)

行次	项　目	账载金额	实际发生额	税收规定扣除率	以前年度累计结转扣除额	税收金额	纳税调整金额	累计结转以后年度扣除额
		1	2	3	4	5	6(1－5)	7(2＋4－5)
1	一、工资薪金支出			*	*			*
2	其中：股权激励			*	*			*
3	二、职工福利费支出				*			*
4	三、职工教育经费支出			*				
5	其中：按税收规定比例扣除的职工教育经费							
6	按税收规定全额扣除的职工培训费用				*			*
7	四、工会经费支出				*			*
8	五、各类基本社会保障性缴款			*	*			*
9	六、住房公积金			*	*			*
10	七、补充养老保险				*			*
11	八、补充医疗保险				*			*
12	九、其他			*	*			*
13	合计(1＋3＋4＋7＋8＋9＋10＋11＋12)			*				

表 5-6 资产折旧、摊销及纳税调整明细表(A105080)

行次	项目		账载金额			税收金额					纳税调整金额
			资产原值	本年折旧、摊销额	累计折旧、摊销额	资产计税基础	税收折旧、摊销额	享受加速折旧政策的资产按税收一般规定计算的折旧、摊销额	加速折旧、摊销统计额	累计折旧、摊销额	
			1	2	3	4	5	6	7(5－6)	8	9(2－5)
1	一、固定资产(2＋3＋4＋5＋6＋7)							*	*		
2	所有固定资产	(一)房屋、建筑物						*	*		
3		(二)飞机、火车、轮船、机器、机械和其他生产设备						*	*		
4		(三)与生产经营活动有关的器具、工具、家具等						*	*		
5		(四)飞机、火车、轮船以外的运输工具						*	*		
6		(五)电子设备						*	*		
7		(六)其他						*	*		
8	其中：享受固定资产加速折旧及一次性扣除政策的资产加速折旧额大于一般折旧额的部分	(一)重要行业固定资产加速折旧(不含一次性扣除)									*
9		(二)其他行业研发设备加速折旧									*
10		(三)特定地区企业固定资产加速折旧(10.1＋10.2)									*
10.1		1. 海南自由贸易港企业固定资产加速折旧									*
10.2		2. 其他特定地区企业固定资产加速折旧									*
11		(四)500万元以下设备器具一次性扣除									*

（续表）

行次	项目		账载金额			税收金额					纳税调整金额
			资产原值	本年折旧、摊销额	累计折旧、摊销额	资产计税基础	税收折旧、摊销额	享受加速折旧政策的资产按税收一般规定计算的折旧、摊销额	加速折旧、摊销统计额	累计折旧、摊销额	
			1	2	3	4	5	6	7(5−6)	8	9(2−5)
12	其中：享受固定资产加速折旧及一次性扣除政策的资产加速折旧额大于一般折旧额的部分	（五）疫情防控重点保障物资生产企业单价 500 万元以上设备一次性扣除									*
13		（六）特定地区企业固定资产一次性扣除(13.1+13.2)									*
13.1		1. 海南自由贸易港企业固定资产一次性扣除									*
13.2		2. 其他特定地区企业固定资产一次性扣除									*
14		（七）技术进步、更新换代固定资产加速折旧									*
15		（八）常年强震动、高腐蚀固定资产加速折旧									*
16		（九）外购软件加速折旧									*
17		（十）集成电路企业生产设备加速折旧									*
18	二、生产性生物资产(19+20)							*	*		
19	（一）林木类							*	*		
20	（二）畜类							*	*		
21	三、无形资产(22+23+24+25+26+27+28+29)							*	*		

（续表）

行次	项目		账载金额			税收金额					纳税调整金额
			资产原值	本年折旧、摊销额	累计折旧、摊销额	资产计税基础	税收折旧、摊销额	享受加速折旧政策的资产按税收一般规定计算的折旧、摊销额	加速折旧、摊销统计额	累计折旧、摊销额	
			1	2	3	4	5	6	7(5－6)	8	9(2－5)
22	所有无形资产	(一)专利权						*	*		
23		(二)商标权						*	*		
24		(三)著作权						*	*		
25		(四)土地使用权						*	*		
26		(五)非专利技术						*	*		
27		(六)特许权使用费						*	*		
28		(七)软件						*	*		
29		(八)其他						*	*		
30	其中：享受无形资产加速摊销及一次性摊销政策的资产加速摊销额大于一般摊销额的部分	(一)企业外购软件加速摊销									*
31		(二)特定地区企业无形资产加速摊销(31.1＋31.2)									*
31.1		1. 海南自由贸易港企业无形资产加速摊销									*
31.2		2. 其他特定地区企业无形资产加速摊销									*
32		(三)特定地区企业无形资产一次性摊销(32.1＋32.2)									*
32.1		1. 海南自由贸易港企业无形资产一次性摊销									*
32.2		2. 其他特定地区企业无形资产一次性摊销									*

（续表）

行次	项目	账载金额			税收金额					纳税调整金额
		资产原值	本年折旧、摊销额	累计折旧、摊销额	资产计税基础	税收折旧、摊销额	享受加速折旧政策的资产按税收一般规定计算的折旧、摊销额	加速折旧、摊销统计额	累计折旧、摊销额	
		1	2	3	4	5	6	7(5－6)	8	9(2－5)
33	四、长期待摊费用(34＋35＋36＋37＋38)						*	*		
34	（一）已足额提取折旧的固定资产的改建支出						*	*		
35	（二）租入固定资产的改建支出						*	*		
36	（三）固定资产的大修理支出						*	*		
37	（四）开办费						*	*		
38	（五）其他						*	*		
39	五、油气勘探投资						*	*		
40	六、油气开发投资						*	*		
41	合计(1＋18＋21＋33＋39＋40)									
附列资料	全民所有制企业公司制改制资产评估增值政策资产						*	*		

表 5-7　企业所得税弥补亏损明细表(A106000)

行次	项目	年度	当年境内所得额	分立转出的亏损额	合并、分立转入的亏损额		弥补亏损企业类型	当年亏损额	当年待弥补的亏损额	用本年度所得额弥补的以前年度亏损额		当年可结转以后年度弥补的亏损额
					可弥补年限5年	可弥补年限10年				使用境内所得弥补	使用境外所得弥补	
		1	2	3	4	5	6	7	8	9	10	11
1	前十年度											
2	前九年度											
3	前八年度											
4	前七年度											
5	前六年度											
6	前五年度											
7	前四年度											
8	前三年度											
9	前二年度											
10	前一年度											
11	本年度											
12	可结转以后年度弥补的亏损额合计											

表 5-8　免税、减计收入及加计扣除优惠明细表(A107010)

行次	项　　目	金　　额
1	一、免税收入(2+3+9+…+16)	
2	(一) 国债利息收入免征企业所得税	
3	(二) 符合条件的居民企业之间的股息、红利等权益性投资收益免征企业所得税(4+5+6+7+8)	
4	1. 一般股息红利等权益性投资收益免征企业所得税(填写 A107011)	
5	2. 内地居民企业通过沪港通投资且连续持有 H 股满 12 个月取得的股息红利所得免征企业所得税(填写 A107011)	
6	3. 内地居民企业通过深港通投资且连续持有 H 股满 12 个月取得的股息红利所得免征企业所得税(填写 A107011)	
7	4. 居民企业持有创新企业 CDR 取得的股息红利所得免征企业所得税(填写 A107011)	
8	5. 符合条件的永续债利息收入免征企业所得税(填写 A107011)	
9	(三) 符合条件的非营利组织的收入免征企业所得税	
10	(四) 中国清洁发展机制基金取得的收入免征企业所得税	
11	(五) 投资者从证券投资基金分配中取得的收入免征企业所得税	
12	(六) 取得的地方政府债券利息收入免征企业所得税	
13	(七) 中国保险保障基金有限责任公司取得的保险保障基金等收入免征企业所得税	
14	(八) 中国奥委会取得北京冬奥组委支付的收入免征企业所得税	
15	(九) 中国残奥委会取得北京冬奥组委分期支付的收入免征企业所得税	
16	(十) 其他	
17	二、减计收入(18+19+23+24)	
18	(一) 综合利用资源生产产品取得的收入在计算应纳税所得额时减计收入	
19	(二) 金融、保险等机构取得的涉农利息、保费减计收入(20+21+22)	
20	1. 金融机构取得的涉农贷款利息收入在计算应纳税所得额时减计收入	
21	2. 保险机构取得的涉农保费收入在计算应纳税所得额时减计收入	
22	3. 小额贷款公司取得的农户小额贷款利息收入在计算应纳税所得额时减计收入	
23	(三) 取得铁路债券利息收入减半征收企业所得税	
24	(四) 其他(24.1+24.2)	
24.1	1. 取得的社区家庭服务收入在计算应纳税所得额时减计收入	
24.2	2. 其他	
25	三、加计扣除(26+27+28+29+30)	
26	(一) 开发新技术、新产品、新工艺发生的研究开发费用加计扣除(填写 A107012)	
27	(二) 科技型中小企业开发新技术、新产品、新工艺发生的研究开发费用加计扣除(填写 A107012)	
28	(三) 企业为获得创新性、创意性、突破性的产品进行创意设计活动而发生的相关费用加计扣除(加计扣除比例____%)	
29	(四) 安置残疾人员所支付的工资加计扣除	
30	(五) 其他	
31	合计(1+17+25)	

表 5-9 研发费用加计扣除优惠明细表(A107012)

行次	项 目	金额(数量)
1	本年可享受研发费用加计扣除项目数量	
2	一、自主研发、合作研发、集中研发(3+7+16+19+23+34)	
3	(一)人员人工费用(4+5+6)	
4	1. 直接从事研发活动人员工资薪金	
5	2. 直接从事研发活动人员五险一金	
6	3. 外聘研发人员的劳务费用	
7	(二)直接投入费用(8+9+10+11+12+13+14+15)	
8	1. 研发活动直接消耗材料费用	
9	2. 研发活动直接消耗燃料费用	
10	3. 研发活动直接消耗动力费用	
11	4. 用于中间试验和产品试制的模具、工艺装备开发及制造费	
12	5. 用于不构成固定资产的样品、样机及一般测试手段购置费	
13	6. 用于试制产品的检验费	
14	7. 用于研发活动的仪器、设备的运行维护、调整、检验、维修等费用	
15	8. 通过经营租赁方式租入的用于研发活动的仪器、设备租赁费	
16	(三)折旧费用(17+18)	
17	1. 用于研发活动的仪器的折旧费	
18	2. 用于研发活动的设备的折旧费	
19	(四)无形资产摊销(20+21+22)	
20	1. 用于研发活动的软件的摊销费用	
21	2. 用于研发活动的专利权的摊销费用	
22	3. 用于研发活动的非专利技术(包括许可证、专有技术、设计和计算方法等)的摊销费用	
23	(五)新产品设计费等(24+25+26+27)	
24	1. 新产品设计费	
25	2. 新工艺规程制定费	
26	3. 新药研制的临床试验费	
27	4. 勘探开发技术的现场试验费	
28	(六)其他相关费用(29+30+31+32+33)	
29	1. 技术图书资料费、资料翻译费、专家咨询费、高新科技研发保险费	
30	2. 研发成果的检索、分析、评议、论证、鉴定、评审、评估、验收费用	
31	3. 知识产权的申请费、注册费、代理费	
32	4. 职工福利费、补充养老保险费、补充医疗保险费	
33	5. 差旅费、会议费	
34	(七)经限额调整后的其他相关费用	
35	二、委托研发(36+37+39)	
36	(一)委托境内机构或个人进行研发活动所发生的费用	
37	(二)委托境外机构进行研发活动发生的费用	
38	其中:允许加计扣除的委托境外机构进行研发活动发生的费用	
39	(三)委托境外个人进行研发活动发生的费用	
40	三、年度研发费用小计(2+36×80%+38)	
41	(一)本年费用化金额	
42	(二)本年资本化金额	

（续表）

行次	项　　目	金额(数量)
43	四、本年形成无形资产摊销额	
44	五、以前年度形成无形资产本年摊销额	
45	六、允许扣除的研发费用合计(41+43+44)	
46	减：特殊收入部分	
47	七、允许扣除的研发费用抵减特殊收入后的金额(45－46)	
48	减：当年销售研发活动直接形成产品(包括组成部分)对应的材料部分	
49	减：以前年度销售研发活动直接形成产品(包括组成部分)对应材料部分结转金额	
50	八、加计扣除比例(%)	
51	九、本年研发费用加计扣除总额(47－48－49)×50	
52	十、销售研发活动直接形成产品(包括组成部分)对应材料部分结转以后年度扣减金额(当 47－48－49≥0,本行=0;当 47－48－49<0,本行=47－48－49 的绝对值)	

知识点视频

企业所得税概述

应税收入的确认

税前准予扣除的项目(一)

税前准予扣除的项目(二)

税前不得扣除的项目

企业所得税的主要税收优惠政策

资产的税务处理

企业所得税应纳税额的计算

企业所得税的征收管理

实践能力训练

一、单选题

1. 根据企业所得税法规定,国家需要重点扶持的高新技术企业,减按(　　)的税率征收企业所得税。

A. 15%　　B. 25%　　C. 10%　　D. 20%

2. 根据企业所得税法规定,企业纳税年度发生亏损,准予向以后年度结转,用以后年度的所得弥补,但结转年限最长不得超过(　　)年。

A. 5　　B. 3　　C. 10　　D. 不能弥补

3. 企业发生的公益性捐赠支出,在年度利润总额(　　)以内的部分,准予在计算企业所得税应纳税所得额时扣除。

A. 10%　　B. 3%　　C. 全部　　D. 12%

4. 根据企业所得税法律制度的规定，在计算企业所得税应纳税所得额时，下列支出允许按照税法规定的标准扣除的是（　　）。

A. 税收滞纳金　　B. 企业拨缴的工会经费

C. 非广告性质的赞助支出　　D. 企业所得税税款

5. 某企业2021年度主营业务收入1 100万元，其他业务收入350万元，接受捐赠收入100万元，当年发生业务招待费12.08万元，企业准予扣除的业务招待费限额为（　　）万元。

A. 3.3　　B. 7.65　　C. 7.25　　D. 4.65

6. 下列各项中，不属于企业所得税纳税人的企业是（　　）。

A. 在外国成立但实际管理机构在中国境内的企业

B. 在中国境内成立的外商独资企业

C. 在中国境内成立的个人合伙企业

D. 在中国境内未设立机构、场所，但有来源于中国境内所得的企业

7. 根据企业所得税法律制度的规定，下列各项中，属于免税收入的是（　　）。

A. 财政拨款

B. 国债利息收入

C. 企业债券利息收入

D. 依法收取并纳入财政管理的行政事业性收费、政府性基金

8. 甲公司为一家化妆品生产企业，2021年1月因业务发展需要向工商银行借款100万元，期限半年，年利率8%；2021年2月又向自己的供应商借款200万，期限半年，支付利息10万元，上述借款均用于经营周转。根据企业所得税法律制度的规定，该企业2021年可以在所得税前扣除利息费用的下列计算中，正确的是（　　）。

A. $100\times8\%=8$（万元）

B. 10万元

C. $100\times8\%\times50\%+200\times8\%\times50\%=12$（万元）

D. $100\times8\%\times50\%+10=14$（万元）

二、综合题

乙公司为居民企业，主要从事货物生产和销售，2021年利润总额为500万元。具体生产经营情况如下：

（1）取得不含税销售收入3 000万元，准予扣除的销售成本1 800万元。

（2）发生销售费用200万元（其中广告费86万元）；管理费用300万元（其中业务招待费30万元，残疾人员工资20万元）；财务费用100万元（其中40万元为向非金融机构借款发生的利息，年利率为5%，同期金融机构贷款利率为4.5%）。

（3）营业外支出100万元，其中含直接向贫困山区义务教育捐赠20万元。

（4）计入成本、费用中的实发工资总额200万元，拨缴职工工会经费6万元，支出职工福利费50万元，职工教育经费8万元。

（5）乙公司在2021年各季度末共预缴企业所得税5万元。

要求：

（1）根据上述资料，不考虑其他因素，计算乙企业应补交多少企业所得税。结果保留小数点后两位，四舍五入。

（2）填写相关企业所得税纳税申报表。

三、实训案例

请扫码获取电子版。

企业所得税年度（A类）
网上申报教学版案例

第六章 个人所得税

《中华人民共和国个人所得税法》

本章知识结构图

第一节　个人所得税概述

一、个人所得税法的发展历程

1980 年 9 月 10 日，第五届全国人民代表大会第三次会议通过并公布了《中华人民共和国个人所得税法》(简称《个人所得税法》)。个税起征点设置为 800 元，我国的个人所得税制度至此方始建立。

1993 年 10 月 31 日，第八届全国人民代表大会常务委员会第四次会议通过了《关于修改的决定》的修正案，规定不分内、外，所有中国居民和有来源于中国所得的非居民，均应依法缴纳个人所得税。同日发布了新修改的《个人所得税法》。

2005 年 10 月 27 日，第十届全国人大常委会第十八次会议再次审议《个人所得税法修正案(草案)》，会议表决通过全国人大常委会关于修改《个人所得税法》的决定，免征额由 800 元调整为 1 600 元，2006 年 1 月 1 日起施行。

2007 年 12 月 29 日，十届全国人大常委会第三十一次会议表决通过了关于修改《个人所得税法》的决定。个人所得税免征额自 2008 年 3 月 1 日起由 1 600 元提高到 2 000 元。

2011 年 6 月 30 日，十一届全国人大常委会第二十一次会议表决通过了全国人大常委会关于修改《个人所得税法》的决定。个人所得税免征额将从现行的 2 000 元提高到 3 500 元，同时，将现行个人所得税第 1 级税率由 5%修改为 3%，9 级超额累进税率修改为 7 级，取消 15%和 40%两档税率，扩大 3%和 10%两个低档税率的适用范围。

2018 年 8 月 31 日下午，关于修改《个人所得税法》的决定经十三届全国人大常委会第五次会议表决通过。免征额确定为每月 5 000 元。自此，我国个人所得税的征收模式由分类征收制转为混合征收制。

二、个人所得税的征收模式

个人所得税的税制模式有三种：分类征收制、综合征收制与混合征收制。三种不同的征收模式各有其优缺点。目前，我国个人所得税的征收采用的是混合征收制。

(一) 分类征收制

分类征收制，就是把归属于同一纳税人的所得按来源不同划分为若干类别，对各类不同性质的所得规定不同的税率，分别计算，征收所得税。

这种所得税制是根据对不同性质的所得应区别对待的原则设计的。例如，对勤劳所得，应课以较轻的税；而对投资所得，因所含辛苦较少，应课以较重的税。其优点是可以广泛采用源泉一次征收的方法，以便加强源泉控管，简化纳税手续，节省稽征费用。其缺点是不利于运用累进税率发挥对个人总收入水平的调节作用，没有考虑纳税人的负担能力，课税范围比较窄。

(二) 综合征收制

综合征收制，是对纳税人全年的各项所得加以汇总，就其总额进行征税。这种所得税制的建立，是基于一个理念：既然所得税是一种对人征收的税，那么其应纳税的所得就应该是综合反映纳税人的负担能力的各类所得的总额。它最能体现税收量能负担的原则。其优点是应税范围比较广泛，能够体现纳税人的实际负担水平，符合量能课税的原则；可以发挥出所得税作为调节社会经济的自动调节器作用。其缺点是课征手续比较繁杂，征收成本高；对征管的内部能力和外部条件，特别是征管手段的现代化要求高。

（三）混合征收制

混合征收制，是对纳税人不同来源、性质的所得先分别按照不同的税率征税，然后将全年的各项所得进行汇总征税。这种税制既坚持了量能负担的原则，又坚持了对不同性质的所得要区别对待的原则。其征收方法是源泉课税与申报纳税相结合。

三、个人所得税的作用

（一）组织财政收入

虽然目前我国个人所得税收入在总的税收收入中的比例相对较低，但征收个人所得税的潜力很大，随着我国个人所得税法律制度的不断健全和完善，个人所得税对增加我国财政收入的作用会越来越明显。

（二）提高公民纳税意识

个人所得税作为直接税，有助于培养和增强公民的纳税意识。对于个人取得的所得，支付单位首先要代扣代缴个人所得税，个人拿到手的是税后所得，缴纳个税有助于提高公民纳税意识。

（三）调节收入分配

收入分配格局的合理化，既需要调整初次分配中政府、企业和居民三者之间的关系，也需要调整二次分配中居民之间的分配关系。设计并实施科学、合理的个人所得税，恰能发挥其在这方面的应有作用。

第二节　个人所得税的基本税制要素

一、纳税人

个人所得税是以个人取得的各类应税所得为征税对象而征收的一种所得税，是政府利用税收对个人收入进行调节的一种手段，这里所说的个人不仅包括自然人，还包括具有自然人性质的特殊主体（个人独资企业、合伙企业）。

（一）居民纳税人和非居民纳税人

根据住所和居住时间两个标准，纳税义务人可以分为居民纳税人和非居民纳税人，分别承担无限纳税义务和有限纳税义务。

在中国境内有住所，或者无住所而一个纳税年度内在中国境内居住累计满 183 天的个人，为居民个人。居民个人从中国境内和境外取得的所得，缴纳个人所得税。在中国境内无住所的居民个人在境内居住累计满 183 天的年度连续不满 5 年的，或满 5 年但期间有单次离境超过30天情形的，其来源于中国境外的所得，经向主管税务机关备案，可以只就由中国境内企事业单位和其他经济组织或者居民个人支付的部分缴纳个人所得税；在境内居住累计满183天的年度连续满5年的纳税人，且在5年内未发生单次离境超过30天情形的，从第6年起，中国境内居住累计满183天的，应当就其来源于中国境外的全部所得缴纳个人所得税。

在中国境内无住所又不居住，或者无住所而一个纳税年度内在中国境内居住累计不满183天的个人，为非居民个人。非居民个人从中国境内取得的所得，缴纳个人所得税。在中国境内无住所，且在一个纳税年度中在中国境内连续或者累计居住不超过90天的个人，其来源于中国境内的所得，由境外雇主支付并且不由该雇主在中国境内的机构、场所负担的部分，免予缴纳个人所得税。

在中国境内有住所，是指因户籍、家庭、经济利益关系而在中国境内习惯性居住。从中国境内和中国境外取得的所得，分别是指来源于中国境内的所得和来源于中国境外的所得。在中国境内居住的时间按照在中国境内的时间计算。纳税年度，自公历1月1日至12月31日。

个人独资企业和合伙企业不缴纳企业所得税，只对投资者个人或个人合伙人取得的生产经营所得征收个人所得税。个人独资企业和合伙企业分别是指依照我国相关法律登记成立的个人独资、合伙性质的企业以及其他相关机构或组织。个人独资企业以投资者个人为纳税义务人，合伙企业以每一个合伙人为纳税义务人。

（二）所得来源的确定

除国务院财政、税务主管部门另有规定外，下列所得，不论支付地点是否在中国境内，均为来源于中国境内的所得：

（1）因任职、受雇、履约等而在中国境内提供劳务取得的所得。

（2）在中国境内开展经营活动而取得与经营活动相关的所得。

（3）将财产出租给承租人在中国境内使用而取得的所得。

（4）许可各种特许权在中国境内使用而取得的所得。

（5）转让中国境内的不动产、土地使用权取得的所得；转让对中国境内企事业单位和其他经济组织投资形成的权益性资产取得的所得；在中国境内转让动产以及其他财产取得的所得。

（6）由中国境内企事业单位和其他经济组织以及居民个人支付或负担的稿酬所得、偶然所得。

（7）从中国境内企事业单位和其他经济组织或者居民个人取得的利息、股息、红利所得。

【例6-1】 根据个人所得税法律制度的规定，下列个人所得中，不论支付地点是否在境内，均为来源于中国境内所得的有（　　）。

A. 转让境内房产取得的所得

B. 许可专利权在境内使用取得的所得

C. 因任职在境内提供劳务取得的所得

D. 将财产出租给承租人在境内使用取得的所得

正确答案：ABCD。

二、征税范围

按应纳税所得的来源划分，现行个人所得税共分为9个应税项目。个人取得的所得，难以界定应纳税所得项目的，由主管税务机关确定。

居民个人取得下述(一)至(四)项所得为综合所得，按纳税年度合并计算个人所得税；非居民个人取得下述(一)至(四)项所得，按月或者按次分项计算个人所得税。

纳税人取得下述(五)至(九)项所得，依照法律规定分别计算个人所得税。

(一) 工资、薪金所得

1. 关于工资、薪金所得的一般规定

工资、薪金所得，是指个人因任职或者受雇而取得的工资、薪金、奖金、年终加薪、劳动分红、津贴、补贴以及与任职或者受雇有关的其他所得。

下列项目不属于工资、薪金性质的补贴、津贴，不予征收个人所得税。这些项目包括以下几项：

(1) 独生子女补贴。

(2) 执行公务员工资制度未纳入基本工资总额的补贴、津贴差额和家属成员的副食补贴。

(3) 托儿补助费。

(4) 差旅费津贴、误餐补助。误餐补助是指按照财政部规定，个人因公在城区、郊区工作，不能在工作单位或返回就餐的，根据实际误餐顿数，按规定的标准领取的误餐费。单位以误餐补助名义发给职工的补助、津贴不包括在内。

2. 关于工资、薪金所得的特殊规定

1) 个人因与用人单位解除劳动关系而取得的一次性补偿收入征税问题

个人因与用人单位解除劳动关系而取得的一次性补偿收入(包括用人单位发放的经济补偿金、生活补助费和其他补助费用)，其收入超过当地上年职工平均工资3倍数额部分的一次性补偿收入，可视为一次取得数月的工资、薪金收入，允许在一定期限内平均计算。

个人领取一次性补偿收入时，按照国家和地方政府规定的比例实际缴纳的住房公积金、医疗保险费、基本养老保险费、失业保险费可以在计征其一次性补偿收入的个人所得税时予以扣除。

2) 退休人员再任职取得的收入征税问题

退休人员再任职取得的收入，符合相关条件的，在减除按税法规定的费用扣除标准后，按“工资、薪金所得”项目缴纳个人所得税。

3) 离退休人员从原任职单位取得补贴等征税问题

离退休人员除按规定领取离退休工资或养老金外，另从原任职单位取得的各类补贴、奖金、实物，不属于免税的退休工资、离休工资、离休生活补助费，应按“工资、薪金所得”项目缴纳个人所得税。

4) 个人取得公务交通、通讯补贴收入征税问题

个人因公务用车和通讯制度改革而取得的公务用车、通讯补贴收入，扣除一定标准的公务费用后，按照“工资、薪金所得”项目计征个人所得税。按月发放的，并入当月工资、薪

金所得计征个人所得税；不按月发放的，分解到所属月份并与该月份工资、薪金所得合并后计征个人所得税。

5）个人取得股票增值权所得和限制性股票所得征税问题

个人因任职、受雇从上市公司取得的股票增值权所得和限制性股票所得，由上市公司或其境内机构按照“工资、薪金所得”项目和股票期权所得个人所得税计税方法，依法扣缴其个人所得税。

6）关于保险金征税问题

企业为员工支付各项免税之外的保险金，应在企业向保险公司缴付时（即该保险落到被保险人的保险账户）并入员工当期的工资收入，按“工资、薪金所得”项目计征个人所得税，税款由企业负责代扣代缴。

7）企业年金、职业年金征税问题

企业和事业单位超过国家有关政策规定的标准，为在本单位任职或者受雇的全体职工缴付的企业年金或职业年金（以下统称年金）单位缴费部分，应并入个人当期的工资、薪金所得，依法计征个人所得税。税款由建立年金的单位代扣代缴，并向主管税务机关申报解缴。

个人根据国家有关政策规定缴付的年金个人缴费部分，超过本人缴纳工资计税基数的4%的部分，应并入个人当期的工资、薪金所得，依法计征个人所得税。税款由建立年金的单位代扣代缴，并向主管税务机关申报解缴。

个人达到国家规定的退休年龄之后按月领取的年金，按照“工资、薪金所得”项目适用的税率，计征个人所得税；按年或按季领取的年金，平均分摊计入各月，每月领取额按照“工资、薪金所得”项目适用的税率，计征个人所得税。

8）兼职律师从律师事务所取得工资、薪金性质的所得征税问题

兼职律师是指取得律师资格和律师执业证书，不脱离本职工作从事律师职业的人员。兼职律师从律师事务所取得工资、薪金性质的所得，律师事务所在代扣代缴其个人所得税时，不再减除个人所得税法规定的费用扣除标准，以收入全额（取得分成收入的为扣除办理案件支出费用后的余额）直接确定适用税率计算扣缴个人所得税，兼职律师应自行向主管税务机关申报两处或两处以上取得的工资、薪金所得合并计算缴纳个人所得税。

9）科技人员取得现金奖励的征税问题

依法批准设立的非营利性研究开发机构和高等学校根据《中华人民共和国促进科技成果转化法》规定，从职务科技成果转化收入中给予科技人员的现金奖励，可减按50%计入科技人员当月“工资、薪金所得”，依法缴纳个人所得税。

【例 6-2】 根据个人所得税法律制度的规定，下列各项中，属于工资、薪金性质的补贴、津贴有（　　）。

A. 岗位津贴　　B. 加班补贴

C. 差旅费津贴　　D. 工龄补贴

正确答案：ABD。

（二）劳务报酬所得

劳务报酬所得是指个人独立从事非雇佣的各种劳务所取得的所得，包括：设计、装潢、

安装、制图、化验、测试、医疗、法律、会计、咨询、讲学、新闻、广播、翻译、审稿、书画、雕刻、影视、录音、录像、演出、表演、广告、展览、技术服务、介绍服务、经纪服务、代办服务、其他劳务。

注意以下知识点：

（1）个人兼职取得的收入应按照“劳务报酬所得”项目缴纳个人所得税。

（2）律师以个人名义再聘请其他人员为其工作而支付的报酬，应由该律师按“劳务报酬所得”项目负责代扣代缴个人所得税。

【例 6-3】 根据个人所得税法律制度的规定，个人取得的下列收入中，应按照“劳务报酬所得”税目计缴个人所得税的有（　　）。

A. 某经济学家从非雇佣企业取得的讲学收入

B. 某职员取得的本单位优秀员工奖金

C. 某工程师从非雇佣企业取得的咨询收入

D. 某高校教师从任职学校领取的工资

正确答案： AC。

（三）稿酬所得

稿酬所得，是指个人因其作品以图书、报刊形式出版、发表而取得的所得。作品包括文学作品、书画作品、摄影作品，以及其他作品。作者去世后，财产继承人取得的遗作稿酬，也应征收个人所得税。

注意以下知识点：

（1）稿酬所得是因作品出版、发表而取得的所得，劳务报酬所得是因个人独立从事非雇用的劳务取得的所得。如个人将著作、摄影作品、绘画作品出版所得为稿酬所得，将个人作品举办或参加书画展、影展所得为劳务报酬所得。

（2）任职、受雇于报纸、杂志、出版社等单位的记者、编辑等在本单位的刊物上发表作品取得的所得，为工资、薪金所得，除上述人员，其他人员在出版单位的刊物上发表作品取得的所得，为稿酬所得。

【例 6-4】 大学教授张某取得的下列收入中，应按“稿酬所得”税目计缴个人所得税的是（　　）。

A. 作品参展收入

B. 出版书画作品收入

C. 学术报告收入

D. 审稿收入

正确答案： B。

（四）特许权使用费所得

特许权使用费所得，是指个人提供专利权、商标权、著作权、非专利技术以及其他特许权的使用权取得的所得。

注意以下知识点：

（1）我国个人所得税法律制度规定，提供著作权的使用权取得的所得，不包括稿酬所得，对于作者将自己的文字作品手稿原件或复印件公开拍卖（竞价）取得的所得，属于提供著作权的使用所得，应按“特许权使用费所得”项目征收个人所得税。

(2) 个人取得特许权的经济赔偿收入，应按“特许权使用费所得”项目缴纳个人所得税，税款由支付赔偿的单位或个人代扣代缴。

(3) 从 2002 年 5 月 1 日起，编剧从电视剧的制作单位取得的剧本使用费，不再区分剧本的使用方是否为其任职单位，统一按“特许权使用费所得”项目征收个人所得税。

【例 6-5】 根据个人所得税法律制度的规定，下列各项中，应按照“特许权使用费所得”税目计缴个人所得税的有(　　)。

A. 作家公开拍卖自己的小说手稿原件取得的收入

B. 个人取得特许权的经济赔偿收入

C. 专利权人许可他人使用自己的专利取得的收入

D. 商标权人许可他人使用商标取得的收入

正确答案： ABCD。

(五) 经营所得

经营所得包括个人通过在中国境内注册登记的个体工商户、个人独资企业、合伙企业从事生产、经营活动取得的所得；个人依法取得执照，从事办学、医疗、咨询以及其他有偿服务活动取得的所得；个人承包、承租、转包、转租取得的所得；个人从事其他生产、经营活动取得的所得。

(六) 利息、股息、红利所得

利息、股息、红利所得，是指个人拥有债权、股权而取得的利息、股息、红利所得。利息一般是指存款、贷款和债券的利息。股息、红利是指个人拥有股权取得的公司、企业分红。按照一定的比率派发的每股息金，称为股息。根据公司、企业应分配的超过股息部分的利润，按股派发的红股，称为红利。

注意以下知识点：

(1) 个人取得的国债、国家发行的金融债券、地方政府发行的债券利息所得，免征个人所得税。

(2) 除个人独资企业、合伙企业以外的其他企业的个人投资者，以企业资金为本人、家庭成员及其相关人员支付与企业生产经营无关的消费性支出及购买汽车、住房等财产性支出，视为企业对个人投资者的红利分配，依照“利息、股息、红利所得”项目计征个人所得税。

(3) 纳税年度内个人投资者从其投资企业(个人独资企业、合伙企业除外)借款，在该纳税年度终了后既不归还又未用于企业生产经营的，其未归还的借款可视为企业对个人投资者的红利分配，依照“利息、股息、红利所得”项目计征个人所得税。

(4) 个人从公开发行和转让市场取得的上市公司股票，持股期限在 1 个月以内(含 1 个月)的，其股息、红利所得全额计入应纳税所得额；持股期限在 1 个月以上至 1 年(含 1 年)的，暂减按 50%计入应纳税所得额；持股期限超过 1 年的，股息、红利所得暂免征收个人所得税。

(七) 财产租赁所得

财产租赁所得，是指个人出租不动产、土地使用权、机器设备、车船以及其他财产取得的所得。

注意以下知识点：

(1) 个人取得的房屋转租收入，属于“财产租赁所得”项目。取得转租收入的个人向房屋出租方支付的租金，凭房屋租赁合同和合法支付凭据允许在计算个人所得税时，从该项转租收入中扣除。

(2) 房地产开发企业与商店购买者个人签订协议，以优惠价格出售其商店给购买者个人，购买者个人在一定期限内必须将购买的商店无偿提供给房地产开发企业对外出租使用。该行为实质上是购买者个人以所购商店交由房地产开发企业出租而取得的房屋租赁收入支付了部分购房价款。对购买者个人少支出的购房价款，应视同个人财产租赁所得，按照“财产租赁所得”项目征收个人所得税。每次财产租赁所得的收入额，按照少支出的购房价款和协议规定的租赁月份数平均计算确定。

(八) 财产转让所得

财产转让所得，是指个人转让有价证券、股权、合伙企业中的财产份额、不动产、土地使用权、机器设备、车船以及其他财产取得的所得。

注意以下知识点：

(1) 个人将投资于在中国境内成立的企业或组织(不包括个人独资企业和合伙企业)的股权或股份，转让给其他个人或法人的行为，按照“财产转让所得”项目，依法计算缴纳个人所得税。具体包括：出售股权；公司回购股权；发行人首次公开发行新股时，被投资企业股东将其持有的股份以公开发行方式一并向投资者发售；股权被司法或行政机关强制过户；以股权对外投资或进行其他非货币性交易；以股权抵偿债务以及其他股权转移行为。

(2) 个人因各种原因终止投资、联营、经营合作等行为，从被投资企业或合作项目、被投资企业的其他投资者以及合作项目的经营合作人取得股权转让收入、违约金、补偿金、赔偿金及以其他名义收回的款项等，均属于个人所得税应税收入，应按照“财产转让所得”项目适用的规定计算缴纳个人所得税。

(3) 个人以非货币性资产投资，属于个人转让非货币性资产和投资同时发生。对个人转让非货币性资产的所得，应按照“财产转让所得”项目，依法计算缴纳个人所得税。

【例 6-6】 下列属于财产转让所得的有(　　)。

A. 转让剧本使用权

B. 转让设备

C. 转让股权

D. 转让非专利技术

正确答案： BC。

(九) 偶然所得

偶然所得，是指个人得奖、中奖、中彩以及其他偶然性质的所得。得奖是指参加各种有奖竞赛活动，取得名次得到的奖金；中奖、中彩是指参加各种有奖活动，例如有奖储蓄，或者购买彩票，经过规定程序，抽中、摇中号码而取得的奖金。

注意以下知识点：

(1) 企业对累积消费达到一定额度的顾客，给予额外抽奖机会，个人的获奖所得，按照“偶然所得”项目，全额缴纳个人所得税。

(2) 个人取得单张有奖发票奖金所得超过 800 元的，应全额按照“偶然所得”项目征收个人所得税。税务机关或其指定的有奖发票兑奖机构，是有奖发票奖金所得个人所得税的扣缴义务人。

三、个人所得税税率

(一) 综合所得

综合所得适用3%～45%的超额累进税率。具体税率如表6-1所示。

表6-1 个人所得税税率表

(综合所得适用)

级数	全年应纳税所得额	税率(%)
1	不超过36 000元的部分	3
2	超过36 000元至144 000元的部分	10
3	超过144 000元至300 000元的部分	20
4	超过300 000元至420 000元的部分	25
5	超过420 000元至660 000元的部分	30
6	超过660 000元至960 000元的部分	35
7	超过960 000元的部分	45

注：(1) 本表所称全年应纳税所得额是指依照法律规定，居民个人取得综合所得以每一纳税年度收入额减除费用6万元以及专项扣除、专项附加扣除和依法确定的其他扣除后的余额。

(2) 非居民个人取得工资、薪金所得，劳务报酬所得，稿酬所得和特许权使用费所得，依照本表按月换算后计算应纳税额。

(二) 经营所得

经营所得适用5%～35%的超额累进税率。具体税率如表6-2所示。

表6-2 个人所得税税率表

(经营所得适用)

级数	全年应纳税所得额	税率(%)
1	不超过30 000元的部分	5
2	超过30 000元至90 000元的部分	10
3	超过90 000元至300 000元的部分	20
4	超过300 000元至500 000元的部分	30
5	超过500 000元的部分	35

注：本表所称全年应纳税所得额是指依照法律规定，以每一纳税年度的收入总额减除成本、费用以及损失后的余额。

投资者兴办两个或两个以上企业，并且企业性质全部是个人独资的，年度终了后汇算清缴时，应纳税款的计算按以下方法进行：汇总其投资兴办的所有企业的经营所得作为应纳税所得额，以此确定适用税率，计算出全年经营所得的应纳税额，再根据每个企业的经营所得占所有企业经营所得的比例，分别计算出每个企业的应纳税额和应补缴税额。

(三) 利息、股息、红利所得，财产租赁所得，财产转让所得和偶然所得

利息、股息、红利所得，财产租赁所得，财产转让所得和偶然所得适用比例税率，税率为20%。

自2001年1月1日起,对个人出租住房取得的所得暂减按10%的税率征收个人所得税。

第三节 应纳税所得额的确定

个人所得税的计税依据是纳税人取得的应纳税所得额。应纳税所得额是个人取得的各项收入减去税法规定的费用扣除金额和减免税收入后的余额。由于个人所得税的应税项目不同,扣除费用标准也各不相同,需要按不同应税项目分项计算。

个人所得的形式,包括现金、实物、有价证券和其他形式的经济利益。所得为实物的,应当按照取得的凭证上的价格计算应纳税所得额;无凭证的实物或者凭证上所注明的价格明显偏低的,参照市场价格核定应纳税所得额;所得为有价证券的,根据票面价格和市场价格核定应纳税所得额;所得为其他形式的经济利益的,参照市场价格核定应纳税所得额。

一、综合所得应纳税所得额的确定

(一)居民个人综合所得应纳税所得额的确定

1. 一般规定

综合所得,包括:工资、薪金所得,劳务报酬所得,稿酬所得,特许权使用费所得。劳务报酬所得、稿酬所得、特许权使用费所得以收入减除20%的费用后的余额为收入额;稿酬所得的收入额减按70%计算。

居民个人的综合所得,以每一纳税年度的收入额减除费用6万元以及专项扣除、专项附加扣除和依法确定的其他扣除后的余额,为应纳税所得额。

$$\text{应纳税所得额}=\text{每一纳税年度的收入额}-\text{费用6万元}-\text{专项扣除}-\text{专项附加扣除}-\text{依法确定的其他扣除}$$

专项扣除,包括居民个人按照国家规定的范围和标准缴纳的基本养老保险、基本医疗保险、失业保险等社会保险费和住房公积金等。

专项附加扣除,是指个人所得税法规定的子女教育、继续教育、大病医疗、住房贷款利息、住房租金和赡养老人六项专项附加扣除。

其他扣除包括个人缴付符合国家规定的企业年金、职业年金,个人购买符合国家规定的商业健康保险、税收递延型商业养老保险的支出,以及国务院规定可以扣除的其他项目。

2. 专项附加扣除具体规定

1) 子女教育专项附加扣除

纳税人的子女接受学前教育和学历教育的相关支出,按照每个子女每年12 000元(每月1 000元)的标准定额扣除。

学前教育阶段,为子女年满3周岁当月至小学入学前一月。学历教育包括义务教育(小学和初中教育)、高中阶段教育(普通高中、中等职业教育)、高等教育(大学专科、大学本科、硕士研究生、博士研究生教育),为子女接受全日制学历教育入学的当月至全日制学历教育结束的当月。

受教育子女的父母分别按扣除标准的50%扣除；经父母约定，也可以选择由其中一方按扣除标准的100%扣除。具体扣除方式在一个纳税年度内不得变更。

纳税人子女在中国境外接受教育的，纳税人应当留存境外学校录取通知书、留学签证等相关教育的证明资料备查。

2）继续教育专项附加扣除

纳税人接受学历继续教育的支出，在学历教育期间按照每年4 800元（每月400元）定额扣除。纳税人接受技能人员职业资格继续教育、专业技术人员职业资格继续教育支出，在取得相关证书的年度，按照每年3 600元定额扣除。

个人接受同一学历教育事项，符合本办法规定扣除条件的，该项教育支出可以由其父母按照子女教育支出扣除，也可以由本人按照继续教育支出扣除，但不得同时扣除。

纳税人接受技能人员职业资格继续教育、专业技术人员职业资格继续教育的，应当留存相关证书等资料备查。

3）大病医疗专项附加扣除

一个纳税年度内，在社会医疗保险管理信息系统记录的（包括医保目录范围内的自付部分和医保目录范围外的自费部分）由个人负担超过15 000元的医药费用支出部分，为大病医疗支出，可以按照每年80 000元标准限额据实扣除。大病医疗专项附加扣除由纳税人办理汇算清缴时扣除。纳税人发生的医药费用支出可以选择由本人或者其配偶扣除；未成年子女发生的医药费用支出可以选择由其父母一方扣除。

纳税人应当留存医药服务收费及医保报销相关票据原件（或者复印件）等资料备查。医疗保障部门应当向患者提供在医疗保障信息系统记录的本人年度医药费用信息查询服务。

4）住房贷款利息专项附加扣除

纳税人本人或者配偶单独或者共同使用商业银行或者住房公积金个人住房贷款为本人或者其配偶购买中国境内住房，发生的首套住房贷款利息支出，在实际发生贷款利息的年度，按照每月1 000元的标准定额扣除，扣除期限最长不超过240个月。纳税人只能享受一次首套住房贷款的利息扣除。非首套住房贷款利息支出，纳税人不得扣除。

首套住房贷款是指购买住房享受首套住房贷款利率的住房贷款。

经夫妻双方约定，可以选择由其中一方扣除，具体扣除方式在一个纳税年度内不得变更。纳税人应当留存住房贷款合同、贷款还款支出凭证。

夫妻双方婚前分别购买住房发生的首套住房贷款，其贷款利息支出，婚后可以选择其中一套购买的住房，由购买方按扣除标准的100%扣除，也可以由夫妻双方对各自购买的住房分别按扣除标准的50%扣除，具体扣除方式在一个纳税年度内不能变更。

5）住房租金专项附加扣除

纳税人本人及配偶在纳税人的主要工作城市没有住房，而在主要工作城市租赁住房发生的租金支出，可以按照以下标准定额扣除：承租的住房位于直辖市、省会城市、计划单列市以及国务院确定的其他城市，扣除标准为每月1 500元；承租的住房位于其他城市的，市辖区户籍人口超过100万的，扣除标准为每月1 100元；承租的住房位于其他城市的，市辖区户籍人口不超过100万(含)的,扣除标准为每月800元。

主要工作城市是指纳税人任职受雇所在城市,无任职受雇单位的,为其经常居住城市。城市范围包括直辖市、计划单列市、副省级城市、地级市(地区、州、盟)全部行政区域范围。夫妻双方主要工作城市相同的,只能由一方扣除住房租金支出。夫妻双方主要工作城市不相同的,且各自在其主要工作城市都没有住房的,可以分别扣除住房租金支出。

住房租金支出由签订租赁住房合同的承租人扣除。纳税人及其配偶不得同时分别享受住房贷款利息专项附加扣除和住房租金专项附加扣除。

纳税人应当留存住房租赁合同、协议等有关资料备查。

6) 赡养老人专项附加扣除

纳税人赡养60岁(含)以上父母以及其他法定被赡养人的赡养支出,可以按照以下标准定额扣除:

(1) 纳税人为独生子女的,按照每年24 000元(每月2 000元)的标准定额扣除。

(2) 纳税人为非独生子女的,应当与其兄弟姐妹分摊每年24 000元(每月2 000元)的扣除额度,分摊方式包括平均分摊、被赡养人指定分摊或者赡养人约定分摊,具体分摊方式在一个纳税年度内不得变更。采取指定分摊或约定分摊方式的,每一纳税人分摊的扣除额最高不得超过每年12 000元(每月1 000元),并签订书面分摊协议。指定分摊与约定分摊不一致的,以指定分摊为准。纳税人赡养2个及以上老人的,不按老人人数加倍扣除。

其他法定赡养人是指祖父母、外祖父母的子女已经去世,实际承担对祖父母、外祖父母赡养义务的孙子女、外孙子女。

纳税人每年享受赡养老人专项附加扣除的计算时间为被赡养人年满60周岁的当月至赡养义务终止的年末。

7) 3岁以下婴幼儿照护专项附加扣除

(1) 纳税人照护3岁以下婴幼儿子女的相关支出,按照每个婴幼儿每月1 000元的标准定额扣除。

(2) 父母可以选择由其中一方按扣除标准的100%扣除,也可以选择由双方分别按扣除标准的50%扣除,具体扣除方式在一个纳税年度内不能变更。

(3) 纳税人享受此专项附加扣除的时间为婴幼儿出生的当月至年满3周岁的前一个月。

3. 其他扣除项目

其他扣除包括个人缴付符合国家规定的企业年金、职业年金,个人购买符合国家规定的商业健康保险、税收递延型商业养老保险的支出,以及国务院规定可以扣除的其他项目。

【例6-7】 根据个人所得税法律制度的规定,下列不属于综合所得的是(　　)。

A. 工资、薪金　　B. 劳务报酬　　C. 财产租赁　　D. 稿酬

正确答案: C。

【例6-8】 根据个人所得税法律制度的规定,关于综合所得的下列表述中,不正确的是(　　)。

A. 纳税人赡养2个及以上老人的,不按老人人数加倍扣除

B. 子女接受学前教育和学历教育的相关支出按每个子女每月1 000元标准定额扣除

C. 大病医疗专项附加扣除由纳税人办理汇算清缴时扣除

D. 本人或配偶使用商业银行或住房公积金个人住房贷款为本人或其配偶购买住房，发生的住房贷款利息支出，在偿还贷款期间，可以按照每人每月 1 000 元标准定额扣除

正确答案： D。

（二）非居民个人综合所得应纳税所得额的确定

非居民个人的工资、薪金所得，以每月收入额减除费用 5 000 元后的余额为应纳税所得额；劳务报酬所得、稿酬所得、特许权使用费所得，以每次收入额为应纳税所得额。

二、经营所得应纳税所得额的确定

（一）经营所得应纳税所得额的确定

经营所得，以每一个纳税年度的收入总额减除成本、费用以及损失后的余额，为应纳税所得额。

成本、费用，是指个体工商户、个人独资企业、合伙企业以及个人从事其他生产、经营活动发生的各项直接支出和分配计入成本的间接费用以及销售费用、管理费用、财务费用；所称损失，是指个体工商户、个人独资企业、合伙企业以及个人从事其他生产经营活动发生的固定资产和存货的盘亏、毁损、报废损失，转让财产损失，坏账损失，自然灾害等不可抗力因素造成的损失以及其他损失。

个体工商户、个人独资企业、合伙企业以及个人从事其他生产、经营活动，未提供完整、准确的纳税资料，不能正确计算应纳税所得额的，由主管税务机关核定其应纳税所得额。

个体工商户业主、个人独资企业投资者、合伙企业个人合伙人以及从事其他生产、经营活动的个人，以其每一个纳税年度来源于个体工商户、个人独资企业、合伙企业以及其他生产、经营活动的所得，减除费用 6 万元、专项扣除以及依法确定的其他扣除后的余额，为应纳税所得额。

（二）个体工商户的生产、经营所得具体规定

个体工商户的生产、经营所得，以每一个纳税年度的收入总额，减除成本、费用、税金、损失、其他支出以及允许弥补的以前年度亏损后的余额，为应纳税所得额。

成本是指个体工商户在生产经营活动中发生的销售成本、销货成本、业务支出以及其他耗费。

费用是指个体工商户在生产经营活动中发生的销售费用、管理费用和财务费用，已经计入成本的有关费用除外。

税金是指个体工商户在生产经营活动中发生的除个人所得税和允许抵扣的增值税以外的各项税金及其附加。

损失是指个体工商户在生产经营活动中发生的固定资产和存货的盘亏、毁损、报废损失，转让财产损失，坏账损失，自然灾害等不可抗力因素造成的损失以及其他损失。个体工商户发生的损失，减除责任人赔偿和保险赔款后的余额，参照财政部、国家税务总局有关企业资产损失税前扣除的规定扣除。

其他支出是指除成本、费用、税金、损失外，个体工商户在生产经营活动中发生的与生

产经营活动有关的、合理的支出。

允许弥补的以前年度亏损，是指个体工商户依照规定计算的应纳税所得额小于零的数额。

个体工商户已经作为损失处理的资产，在以后纳税年度又全部收回或者部分收回时应当计入收回当期的收入。

(1) 个体工商户下列支出不得扣除：

a. 个人所得税税款。

b. 税收滞纳金。

c. 罚金、罚款和被没收财物的损失。

d. 不符合扣除规定的捐赠支出。

e. 赞助支出。

f. 用于个人和家庭的支出。

g. 与取得生产经营收入无关的其他支出。

h. 国家税务总局规定不准扣除的支出。

(2) 个体工商户生产经营活动中，应当分别核算生产经营费用和个人、家庭费用。对于生产经营与个人、家庭生活混用难以分清的费用，其40%视为与生产经营有关的费用，准予扣除。

(3) 个体工商户纳税年度发生的亏损，准予向以后年度结转，用以后年度的生产经营所得弥补，但结转年限最长不得超过5年。

(4) 个体工商户实际支付给从业人员的、合理的工资薪金支出，准予扣除。个体工商户业主的工资薪金支出不得税前扣除。

(5) 个体工商户按照国务院有关主管部门或者省级人民政府规定的范围和标准为其业主和从业人员缴纳的基本养老保险费、基本医疗保险费、失业保险费、生育保险费、工伤保险费和住房公积金，准予扣除。个体工商户为从业人员缴纳的补充养老保险费、补充医疗保险费，分别在不超过从业人员工资总额5%标准内的部分据实扣除，超过部分不得扣除。个体工商户业主本人缴纳的补充养老保险费、补充医疗保险费，以当地(地级市)上年度社会平均工资的3倍为计算基数，分别在不超过该计算基数5%标准内的部分据实扣除，超过部分不得扣除。除个体工商户依照国家有关规定为特殊工种从业人员支付的人身安全保险费和财政部、国家税务总局规定可以扣除的其他商业保险费外，个体工商户业主本人或者为从业人员支付的商业保险费，不得扣除。

(6) 个体工商户在生产经营活动中发生的合理的不需要资本化的借款费用，准予扣除。

(7) 个体工商户在生产经营活动中发生的下列利息支出，准予扣除：

a. 向金融企业借款的利息支出。

b. 向非金融企业和个人借款的利息支出，不超过按照金融企业同期同类贷款利率计算的数额的部分。

(8) 个体工商户向当地工会组织拨缴的工会经费、实际发生的职工福利费支出、职工教育经费支出分别在工资薪金总额的2%、14%、2.5%的标准内据实扣除。工资薪金总额是指允许在当期税前扣除的工资薪金支出数额。职工教育经费的实际发生数额超出规定比例当期不能扣除的数额，准予在以后纳税年度结转扣除。个体工商户业主本人向当地工会组织缴纳的工会经费、实际发生的职工福利费支出、职工教育经费支出，以当地（地级市）上年度社会平均工资的 3 倍为计算基数，在规定比例内据实扣除。

（9）个体工商户发生的与生产经营活动有关的业务招待费，按照实际发生额的 60%扣除，但最高不得超过当年销售（营业）收入的 5‰。业主自申请营业执照之日起至开始生产经营之日止所发生的业务招待费，按照实际发生额的 60%计入个体工商户的开办费。

（10）个体工商户每一个纳税年度发生的与其生产经营活动直接相关的广告费和业务宣传费不超过当年销售（营业）收入 15%的部分，可以据实扣除；超过部分，准予在以后纳税年度结转扣除。

（11）个体工商户代其从业人员或者他人负担的税款，不得税前扣除。

（12）个体工商户按照规定缴纳的摊位费、行政性收费、协会会费等，按实际发生数额扣除。

（13）个体工商户参加财产保险，按照规定缴纳的保险费，准予扣除。

（14）个体工商户发生的合理的劳动保护支出，准予扣除。

（15）个体工商户自申请营业执照之日起至开始生产经营之日止所发生符合规定的费用，除为取得固定资产、无形资产的支出，以及应计入资产价值的汇兑损益、利息支出外，作为开办费，个体工商户可以选择在开始生产经营的当年一次性扣除，也可以自生产经营月份起在不短于 3 年期限内摊销扣除，但一经选定，不得改变。开始生产经营之日为个体工商户取得第一笔销售（营业）收入的日期。

（16）个体工商户通过公益性社会团体或者县级以上人民政府及其部门，用于《中华人民共和国公益事业捐赠法》规定的公益事业的捐赠，捐赠额不超过其应纳税所得额 30%的部分可以据实扣除。财政部、国家税务总局规定可以全额在税前扣除的捐赠支出项目，按有关规定执行。个体工商户直接对受益人的捐赠不得扣除。

（17）个体工商户研究开发新产品、新技术、新工艺所发生的开发费用，以及研究开发新产品、新技术而购置单台价值在 10 万元以下的测试仪器和试验性装置的购置费准予直接扣除；单台价值在 10 万元以上（含 10 万元）的测试仪器和试验性装置，按固定资产管理，不得在当期直接扣除。

（三）个人独资企业、合伙企业的生产经营所得具体规定

（1）个人独资企业的投资者以全部生产经营所得为应纳税所得额；合伙企业的投资者按照合伙企业的全部生产经营所得和合伙协议约定的分配比例确定应纳税所得额，合伙协议没有约定分配比例的，以全部生产经营所得和合伙人数量平均计算每个投资者的应纳税所得额。生产经营所得，包括企业分配给投资者个人的所得和企业当年留存的所得（利润）。

（2）投资者兴办两个或两个以上企业的，其投资者个人费用扣除标准由投资者选择在其中一个企业的生产经营所得中扣除。

（3）计提的各种准备金不得扣除。

（4）企业与其关联企业之间的业务往来，应当按照独立企业之间的业务往来收取或者支付价款、费用。不按照独立企业之间的业务往来收取或者支付价款、费用，而减少其应纳税所得额的，主管税务机关有权进行合理调整。

（5）国家对下列情形的个人独资企业和合伙企业实行核定征收个人所得税，具体包括：①依照国家有关规定应当设置但未设置账簿的；②虽设置账簿，但账目混乱或者成本资料、收入凭证、费用凭证残缺不全，难以查账的；③纳税人发生纳税义务，未按照规定的期限办理纳税申报，经税务机关责令限期申报，逾期仍不申报的。核定征收方式包括定额征收、核定应税所得率征收以及其他合理的征收方式。

【例 6-9】 根据个人所得税法律制度的规定，个体工商户的下列支出中，在计算个人所得税应纳税所得额时，不得扣除的有（　　）。

A. 税收滞纳金

B. 个人所得税税款

C. 业主的工资薪金支出

D. 在生产经营活动中因自然灾害造成的损失

正确答案：ABC。

三、财产租赁所得应纳税所得额的确定

财产租赁所得，每次收入不超过 4 000 元的，减除费用 800 元；4 000 元以上的，减除 20%的费用，其余额为应纳税所得额。

四、财产转让所得应纳税所得额的确定

财产转让所得，以转让财产的收入额减除财产原值和合理费用后的余额，为应纳税所得额。财产原值，按照下列方法计算：

（1）有价证券，为买入价以及买入时按照规定交纳的有关费用。

（2）不动产，为建造费或者购进价格以及其他有关费用。

（3）土地使用权，为取得土地使用权所支付的金额、开发土地的费用以及其他有关费用。

（4）机器设备、车船，为购进价格、运输费、安装费以及其他有关费用。

（5）其他财产，参照上述规定的方法确定财产原值。

纳税人未提供完整、准确的财产原值凭证，不能正确计算财产原值的，由主管税务机关核定其财产原值。合理费用，是指卖出财产时按照规定付的有关税费。

个人发生非货币性资产交换，以及将财产用于捐赠、偿债、赞助、投资等用途的，应当视同转让财产并缴纳个人所得税，但国务院财政、税务主管部门另有规定的除外。

五、利息、股息、红利所得和偶然所得应纳税所得额的确定

利息、股息、红利所得、偶然所得均以每次收入额为应纳税所得额。

【例 6-10】 下列各项中，在计算个人所得税应纳税所得额时，不得扣除费用的是（　　）。

A. 财产租赁所得　　B. 财产转让所得

C. 偶然所得　　D. 劳务报酬所得

正确答案：C。

六、其他费用扣除规定

（1）个人将其所得对教育、扶贫、济困等公益慈善事业进行捐赠，捐赠额未超过纳税人申报的应纳税所得额30%的部分，可以从其应纳税所得额中扣除；国务院规定对公益慈善事业捐赠实行全额税前扣除的，从其规定。应纳税所得额，是指计算扣除捐赠额之前的应纳税所得额。

（2）个人通过非营利性的社会团体和国家机关向红十字事业的捐赠，在计算缴纳个人所得税时，准予在税前的所得额中全额扣除。

（3）个人通过非营利的社会团体和国家机关向农村义务教育的捐赠，在计算缴纳个人所得税时，准予在税前的所得额中全额扣除。

（4）个人通过非营利性社会团体和国家机关对公益性青少年活动场所（其中包括新建）的捐赠，在计算缴纳个人所得税时，准予在税前的所得额中全额扣除。

（5）个人的所得（不含偶然所得，经国务院财政部门确定征税的其他所得）用于对非关联的科研机构和高等学校研究开发新产品、新技术、新工艺所发生的研究开发经费的资助，可以全额在下月（工资、薪金所得）或下次（按次计征的所得）或当年（按年计征的所得）计征个人所得税时，从应纳税所得额中扣除，不足抵扣的，不得结转抵扣。

（6）自2017年7月1日起，对个人购买符合规定的商业健康保险产品的支出，允许在当年（月）计算应纳税所得额时予以税前扣除，扣除限额为2 400元/年（200元/月）。单位统一为员工购买符合规定的商业健康保险产品的支出，应分别计入员工个人工资薪金，视同个人购买，按上述限额予以扣除。2 400元/年（200元/月）的限额扣除为个人所得税法规定减除费用标准之外的扣除。适用商业健康保险税收优惠政策的纳税人，是指取得工资薪金所得、连续性劳务报酬所得的个人，以及取得个体工商户生产经营所得、对企事业单位的承包承租经营所得的个体工商户业主、个人独资企业投资者、合伙企业合伙人和承包承租经营者。

【例6-11】　下列各项捐赠中，在计算个人所得税应纳税所得额时，不得扣除的有（　　）。

A. 通过非营利性社会团体向公益性青少年活动中心捐赠

B. 直接向困难企业捐赠

C. 通过国家机关向红十字事业捐赠

D. 直接向贫困地区捐赠

正确答案：BD。

七、每次收入的确定

（1）财产租赁所得以一个月内取得的收入为一次。

（2）利息、股息、红利所得，以支付利息、股息、红利时取得的收入为一次。

（3）偶然所得，以每次取得该项收入为一次。

（4）非居民个人取得的劳务报酬所得、稿酬所得、特许权使用费所得，属于一次性收入的，以取得该项收入为一次；属于同一项目连续性收入的，以一个月内取得的收入为一次。

第四节 应纳税额的计算

一、应纳税额计算的一般规定

（一）综合所得应纳税额的计算

应纳税额＝应纳税所得额×适用税率－速算扣除数

【例6-12】 中国公民张某是甲歌舞团的舞蹈演员，2021年全年收入情况如下：

（1）2021年全年工资明细表（部分数据）如表6-3所示。

表6-3 2021年张某全年工资明细表（部分数据）

单位：元

姓名	基本工资	岗位工资	工龄补贴	托儿补助费	工资总额	代扣		实发工资
						三险一金	个人所得税	
张某	120 000	30 000	8 000	600	158 600	20 000	—	—

（2）受邀出演乙文化公司创作的舞剧，演出四场共获得劳务报酬20 000元。

（3）出版专著取得稿费收入15 000元，发生资料费支出4 000元。

（4）张某正在偿还首套住房贷款及利息，张某为独生女，其父母均已年过60岁。张某的独生子正在读大学3年级，夫妻约定由张某扣除贷款利息和子女教育费。

要求：根据上述资料，不考虑其他因素，分析回答下列小题。

（1）张某当年取得的下列收入中，计入全年综合所得年度收入总额的金额正确有（　　）。

A. 甲歌舞团的工资薪金收入158 600元

B. 甲歌舞团的工资薪金收入158 000元

C. 受邀出演乙文化公司创作的舞剧的劳务报酬收入16 000元

D. 出版专著取得稿费收入8 400元

正确答案：BCD。

（2）张某缴付的下列费用中，准予从年度应纳税所得额中扣除的是（　　）。

A. "三险一金"支出20 000元　　B. 贷款利息支出12 000元

C. 子女教育支出12 000元　　D. 赡养老人支出24 000元

正确答案：ABCD。

（3）计算张某全年综合收入应缴纳个人所得税税额（　　）元。

A. 1 614　　B. 2 920　　C. 2 476.4　　D. 2 394

正确答案：B。

（二）经营所得应纳税额的计算

（1）个体工商户的生产、经营所得应纳税额的计算公式如下：

$$应纳税额=应纳税所得额\times适用税率-速算扣除数$$
$$=\left(全年收入总额-\begin{matrix}成本、费用、税金、损失、\\其他支出及以前年度亏损\end{matrix}\right)\times适用税率-速算扣除数$$

(2) 对企事业单位的承包经营、承租经营所得应纳税额的计算公式如下：

$$应纳税额=应纳税所得额\times适用税率-速算扣除数$$
$$=(纳税年度收入总额-必要费用)\times适用税率-速算扣除数$$

(三) 利息、股息、红利所得应纳税额的计算

$$应纳税额=应纳税所得额\times适用税率=每次收入额\times适用税率$$

(四) 财产租赁所得应纳税额的计算

(1) 财产租赁所得每次(月)收入不足 4 000 元的应纳税额计算公式如下：

$$应纳税额=\left[\begin{matrix}每次(月)\\收入额\end{matrix}-\begin{matrix}财产租赁过程中\\缴纳的税费\end{matrix}-\begin{matrix}由纳税人负担的租赁财产实际\\开支的修缮费用(800元为限)\end{matrix}-800元\right]\times20\%$$

(2) 财产租赁所得每次(月)收入在 4 000 元以上的应纳税额计算公式如下：

$$应纳税额=\left[\begin{matrix}每次(月)\\收入额\end{matrix}-\begin{matrix}财产租赁过程中\\缴纳的税费\end{matrix}-\begin{matrix}由纳税人负担的租赁财产实际\\开支的修缮费用(800元为限)\end{matrix}\right]\times(1-20\%)\times20\%$$

个人出租房屋的个人所得税应税收入不含增值税，计算房屋出租所得可扣除的税费不包括本次出租缴纳的增值税。个人转租房屋的，其向房屋出租方支付的租金及增值税税额，在计算转租所得时予以扣除。

【例 6-13】 中国公民林某 1 月将自有住房出租，租期一年，每月取得租金收入 2 500 元，全年租金收入 30 000 元，应纳个人所得税(　　)元。

A. 5 840　　B. 2 040　　C. 4 080　　D. 3 360

正确答案： B。

(五) 财产转让所得应纳税额的计算

(1) 一般情况下财产转让所得应纳税额的计算公式如下：

$$应纳税额=应纳税所得额\times适用税率$$
$$=(收入总额-财产原值-合理费用)\times20\%$$

个人转让房屋的个人所得税应税收入不含增值税，其取得房屋时所支付价款中包含的增值税计入财产原值，计算转让所得时可扣除的税费不包括本次转让缴纳的增值税。

(2) 个人销售无偿受赠不动产应纳税额的计算。

受赠人转让受赠房屋的，以其转让受赠房屋的收入减除原捐赠人取得该房屋的实际购置成本以及赠与和转让过程中受赠人支付的相关税费后的余额，为受赠人的应纳税所得额，依法计征个人所得税。受赠人转让受赠房屋价格明显偏低且无正当理由的，税务机关可以依据该房屋的市场评估价格或其他合理方式确定的价格核定其转让收入。

【例 6-14】 赵某准备移民海外，将其拥有的其中一套住房以 120 万元的价格出售，该住宅系 6 年前以 40 万元的价格购买，交易过程中支付相关税费及中介费等各项费用共计 8 万元(发票为证)，则赵某应缴纳的个人所得税的下列计算中，正确的是(　　)。

A. 0　　　　　　　　　　　　B. (120－40－8)×20%＝14.4(万元)

C. (120－40)×20%＝16(万元)　　　　D. 120×20%＝24(万元)

正确答案：B。

(六) 偶然所得应纳税额的计算

应纳税额＝应纳税所得额×适用税率＝每次收入额×20%

【例 6-15】 2022 年 6 月李某在有奖销售活动中，购买了 1 000 元商品，中奖一台价值 3 000 元的电视机，领奖时支付交通运输费 60 元，已知偶然所得个人所得税税率为 20%，计算李某当月收入应缴纳个人所得税税额的下列算式中，正确的是(　　)。

A. (3 000－1 000－60)×20%＝388(元)　　B. (3 000－1 000)×20%＝400(元)

C. 3 000×20%＝600(元)　　　　D. (3 000－60)×20%＝588(元)

正确答案：C。

(七) 应纳税额计算的其他规定

(1) 两个或者两个以上的个人共同取得同一项目收入的，应当对每个人取得的收入分别按照个人所得税法规定减除费用后计算纳税。

(2) 居民个人从境内和境外取得的综合所得或者经营所得，应当分别合并计算应纳税额；从境内和境外取得的其他所得应当分别单独计算应纳税额。

(3) 个人独资企业、合伙企业及个人从事其他生产、经营活动在境外营业机构的亏损，不得抵减境内营业机构的盈利。

(4) 居民个人从中国境外取得的所得，可以从其应纳税额中抵免已在境外缴纳的个人所得税税额，但抵免额不得超过该纳税人境外所得依照个人所得税法规定计算的应纳税额。

已在境外缴纳的个人所得税税额是指居民个人来源于中国境外的所得，依照该所得来源国家或者地区的法律应当缴纳并且实际已经缴纳的所得税税额；依照个人所得税法规定计算的应纳税额，是居民个人境外所得已缴境外个人所得税的抵免限额。除国务院财政、税务主管部门另有规定外，来源于一国(地区)抵免限额为来源于该国的综合所得抵免限额、经营所得抵免限额、其他所得项抵免限额之和。

$$\text{来源于一国(地区)综合所得的抵免限额}=\text{中国境内、境外综合所得依照个人所得税法和个人所得税法实施条例计算的综合所得应纳税总额}\times\text{来源于该国(地区)的综合所得收入额}\div\text{中国境内、境外综合所得收入总额}$$

$$\text{来源于一国(地区)经营所得的抵免限额}=\text{中国境内、境外经营所得依照个人所得税法和个人所得税法实施条例计算的经营所得应纳税总额}\times\text{来源于该国(地区)的经营所得的应纳税所得额}\div\text{中国境内、境外经营所得的应纳税所得额}$$

来源于一国(地区)的其他所得项目抵免限额，为来源于该国(地区)的其他所得项目依照个人所得税法和个人所得税法实施条例规定计算的应纳税额。

居民个人在中国境外一个国家或者地区实际已经缴纳的个人所得税税额，低于依照上述规定计算出的该国家或者地区抵免限额的，应当在中国缴纳差额部分的税款；超过该国家或者地区抵免限额的，其超过部分不得在本纳税年度的应纳税额中扣除，但是可以在以后纳税年度的该国家或者地区抵免限额的余额中补扣。补扣期限最长不得超过 5 年。

居民个人申请抵免已在境外缴纳的个人所得税税额，应当提供境外税务机关出具的税款所属年度的有关纳税凭证。

二、应纳税额计算的特殊规定

(一) 关于出租车运营所得征税问题

出租汽车经营单位对出租车驾驶员采取单车承包或承租方式运营，出租车驾驶员从事客货营运取得的收入，按“工资、薪金所得”项目征税。

出租车属于个人所有，但挂靠出租汽车经营单位或企事业单位，驾驶员向挂靠单位缴纳管理费的，或出租汽车经营单位将出租车所有权转移给驾驶员的，出租车驾驶员从事客货运营取得的收入，按“经营所得”项目征税。

从事个体出租车运营的出租车驾驶员取得的收入，按“经营所得”项目缴纳个人所得税。

(二) 关于企业改组改制过程中个人取得的量化资产征税问题

根据国家有关规定，集体所有制企业在改制为股份合作制企业时，可以将有关资产量化给职工个人。为了支持企业改组改制的顺利进行，对于企业在改制过程中个人取得量化资产的征税问题，税法做出了如下规定：

(1) 对职工个人以股份形式取得的仅作为分红依据，不拥有所有权的企业量化资产，不征收个人所得税。

(2) 对职工个人以股份形式取得的拥有所有权的企业量化资产，暂缓征收个人所得税；待个人将股份转让时，就其转让收入额，减除个人取得该股份时实际支付的费用支出和合理转让费用后的余额，按“财产转让所得”项目计征个人所得税。

(3) 对职工个人以股份形式取得的企业量化资产参与企业分配而获得的股息、红利，应按“利息、股息、红利所得”项目征收个人所得税。

(三) 其他

符合以下情形的房屋或其他财产，不论所有权人是否将财产无偿或有偿交付企业使用，其实质均为企业对个人进行了实物性质的分配，应依法计征个人所得税：

(1) 企业出资购买房屋及其他财产，将所有权登记为投资者个人、投资者家庭成员或企业其他人员的。

(2) 企业投资者个人、投资者家庭成员或企业其他人员向企业借款用于购买房屋及其他财产，将所有权登记为投资者、投资者家庭成员或企业其他人员，且借款年度终了后未归还借款的。

(3) 对个人独资企业、合伙企业的个人投资者或其家庭成员取得的上述所得，视为企业对个人投资者的利润分配，按照“经营所得”项目计征个人所得税；对除个人独资企业、合伙企业以外其他企业的个人投资者或其家庭成员取得的上述所得，视为企业对个人投资者的红利分配，按照“利息、股息、红利所得”项目计征个人所得税；对企业其他人员取得的上述所得，按照“综合所得”项目计征个人所得税。

第五节　个人所得税税收优惠

一、免税项目

（1）省级人民政府、国务院部委和中国人民解放军军以上单位，以及外国组织、国际组织颁发的科学、教育、技术、文化、卫生、体育、环境保护等方面的奖金。

（2）国债和国家发行的金融债券利息。其中，国债利息，是指个人持有中华人民共和国财政部发行的债券而取得的利息；国家发行的金融债券利息，是指个人持有经国务院批准发行的金融债券而取得的利息。

（3）按照国家统一规定发给的补贴、津贴。其是指按照国务院规定发给的政府特殊津贴、院士津贴，以及国务院规定免纳个人所得税的其他补贴、津贴。

（4）福利费、抚恤金、救济金。其中，福利费是指根据国家有关规定，从企业、事业单位、国家机关、社会团体提留的福利费或者从工会经费中支付给困难个人的生活补助费；救济金是指国家民政部门支付给个人的生活困难补助费。

（5）保险赔款。

（6）军人的转业费、复员费、退役金。

（7）按照国家统一规定发给干部、职工的安家费、退职费、基本养老金或者退休费、离休费，离休生活补助费。其中，退职费是指符合《国务院关于工人退休、退职的暂行办法》规定的退职条件，并按该办法规定的退职费标准所领取的退职费。

（8）依照有关法律规定应予免税的各国驻华使馆、领事馆的外交代表、领事官员和其他人员的所得。

（9）中国政府参加的国际公约、签订的协议中规定免税的所得。

（10）对外籍个人取得的探亲费免征个人所得税。可以享受免征个人所得税优惠待遇的探亲费，仅限于外籍个人在我国的受雇地与其家庭所在地（包括配偶或父母居住地）之间搭乘交通工具且每年不超过2次的费用。

（11）按照国家规定，单位为个人缴付和个人缴付的住房公积金、基本医疗保险费、基本养老保险费、失业保险费，从纳税义务人的应纳税所得额中扣除。

（12）个人取得的拆迁补偿款按有关规定免征个人所得税。

（13）国务院规定的其他免税所得。该项免税规定，由国务院报全国人民代表大会常务委员会备案。

二、减税项目

（1）残疾、孤老人员和烈属的所得。

（2）因严重自然灾害造成重大损失的。

上述减税项目的减征幅度和期限，由省、自治区、直辖市人民政府规定，并报同级人民代表大会常务委员会备案。

国务院可以规定其他减税情形，报全国人民代表大会常务委员会备案。

三、暂免征税项目

根据《财政部 国家税务总局关于个人所得税若干政策问题的通知》和有关文件的规定，对下列所得暂免征收个人所得税：

(1) 外籍个人以非现金形式或实报实销形式取得的住房补贴、伙食补贴、搬迁费、洗衣费。

(2) 外籍个人按合理标准取得的境内、境外出差补贴。

(3) 外籍个人取得的语言训练费、子女教育费等，经当地税务机关审核批准为合理的部分。

(4) 外籍个人从外商投资企业取得的股息、红利所得。

(5) 凡符合下列条件之一的外籍专家取得的工资、薪金所得，可免征个人所得税：

a. 根据世界银行专项借款协议，由世界银行直接派往我国工作的外国专家。

b. 联合国组织直接派往我国工作的专家。

c. 为联合国援助项目来华工作的专家。

d. 援助国派往我国专为该国援助项目工作的专家。

e. 根据两国政府签订的文化交流项目来华工作两年以内的文教专家，其工资、薪金所得由该国负担的。

f. 根据我国大专院校国际交流项目来华工作两年以内的文教专家，其工资、薪金所得由该国负担的。

g. 通过民间科研协定来华工作的专家，其工资、薪金所得由该国政府机构负担的。

(6) 对股票转让所得暂不征收个人所得税。

(7) 个人举报、协查各种违法、犯罪行为而获得的奖金。

(8) 个人办理代扣代缴手续，按规定取得的扣缴手续费。

(9) 个人转让自用达 5 年以上，并且是唯一的家庭生活用房取得的所得，暂免征收个人所得税。

(10) 对个人购买福利彩票、赈灾彩票、体育彩票，一次中奖收入在 1 万元以下的(含 1 万元)暂免征收个人所得税，超过 1 万元的全额征收个人所得税。

(11) 个人取得单张有奖发票奖金所得不超过 800 元(含 800 元)的，暂免征收个人所得税。

(12) 达到离休、退休年龄，但确因工作需要，适当延长离休、退休年龄的高级专家(指享受国家发放的政府特殊津贴的专家、学者)，其在延长离休、退休期间的工资、薪金所得，视同离休、退休工资免征个人所得税。

(13) 对国有企业职工因企业依照《中华人民共和国企业破产法(试行)》宣告破产，从破产企业处取得的一次性安置费收入，免予征收个人所得税。

(14) 职工与用人单位解除劳动关系取得的一次性补偿收入(包括用人单位发放的经济补偿金、生活补助费和其他补助费用)，在当地上年职工年平均工资 3 倍数额内的部分，可免征个人所得税。

(15) 个人领取原提存的住房公积金、基本医疗保险金、基本养老保险金，以及失业保险金，免予征收个人所得税。

(16) 对工伤职工及其近亲属按照《工伤保险条例》规定取得的工伤保险待遇，免征个人所得税。

(17) 企业和事业单位根据国家相关政策规定的办法和标准，为在本单位任职或者受雇的全体职工缴付的企业年金或职业年金单位缴费部分，在计入个人账户时，个人暂不缴纳个人所得税。个人根据国家有关政策规定缴付的年金个人缴费部分，在不超过本人缴费工资计税基数的4%标准内的部分，暂从个人当期的应纳税所得额中扣除。年金基金投资运营收益分配计入个人账户时，个人暂不缴纳个人所得税。

(18) 自2008年10月9日(含)起，对储蓄存款利息所得暂免征收个人所得税。

(19) 自2015年9月8日起，个人从公开发行和转让市场取得的上市公司股票，持股期限超过1年的，股息、红利所得暂免征收个人所得税。

(20) 自2009年5月25日(含)起，以下情形的房屋产权无偿赠与的，对当事双方不征收个人所得税：

a. 房屋产权所有人将房屋产权无偿赠与配偶、父母、子女、祖父母、外祖父母、孙子女、外孙子女、兄弟姐妹。

b. 房屋产权所有人将房屋产权无偿赠与对其承担直接抚养或者赡养义务的抚养人或者赡养人。

c. 房屋产权所有人死亡，依法取得房屋产权的法定继承人、遗嘱继承人或者受遗赠人。

(21) 个体工商户、个人独资企业和合伙企业或个人从事种植业、养殖业、饲养业、捕捞业取得的所得，暂不征收个人所得税。

(22) 企业在销售商品(产品)和提供服务过程中向个人赠送礼品，属于下列情形之一的，不征收个人所得税：

a. 企业通过价格折扣、折让方式向个人销售商品(产品)和提供服务。

b. 企业在向个人销售商品(产品)和提供服务的同时给予赠品，例如通信企业对购买手机的个人赠送话费、入网费，或者购话费赠手机等。

c. 企业对累积消费达到一定额度的个人按消费积分反馈礼品。

【例6-16】 下列个人所得中，免征个人所得税的是(　　)。

A. 李某取得的保险赔款

B. 张某取得的加班补贴

C. 陈某取得的特许权的经济赔偿收入

D. 王某获得的县级人民政府颁发的教育方面的奖金

正确答案： A。

【例6-17】 根据个人所得税法律制度的规定，下列各项中，暂免征收个人所得税的有(　　)。

A. 赵某转让自用满10年，并且是唯一的家庭生活用房取得的所得500 000元

B. 李某获得兼职所得1 000元

C. 王某取得的储蓄存款利息1 500元

D. 张某因举报某公司违法行为获得的奖金20 000元

正确答案： ACD。

第六节　个人所得税征收管理

一、纳税申报

（1）个人所得税以所得人为纳税人，以支付所得的单位或者个人为扣缴义务人。扣缴义务人向个人支付应税款项时，应当依照个人所得税法规定预扣或代扣税款，按时缴库，并专项记载备查。支付包括现金支付、汇拨支付、转账支付和以有价证券、实物以及其他形式的支付。税务机关对扣缴义务人按照扣缴的税款，付给2%的手续费。个人首次取得应税所得或者首次办理纳税申报时，应当向扣缴义务人或者税务机关如实提供纳税人识别号以及与纳税有关的信息。个人上述信息发生变化的，应当报告扣缴义务人或者税务机关。没有中国居民身份证号码的个人，应当在首次发生纳税义务时，按照税务机关规定报送与纳税有关的信息，由税务机关赋予其纳税人识别号。国务院税务主管部门可以指定掌握所得信息并对所得取得过程有控制权的单位为扣缴义务人。

专项附加扣除信息表如表6-4所示，个人所得税扣缴申报表如表6-5所示。

（2）有下列情形之一的，纳税人应当依法办理纳税申报：

a. 取得综合所得需要办理汇算清缴。

b. 取得应税所得没有扣缴义务人。

c. 取得应税所得，扣缴义务人未扣缴税款。

d. 取得境外所得。

e. 因移居境外注销中国户籍。

f. 非居民个人在中国境内从两处以上取得工资、薪金所得。

g. 国务院规定的其他情形。

（3）居民个人取得工资、薪金所得时，可以向扣缴义务人提供专项附加扣除有关信息，由扣缴义务人扣缴税款时办理专项附加扣除。纳税人同时从两处以上取得工资、薪金所得，并由扣缴义务人办理专项附加扣除的，对同一专项附加扣除项目，纳税人只能选择从其中一处扣除。居民个人取得劳务报酬所得、稿酬所得、特许权使用费所得，应当在汇算清缴时向税务机关提供有关信息，办理专项附加扣除。暂不能确定纳税人为居民个人或者非居民个人的，应当按照非居民个人缴纳税款，年度终了确定纳税人为居民个人的，按照规定办理汇算清缴。

（4）对年收入超过国务院税务主管部门规定数额的个体工商户、个人独资企业、合伙企业，税务机关不得采取定期定额、事先确定应税所得率等方式征收个人所得税。

（5）纳税人可以委托扣缴义务人或者其他单位和个人办理汇算清缴。纳税人发现扣缴义务人提供或者扣缴申报的个人信息、所得、扣缴税款等与实际情况不符的，有权要求扣缴义务人修改。扣缴义务人拒绝修改的，纳税人可以报告税务机关，税务机关应当及时处理。扣缴义务人发现纳税人提供的信息与实际情况不符的，可以要求纳税人修改，纳税人拒绝修改的，扣缴义务人应当报告税务机关，税务机关应当及时处理。

表 6-4 个人所得税专项附加扣除信息表

填报日期： 年 月 日　　　　扣除年度：

纳税人姓名：　　　　纳税人识别号：□□□□□□□□□□□□□□□□□□

纳税人信息	手机号码				电子邮箱	
	联系地址				配偶情况	□有配偶 □无配偶
纳税人配偶信息	姓名		身份证件类型		身份证件号码	□□□□□□□□□□□□□□□□□□
一、子女教育						
较上次报送信息是否发生变化：□首次报送（请填写全部信息） □无变化（不需重新填写） □有变化（请填写发生变化项目的信息）						
子女一	姓名		身份证件类型		身份证件号码	□□□□□□□□□□□□□□□□□□
	出生日期		当前受教育阶段	□学前教育阶段 □义务教育 □高中阶段教育 □高等教育		
	当前受教育阶段起始时间	年 月	当前受教育阶段结束时间	年 月	子女教育终止时间 ＊不再受教育时填写	年 月
	就读国家（或地区）		就读学校		本人扣除比例	□100%（全额扣除） □50%（平均扣除）
子女二	姓名		身份证件类型		身份证件号码	□□□□□□□□□□□□□□□□□□
	出生日期		当前受教育阶段	□学前教育阶段 □义务教育 □高中阶段教育 □高等教育		
	当前受教育阶段起始时间	年 月	当前受教育阶段结束时间	年 月	子女教育终止时间 ＊不再受教育时填写	年 月
	就读国家（或地区）		就读学校		本人扣除比例	□100%（全额扣除） □50%（平均扣除）
子女三	姓名		身份证件类型		身份证件号码	□□□□□□□□□□□□□□□□□□
	出生日期		当前受教育阶段	□学前教育阶段 □义务教育 □高中阶段教育 □高等教育		
	当前受教育阶段起始时间	年 月	当前受教育阶段结束时间	年 月	子女教育终止时间 ＊不再受教育时填写	年 月
	就读国家（或地区）		就读学校		本人扣除比例	□100%（全额扣除） □50%（平均扣除）
二、继续教育						
较上次报送信息是否发生变化：□首次报送（请填写全部信息） □无变化（不需重新填写） □有变化（请填写发生变化项目的信息）						
学历（学位）继续教育	当前继续教育起始时间	年 月	当前继续教育结束时间	年 月	学历（学位）继续教育阶段	□专科 □本科 □硕士研究生 □博士研究生 □其他
职业资格继续教育	职业资格继续教育类型	□技能人员 □专业技术人员			证书名称	
	证书编号		发证机关		发证（批准）日期	

（续表）

三、住房贷款利息					
较上次报送信息是否发生变化：□首次报送（请填写全部信息） □无变化（不需重新填写） □有变化（请填写发生变化项目的信息）					
房屋信息	住房坐落地址	省（区、市）　市　县（区）　街道（乡、镇）			
	产权证号/不动产登记号/商品房买卖合同号/预售合同号				
房贷信息	本人是否借款人	□是　□否		是否婚前各自首套贷款，且婚后分别扣除 50%	□是　□否
	公积金贷款丨贷款合同编号				
	贷款期限（月）			首次还款日期	
	商业贷款丨贷款合同编号			贷款银行	
	贷款期限（月）			首次还款日期	
四、住房租金					
较上次报送信息是否发生变化：□首次报送（请填写全部信息） □无变化（不需重新填写） □有变化（请填写发生变化项目的信息）					
房屋信息	住房坐落地址	省（区、市）　市　县（区）　街道（乡、镇）			
租赁情况	出租方（个人）姓名		身份证件类型	身份证件号码	□□□□□□□□□□□□□□□□□□
	出租方（单位）名称			纳税人识别号（统一社会信用代码）	
	主要工作城市（＊填写市一级）			住房租赁合同编号（非必填）	
	租赁期起			租赁期止	
五、赡养老人					
较上次报送信息是否发生变化：□首次报送（请填写全部信息） □无变化（不需重新填写） □有变化（请填写发生变化项目的信息）					
纳税人身份		□独生子女　□非独生子女			
被赡养人一	姓名		身份证件类型	身份证件号码	□□□□□□□□□□□□□□□□□□
	出生日期		与纳税人关系	□父亲　□母亲　□其他	
被赡养人二	姓名		身份证件类型	身份证件号码	□□□□□□□□□□□□□□□□□□
	出生日期		与纳税人关系	□父亲　□母亲　□其他	
共同赡养人信息	姓名		身份证件类型	身份证件号码	□□□□□□□□□□□□□□□□□□
	姓名		身份证件类型	身份证件号码	□□□□□□□□□□□□□□□□□□
	姓名		身份证件类型	身份证件号码	□□□□□□□□□□□□□□□□□□
	姓名		身份证件类型	身份证件号码	□□□□□□□□□□□□□□□□□□
分摊方式　＊独生子女不需填写		□平均分摊　□赡养人约定分摊　□被赡养人指定分摊		本年度月扣除金额	
六、大病医疗（仅限综合所得年度汇算清缴申报时填写）					
较上次报送信息是否发生变化：□首次报送（请填写全部信息） □无变化（不需重新填写） □有变化（请填写发生变化项目的信息）					

（续表）

患者一	姓名		身份证件类型		身份证件号码	□□□□□□□□□□□□□□□□□□
	医药费用总金额		个人负担金额		与纳税人关系	□本人 □配偶 □未成年子女
患者二	姓名		身份证件类型		身份证件号码	□□□□□□□□□□□□□□□□□□
	医药费用总金额		个人负担金额		与纳税人关系	□本人 □配偶 □未成年子女
患者三	姓名		身份证件类型		身份证件号码	□□□□□□□□□□□□□□□□□□
	医药费用总金额		个人负担金额		与纳税人关系	□本人 □配偶 □未成年子女
七、3 岁以下婴幼儿照护						
较上次报送信息是否发生变化：□首次报送（请填写全部信息） □无变化（不需重新填写） □有变化（请填写发生变化项目的信息）						
子女一	姓名		身份证件类型		身份证件号码	□□□□□□□□□□□□□□□□□□
	出生日期				本人扣除比例	□100%（全额扣除） □50%（平均扣除）
子女二	姓名		身份证件类型		身份证件号码	□□□□□□□□□□□□□□□□□□
	出生日期				本人扣除比例	□100%（全额扣除） □50%（平均扣除）
子女三	姓名		身份证件类型		身份证件号码	□□□□□□□□□□□□□□□□□□
	出生日期				本人扣除比例	□100%（全额扣除） □50%（平均扣除）
需要在任职受雇单位预扣预缴工资、薪金所得个人所得税时享受专项附加扣除的，填写本栏						
重要提示：当您填写本栏，表示您已同意该任职受雇单位使用本表信息为您办理专项附加扣除。						
扣缴义务人名称					扣缴义务人纳税人识别号（统一社会信用代码）	□□□□□□□□□□□□□□□□□□
本人承诺：我已仔细阅读填表说明，并根据《中华人民共和国个人所得税法》及其实施条例、《个人所得税专项附加扣除暂行办法》《个人所得税专项附加扣除操作办法（试行）》等相关法律法规规定填写本表。本人已就所填扣除信息进行了核对，并对所填内容的真实性、准确性、完整性负责。 纳税人签字： 年 月 日						
扣缴义务人签章： 经办人签字： 接收日期： 年 月 日		代理机构签章： 代理机构统一社会信用代码： 经办人签字： 经办人身份证件号码：			受理人： 受理税务机关（章）： 受理日期： 年 月 日	

国家税务总局监制

表 6-5　个人所得税扣缴申报表

税款所属期：　　年　　月　日至　　年　　月　　日

扣缴义务人名称：

扣缴义务人纳税人识别号(统一社会信用代码)：□□□□□□□□□□□□□□□□□□

金额单位：人民币元(列至角分)

序号	姓名	身份证件类型	身份证件号码	纳税人识别号	是否为非居民个人	所得项目	本月(次)情况														累计情况										减按计税比例	准予扣除的捐赠额	税款计算							备注
							收入额计算			减除费用	专项扣除				其他扣除						累计收入额	累计减除费用	累计专项扣除	累计专项附加扣除						累计其他扣除										
							收入	费用	免税收入		基本养老保险费	基本医疗保险费	失业保险费	住房公积金	年金	商业健康保险	税延养老保险	财产原值	允许扣除的税费	其他				子女教育	继续教育	住房贷款利息	住房租金	赡养老人	3岁以下婴幼儿照护				应纳税所得额	税率/预扣率	速算扣除数	应纳税额	减免税额	已缴税额	应补/退税额	
1	2	3	4	5	6	7	8	9	10	11	12	13	14	15	16	17	18	19	20	21	22	23	24	25	26	27	28	29	30	31	32	33	34	35	36	37	38	39	40	41
合计																																								

谨声明：本表是根据国家税收法律法规及相关规定填报的，是真实的、可靠的、完整的。

扣缴义务人(签章)：　　　　年　　月　　日

经办人签字： 经办人身份证件号码： 代理机构签章： 代理机构统一社会信用代码：	受理人： 受理税务机关(章)： 受理日期：　　年　　月　　日

国家税务总局监

(6) 纳税人有下列情形之一的，税务机关可以不予办理退税：

a. 纳税申报或者提供的汇算清缴信息，经税务机关核实为虚假信息，并拒不改正的。

b. 法定汇算清缴期结束后申报退税的。

对不予办理退税的，税务机关应当及时告知纳税人。

二、纳税期限

(1) 居民个人取得综合所得按年计算个人所得税；有扣缴义务人的，由扣缴义务人按月或者按次预扣预缴税款；需要办理汇算清缴的，应当在取得所得的次年3月1日至6月30日内办理汇算清缴。预扣预缴办法由国务院税务主管部门制定。

(2) 非居民个人取得工资、薪金所得，劳务报酬所得，稿酬所得和特许权使用费所得，有扣缴义务人的，由扣缴义务人按月或者按次代扣代缴税款。

(3) 纳税人取得经营所得，按年计算个人所得税，由纳税人在月度或者季度终了后15日内向税务机关报送纳税申报表，并预缴税款；在取得所得的次年3月31日前办理汇算清缴。

(4) 纳税人取得利息、股息、红利所得，财产租赁所得，财产转让所得和偶然所得，按月或者按次计算个人所得税，有扣缴义务人的，由扣缴义务人按月或者按次代扣代缴税款。

(5) 纳税人取得应税所得没有扣缴义务人的，应当在取得所得的次月15日内向税务机关报送纳税申报表，并缴纳税款。

(6) 纳税人取得应税所得，扣缴义务人未扣缴税款的，纳税人应当在取得所得的次年6月30日前，缴纳税款；税务机关通知限期缴纳的，纳税人应当按照期限缴纳税款。

(7) 居民个人从中国境外取得所得的，应当在取得所得的次年3月1日至6月30日内申报纳税。

(8) 非居民个人在中国境内从两处以上取得工资、薪金所得的，应当在取得所得的次月15日内申报纳税。

(9) 纳税人因移居境外注销中国户籍的，应当在注销中国户籍前办理税款清算。

(10) 扣缴义务人每月或者每次预扣、代扣的税款，应当在次月15日内缴入国库，并向税务机关报送扣缴个人所得税申报表。

各项所得的计算，以人民币为单位。所得为人民币以外货币的，按照办理纳税申报或扣缴申报的上一月最后一日人民币汇率中间价，折合成人民币计算应纳税所得额。年度终了后办理汇算清缴的，对已经按月、按季或者按次预缴税款的人民币以外货币所得，不再重新折算；对应当补缴税款的所得部分，按照上一纳税年度最后一日人民币汇率中间价，折合成人民币计算应纳税所得额。

知识点视频

个人所得税概述　　综合所得(1)　　综合所得(2)

财产转让、租赁所得
应纳税额的计算

其他所得项目
应纳税额的计算

个人所得税的
征收管理

实践能力训练

一、单选题

1. 根据个人所得税法律制度的规定，在中国境内有住所，或者无住所而一个纳税年度内在中国境内居住累计满(　　)天的个人，为居民个人。

   A. 90　　B. 183　　C. 210　　D. 365

2. 根据个人所得税法律制度的规定，下列各项中，不按照“工资、薪金所得”项目征收个人所得税的是(　　)。

   A. 退休人员再任职取得的收入
   B. 个人因任职、受雇从上市公司取得的股票增值权所得和限制性股票所得
   C. 个人达到国家规定的退休年龄之后按月领取的年金
   D. 个人依法取得执照，从事办学活动取得的所得

3. 根据个人所得税法律制度的规定，下列各项中，在计算综合所得应纳税所得额时，属于专项扣除的是(　　)。

   A. 子女教育支出　　B. 基本养老保险
   C. 住房贷款利息支出　　D. 继续教育支出

4. 根据个人所得税法律制度的规定，下列各项中，不得在计算个体工商户经营所得中扣除的是(　　)。

   A. 为特殊工种从业人员支付的人身安全保险费
   B. 个体工商户按照规定缴纳的摊位费
   C. 合理的不需要资本化的借款费用
   D. 个人所得税税款

5. 根据个人所得税法律制度，个人将其所得对教育、扶贫、济困等公益慈善事业进行捐赠，捐赠额未超过纳税人申报的应纳税所得额(　　)的部分，可以从其应纳税所得额中扣除。

   A. 12%　　B. 30%　　C. 25%　　D. 8%

6. 下列所得项目，不应按照20%的税率计征个人所得税的是(　　)。

   A. 股息、利息所得　　B. 经营所得
   C. 偶然所得　　D. 财产租赁所得

7. 下列各项中属于综合所得“稿酬所得”的是(　　)。

   A. 审稿收入
   B. 翻译收入

C. 出版社专业作者发表文章收入

D. 报社记者在本单位报纸上发表文章收入

8. 根据个人所得税法律制度的规定，下列各项中，属于综合所得计算应纳税额时可以扣除的是（　　）。

A. 赵某2岁儿子小赵的学前教育支出

B. 钱某使用商业银行贷款购买第二套住房，发生的贷款利息支出

C. 孙某赡养55岁母亲的支出

D. 李某在上海拥有一套住房，其所任职的公司外派其在成都工作1年，李某在成都租房发生的租金支出

二、综合题

中国公民张某为境内甲公司高级管理人员，2022年1月有关收支情况如下：

（1）取得基本工资6 000元，全勤奖200元，季度效益奖3 600元，加班补贴500元。当月五险一金个人缴纳部分为900元，无专项附加扣除和其他扣除。

（2）出租住房取得租金收入5 000元（不含增值税），房屋租赁过程中缴纳的可以税前扣除的相关税费200元。

（3）取得境内A上市公司非限售股股息2 000元；该股票于当月转让，取得所得20 000元，该股票持有期限为10个月。

（4）取得国债利息6 000元、保险赔款7 000元。

要求：

根据上述资料，不考虑其他因素，计算张某1月应缴纳的个人所得税。

三、实训案例

请扫码获取电子版。

自然人税收管理扣缴端
（原个税）申报实训

第七章 财产类税法

《中华人民共和国房产税暂行条例》

《中华人民共和国车船税法》

《中华人民共和国契税法》

《中华人民共和国车辆购置税法》

本章知识结构图

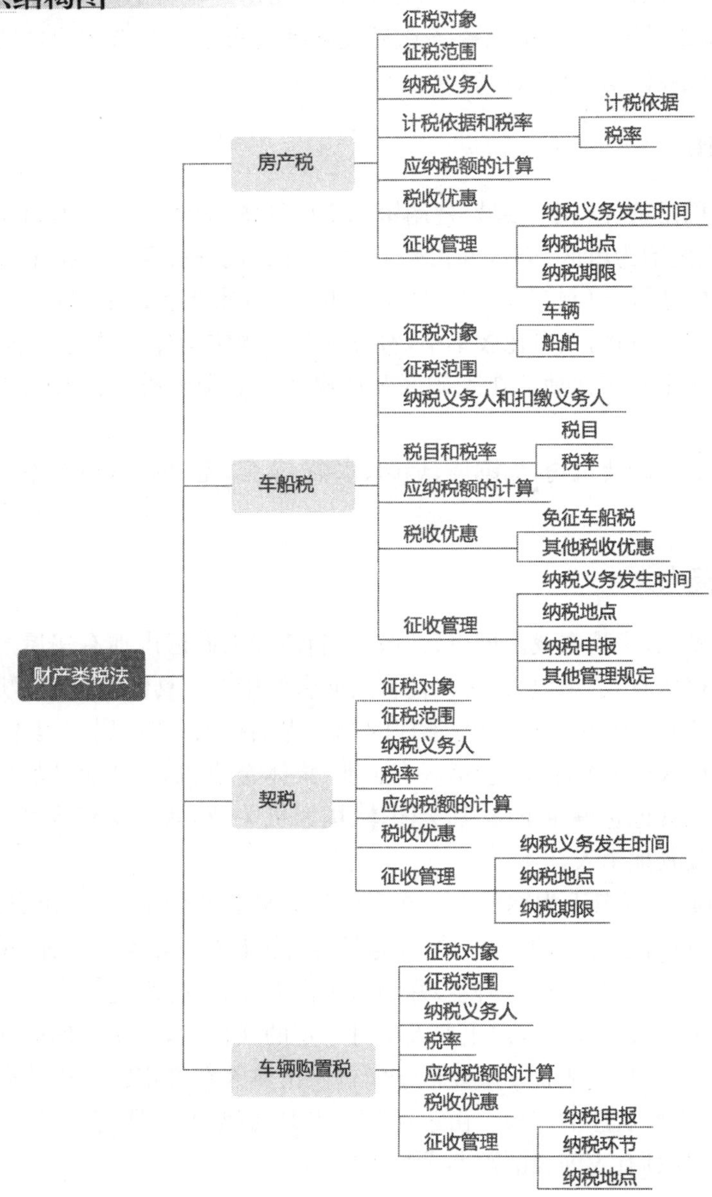

第一节　房　产　税

一、征税对象

房产税，是以房产为征税对象，按照房产的计税价值或房产租金收入向房产所有人或经营管理人等征收的一种税。所谓房屋是指有屋面和围护结构（有墙或两边有柱），能够遮风避雨，可供人们在其中生产、工作、学习、娱乐、居住或储藏物资的场所。

1986年9月15日国务院颁布《中华人民共和国房产税暂行条例》（简称《房产税暂行条例》），同年9月25日财政部、国家税务总局印发《关于房产税若干具体问题的解释和暂行规定》，之后，国务院以及财政部、国家税务总局又陆续发布了一些有关房产税的规定、办法，以上这些共同构成我国房产税法律制度。

二、征税范围

房产税的征税范围为城市、县城、建制镇和工矿区的房屋。其中，城市是指国务院批准设立的市，其征税范围为市区、郊区和市辖县城，不包括农村；县城是指未设立建制镇的县人民政府所在地的地区；建制镇是指经省、自治区、直辖市人民政府批准设立的建制镇；工矿区是指工商业比较发达，人口比较集中，符合国务院规定的建制镇的标准，但尚未设立建制镇的大中型工矿企业所在地。在工矿区开征房产税必须经省、自治区、直辖市人民政府批准。

独立于房屋之外的建筑物，如围墙、烟囱、水塔、菜窖、室外游泳池等不属于房产税的征税范围。

三、纳税义务人

房产税的纳税人，是指在我国城市、县城、建制镇和工矿区内拥有房屋产权的单位和个人。具体包括产权所有人、承典人、房产代管人或者使用人。具体分为如下几类：

(1) 产权属于国家所有的，其经营管理的单位为纳税人；产权属于集体和个人的，集体单位和个人为纳税人。所称单位，包括国有企业、集体企业、私营企业、股份制企业、外商投资企业、外国企业、其他企事业单位、社会团体、国家机关、军队以及其他单位；所称个人，包括个体工商户以及其他个人。

(2) 产权出典的，承典人为纳税人。在房屋的管理和使用中，产权出典，是指产权所有人为了某种需要，将自己房屋的产权，在一定期限内转让（出典）给他人使用而取得出典价款的一种融资行为。产权所有人（房主）称为房屋出典人；支付现金或实物取得房屋支配权的人称为房屋的承典人。承典人向出典人交付一定的典价后，在质典期内获取抵押物品的支配权，并可转典。产权的典价一般要低于卖价。出典人在规定期间内须归还典价的本金和利息，方可赎回出典房屋的产权。由于在房屋出典期间，产权所有人已无权支配房屋，因此，税法规定对房屋具有支配权的承典人为纳税人。

（3）产权所有人、承典人均不在房产所在地的，房产代管人或者使用人为纳税人。

（4）产权未确定以及租典纠纷未解决的，房产代管人或者使用人为纳税人。租典纠纷，是指产权所有人在房产出典和租赁关系上，与承典人、租赁人发生各种争议，特别是有关权利和义务的争议悬而未决的。此外，还有一些产权归属不清的问题，也都属于租典纠纷。

（5）纳税单位和个人无租使用房产管理部门、免税单位及纳税单位的房产，由使用人代为缴纳房产税。

房地产开发企业建造的商品房，在出售前，不征收房产税，但对出售前房地产开发企业已使用或出租、出借的商品房应按规定征收房产税。

【例 7-1】 李宜优将个人拥有产权的房屋出典给张三，则李宜优为该房屋房产税的纳税人。请判断上述说法是否正确。

解析：错误。房产税法律制度规定，房屋出典的，承典人为房产税的纳税人。

四、计税依据和税率

（一）房产税的计税依据

房产税以房产的计税价值或房产租金收入为计税依据。按房产计税价值征税的，称为从价计征；按房产租金收入征税的，称为从租计征。

1. 从价计征的房产税的计税依据

从价计征的房产税，是以房产余值为计税依据。房产税依照房产原值一次减除10%～30%后的余值计算缴纳。具体扣减比例由省、自治区、直辖市人民政府确定。

（1）房产原值，是指纳税人按照会计制度规定，在账簿“固定资产”科目中记载的房屋原价。自 2009 年 1 月 1 日起，对依照房产原值计税的房产，不论是否记载在会计账簿“固定资产”科目中，均应按照房屋原价计算缴纳房产税。房屋原价应根据国家有关会计制度规定进行核算。对纳税人未按国家会计制度核算并记载的，应按规定予以调整或重新评估。

（2）房产余值，是房产的原值减除规定比例后的剩余价值。

（3）房屋附属设备和配套设施的计税规定：

a. 房产原值应包括与房屋不可分割的各种附属设备或一般不单独计算价值的配套设施。主要有：暖气、卫生、通风、照明、煤气等设备；各种管线，如蒸汽、压缩空气、石油、给排水等管道及电力、电讯、电缆导线；电梯、升降机、过道、晒台等。

b. 凡以房屋为载体，不可随意移动的附属设备和配套设施，如给排水、采暖、消防、中央空调、电气及智能化楼宇设备等，无论在会计核算中是否单独记账与核算，都应计入房产原值，计征房产税。

c. 纳税人对原有房屋进行改建、扩建的，要相应增加房屋的原值。对更换房屋附属设备和配套设施的，在将其价值计入房产原值时，可扣减原来相应设备和设施的价值；对附属设备和配套设施中易损坏、需要经常更换的零配件，更新后不再计入房产原值。

（4）对于投资联营的房产的计税规定：

a. 对以房产投资联营、投资者参与投资利润分红、共担风险的，按房产余值作为计税依据计缴房产税。

b. 对以房产投资收取固定收入、不承担经营风险的，实际上是以联营名义取得房屋租金，应以出租方取得的租金收入为计税依据计缴房产税。

c. 对于融资租赁房屋，由于租赁费包括购进房屋的价款、手续费、借款利息等，与一般房屋出租的“租金”内涵不同，且租赁期满后，当承租方偿还最后一笔租赁费时，房屋产权要转移到承租方。这实际是一种变相的分期付款购买固定资产的形式，所以在计征房产税时应以房产余值计算征收。由承租人自融资租赁合同约定开始日的次月起依照房产余值缴纳房产税。合同未约定开始日的，由承租人自合同签订的次月起依照房产余值缴纳房产税。

(5) 居民住宅区内业主共有的经营性房产的计税规定。

从2007年1月1日起，对居民住宅内业主共有的经营性房产，由实际经营（包括自营和出租）的代管人或使用人缴纳房产税。其中自营的依照房产原值减除10%～30%后的余值计征，没有房产原值或不能将业主共有房产与其他房产的原值准确划分开的，由房产所在地税务机关参照同类房产核定房产原值；出租房产的，按照租金收入计征。

2. 从租计征的房产税的计税依据

房产出租的，以房屋出租取得的租金收入为计税依据，计征房产税。计征房产税的租金收入不含增值税。

房产的租金收入，是指房屋产权所有人出租房产使用权所取得的报酬，包括货币收入和实物收入。对以劳务或其他形式为报酬抵付房租收入的，应根据当地同类房产的租金水平，确定一个标准租金额从租计征。

纳税人对个人出租房屋的租金收入申报不实或申报数与同一地段同类房屋的租金收入相比明显不合理的，税务部门可以按照《税收征收管理法》的有关规定，采取科学合理的方法核定其应纳税额。

(二) 房产税的税率

我国现行房产税采用比例税率。从价计征和从租计征实行不同标准的比例税率：

(1) 从价计征的，税率为1.2%。

(2) 从租计征的，税率为12%。

五、应纳税额的计算

1. 从价计征的房产税应纳税额的计算

从价计征是按房产的原值减除一定比例后的余值计征，其计算公式如下：

从价计征的房产税应纳税额＝应税房产原值×(1－扣除比例)×1.2%

公式中，扣除比例幅度为10%～30%，具体减除幅度由省、自治区、直辖市人民政府规定。

2. 从租计征的房产税应纳税额的计算

从租计征是按房产的租金收入计征，其计算公式如下：

从租计征的房产税应纳税额＝租金收入×12%(或4%)

【例7-2】 宜优公司一幢房产原值1 000 000元，已知房产税税率为1.2%，当地规定的房产税扣除比例为30%，该房产年度应缴纳的房产税税额为(　　)元。

A. 9 360　　B. 7 200　　C. 8 400　　D. 2 160

正确答案：C。

【例 7-3】 宜优公司拥有一栋办公楼，该办公楼原值为6 000万元，已计提折旧2 000 万元，当地政府规定的扣除比例为 20%，2022 年 6 月 30 日宜优公司以每月 60 万元的价格将该办公楼出租，2022 年共取得租金 360 万元(不含税)。已知房产税从价计征的税率为 1.2%，从租计征的税率为 12%，则宜优公司 2022 年应缴纳的房产税应为多少？

解析：

(1) 宜优公司办公楼于 6 月 30 日对外出租，则 2022 年 1 月份至 6 月份应从价计征房产税，房产税按年计算，以房产余值为计税基础，不能减除折旧，则从价计征的房产税＝6 000×(1－20%)×1.2%÷12×6＝28.8(万元)。

(2) 该房产于 2022 年收取 6 个月的不含税租金共计 360 万元，则从租计征的房产税＝360×12%＝43.2(万元)。

(3) 2022 年宜优公司上述房产应缴纳房产税税额＝28.8＋43.2＝72(万元)。

六、税收优惠

(1) 国家机关、人民团体、军队自用的房产免征房产税。但上述免税单位的出租房产以及非自身业务使用的生产、营业用房，不属于免税范围。自 2004 年 8 月 1 日起，对军队空余房产租赁收入暂免征收房产税。

(2) 由国家财政部门拨付事业经费(全额或差额)的单位(学校、医疗卫生单位、托儿所、幼儿园、养老院以及文化、体育、艺术类单位)所有的、本身业务范围内使用的房产免征房产税。

由国家财政部门拨付事业经费的单位，其经费来源实行自收自支后，从事业单位实行自收自支的年度起，免征房产税 3 年。

上述单位所属的附属工厂、商店、招待所等不属于单位公务、业务的用房，应照章纳税。

(3) 宗教寺庙、公园、名胜古迹自用的房产免征房产税。宗教寺庙自用的房产，是指举行宗教仪式等的房屋和宗教人员使用的生活用房屋。公园、名胜古迹自用的房产，是指供公共参观游览的房屋及其管理单位的办公用房屋。

宗教寺庙、公园、名胜古迹中附设的营业单位，如影剧院、饮食部、茶社、照相馆等所使用的房产及出租的房产，不属于免税范围，应照章征税。

(4) 个人所有非营业用的房产免征房产税。个人所有非营业用房，主要是指居民住房，不分面积多少，一律免征房产税。对个人拥有的营业用房或者出租的房产，不属于免税房产，应照章征税。

(5) 经财政部批准免税的其他房产：

a. 毁损不堪居住的房屋和危险房屋，经有关部门鉴定，在停止使用后，可免征房产税。

b. 纳税人因房屋大修导致连续停用半年以上的，在房屋大修期间免征房产税，免征税额由纳税人在申报缴纳房产税时自行计算扣除，并在申报表附表或备注栏中作相应说明。

纳税人房屋大修停用半年以上需要免征房产税的，应在房屋大修前向主管税务机关报送相关的证明材料，包括大修房屋的名称、坐落地点、产权证编号、房产原值、用途、房屋大修的原因、大修合同及大修的起止时间等信息和资料，以备税务机关查验。具体报送材料由各省、自治区、直辖市和计划单列市税务局确定。

c. 在基建工地为基建工地服务的各种工棚、材料棚、休息棚和办公室、食堂、茶炉房、汽车房等临时性房屋，施工期间一律免征房产税。但工程结束后，施工企业将这种临时性房屋交还或估价转让给基建单位的，应从基建单位接收的次月起，照章纳税。

d. 对房管部门经租的居民住房，在房租调整改革之前收取租金偏低的，可暂缓征收房产税。对房管部门经租的其他非营业用房，是否给予照顾，由各省、自治区、直辖市根据当地具体情况按税收管理体制的规定办理。

e. 对高校学生公寓免征房产税。

f. 对非营利性医疗机构、疾病控制机构和妇幼保健机构等卫生机构自用的房产，免征房产税。

g. 老年服务机构自用的房产免征房产税。老年服务机构是指专门为老年人提供生活照料、文化、护理、健身等多方面服务的福利性、非营利性的机构，主要包括老年社会福利院、敬老院(养老院)、老年服务中心、老年公寓(含老年护理院、康复中心、托老所)等。

h. 对公共租赁住房免征房产税。公共租赁住房经营单位应单独核算公共租赁住房租金收入，未单独核算的，不得享受免征房产税优惠政策。

对廉租住房经营管理单位按照政府规定价格、向规定保障对象出租廉租住房的租金收入，免征房产税。

对个人出租住房，不区分用途，按 4%的税率征收房产税；对企事业单位、社会团体以及其他组织按市场价格向个人出租用于居住的住房，减按 4%的税率征收房产税。

i. 国家机关、军队、人民团体、财政补助事业单位、居民委员会、村民委员会拥有的体育场馆，用于体育活动的房产，免征房产税。

经费自理事业单位、体育社会团体、体育基金会、体育类民办非企业单位拥有并运营管理的体育场馆，符合相关条件的，其用于体育活动的房产，免征房产税。

企业拥有并运营管理的大型体育场馆，其用于体育活动的房产，减半征收房产税。享受上述税收优惠体育场馆的运动场地，用于体育活动的天数不得低于全年自然天数的 70%。

(6) 根据财税〔2022〕10 号《关于进一步实施小微企业“六税两费”减免政策的公告》对增值税小规模纳税人、小型微利企业和个体工商户可以在 50%的税额幅度内减征房产税。增值税小规模纳税人、小型微利企业和个体工商户已依法享受房产税其他优惠政策的，可叠加享受本公告第一条规定的优惠政策。

【例 7-4】 下列各项中，不予免征房产税的是(　　)。

A. 公园中附设的饮食部

B. 名胜古迹管理单位自用的办公用房

C. 个人所有的唯一普通居住用房

D. 国家机关的职工食堂

E. 军队空余房产出租

正确答案：A。

七、征收管理

(一) 纳税义务发生时间

(1) 纳税人将原有房产用于生产经营,从生产经营之月起,缴纳房产税。

(2) 纳税人自行新建房屋用于生产经营,从建成之次月起,缴纳房产税。

(3) 纳税人委托施工企业建设的房屋,从办理验收手续之次月起,缴纳房产税。

(4) 纳税人购置新建商品房,自房屋交付使用之次月起,缴纳房产税。

(5) 纳税人购置存量房,自办理房屋权属转移、变更登记手续,房地产权属登记机关签发房屋权属证书之次月起,缴纳房产税。

(6) 纳税人出租、出借房产,自交付出租、出借本企业房产之次月起,缴纳房产税。

(7) 房地产开发企业自用、出租、出借本企业建造的商品房,自房屋使用或交付之次月起,缴纳房产税。

(8) 纳税人因房产的实物或权利状态发生变化而依法终止房产税纳税义务的,其应纳税款的计算截止到房产的实物或权利状态发生变化的当月末。

(二) 纳税地点

房产税在房产所在地缴纳。房产不在同一地方的纳税人,应按房产的坐落地点分别向房产所在地的税务机关申报纳税。

(三) 纳税期限

房产税实行按年计算、分期缴纳的征收方法,具体纳税期限由省、自治区、直辖市人民政府确定。

第二节 车 船 税

一、征税对象

车船税,是指对在中国境内车船管理部门登记的车辆、船舶依法征收的一种税。

车船税的征税对象是在中华人民共和国境内属于车船税法中规定的车辆和船舶(简称车船)。

(一) 车辆

依靠燃油、电力等能源作为动力运行的车辆,包括乘用车、商用客车、商用货车、挂车、摩托车、专项作业车和轮式专用机械车。

注意:纯电动乘用车和燃料电池乘用车不属于车船税征税范围,对其不征车船税。

(二) 船舶

船舶包括机动船、非机动驳船和游艇。机动船指依靠燃料等能源作为动力运行的船舶,包括客船、货船、气垫船、拖船等;非机动驳船是指依靠其他力量运行的驳船。

二、征税范围

车船税的征税范围是指在中华人民共和国境内属于车船税法所规定的应税车辆和船

舶。具体包括如下几点：

（1）依法应当在车船登记管理部门登记的机动车辆和船舶。

（2）依法不需要在车船登记管理部门登记的，在单位内部场所行驶或者作业的机动车辆和船舶。

车船管理部门是指公安、交通运输、农业、渔业、军队、武装警察部队等依法具有车船登记管理职能的部门和船舶检验机构；单位是指依照中国法律、行政法规规定，在中国境内成立的行政机关、企业、事业单位、社会团体以及其他组织。

三、纳税义务人和扣缴义务人

车船税的纳税人，是指在中华人民共和国境内属于税法规定的车辆、船舶（简称车船）的所有人或者管理人。

从事机动车第三者责任强制保险业务的保险机构为机动车车船税的扣缴义务人。

四、税目和税率

（一）税目

车船税的税目分为5大类，包括乘用车、商用车、其他车辆、摩托车和船舶。乘用车为核定载客人数9人（含）以下的车辆；商用车包括客车和货车，其中客车为核定载客人数9人以上的车辆（包括电车），货车包括半挂牵引车、挂车、客货两用汽车、三轮汽车和低速载货汽车等；其他车辆包括专用作业车和轮式专用机械车等（不包括拖拉机）。船舶包括机动船舶、非机动驳船、拖船和游艇。

乘用车，是指在设计和技术特性上主要用于载运乘客及随身行李，核定载客人数包括驾驶员在内不超过9人的汽车。

商用车，是指除乘用车以外，在设计和技术特性上用于载运乘客、货物的汽车，划分为客车和货车。

半挂牵引车，是指装备有特殊装置用于牵引半挂车的商用车。

三轮汽车，是指最高设计车速不超过每小时50公里，具有3个车轮的货车。

低速载货汽车，是指以柴油机为动力，最高设计车速不超过每小时70公里，具有4个车轮的货车。

挂车是指就其设计和技术特性需由汽车或者拖拉机牵引，才能正常使用的一种无动力的道路车辆。

专用作业车，是指在其设计和技术特性上用于特殊工作的车辆。

轮式专用机械车，是指有特殊结构和专门功能，装有橡胶车轮可以自行行驶，最高设计车速大于每小时20公里的轮式工程机械车。

摩托车，是指无论采用何种驱动方式，最高设计车速大于每小时50公里，或者使用内燃机，其排量大于50毫升的两轮或者三轮车辆。

船舶，是指各类机动、非机动船舶以及其他水上移动装置，但是船舶上装备的救生艇筏和长度小于5米的艇筏除外。其中，机动船舶是指用机器推进的船舶；拖船是指专门用于拖（推）动运输船舶的专业作业船舶；非机动驳船，是指在船舶登记管理部门登记为驳船的非机动船舶；游艇是指具备内置机械推进动力装置，长度在90米以下，主要用于游览观光、休闲娱乐、水上体育运动等活动，并应当具有船舶检验证书和适航证书的船舶。

(二) 税率

车船税采用定额税率，又称固定税额。根据《中华人民共和国车船税法》(简称《车船税法》)的规定，对应税车船实行有幅度的定额税率，即对各类车船分别规定一个最低到最高限度的年税额。车船的适用税额依照《车船税税目税额表》执行，如表7-1所示。

表7-1　车船税税目税额表

车船税的税目		计税单位	年基准税额(元)	备注
乘用车[按发动机汽缸容量(排气量)分档]	1.0升(含)以下的	每辆	60～360	核定载客人数9人(含)以下
	1.0升以上至1.6升(含)的	每辆	300～540	
	1.6升以上至2.0升(含)的	每辆	360～660	
	2.0升以上至2.5升(含)的	每辆	660～1 200	
	2.5升以上至3.0升(含)的	每辆	1 200～2 400	
	3.0升以上至4.0升(含)的	每辆	2 400～3 600	
	4.0升以上的	每辆	3 600～5 400	
商用车	客车	每辆	480～1 440	核定载客人数9人以上，包括电车
	货车	整备质量每吨	16～120	包括半挂牵引车、三轮汽车和低速载货汽车等 挂车按照货车税额的50%计算
其他车辆	专用作业车	整备质量每吨	16～120	不包括拖拉机
	轮式专用机械车	整备质量每吨	16～120	
摩托车		每辆	36～180	
船舶	机动船舶	净吨位每吨	3～6	拖船、非机动驳船分别按照机动船舶税额的50%计算
	游艇	艇身长度每米	600～2 000	

车辆的具体适用税额由省、自治区、直辖市人民政府依照《车船税法》所附《车船税税目税额表》规定的税额幅度和国务院的规定确定并报国务院备案。省、自治区、直辖市人民政府确定车辆具体适用税额应当遵循以下两条原则：

(1) 乘用车依排气量从小到大递增税额。

(2) 客车按照核定载客人数20人以下和20人(含)以上两档划分，递增税额。

船舶的具体适用税额由国务院在《车船税法》所附《车船税税目税额表》规定的税额幅度内确定。

1. 机动船舶具体适用税额

(1) 净吨位不超过200吨的,每吨3元。

(2) 净吨位超过200吨但不超过2 000吨的,每吨4元。

(3) 净吨位超过2 000吨但不超过10 000吨的,每吨5元。

(4) 净吨位超过10 000吨的,每吨6元。

拖船按照发动机功率每1千瓦折合净吨位0.67吨计算征收车船税。

2. 游艇具体适用税额

(1) 艇身长度不超过10米的,每米600元。

(2) 艇身长度超过10米但不超过18米的,每米900元。

(3) 艇身长度超过18米但不超过30米的,每米1 300元。

(4) 艇身长度超过30米的,每米2 000元。

(5) 辅助动力帆艇,每米600元。

3. 其他

排气量、整备质量、核定载客人数、净吨位、千瓦、艇身长度,以车船登记管理部门核发的车船登记证书或者行驶证所载数据为准。

依法不需要办理登记的车船和依法应当登记而未办理登记或者不能提供车船登记证书、行驶证的车船,以车船出厂合格证明或者进口凭证标注的技术参数、数据为准;不能提供车船出厂合格证明或者进口凭证的,由主管税务机关参照国家相关标准核定,没有国家相关标准的参照同类车船核定。

五、应纳税额的计算

1. 车船税各税目应纳税额的计算公式

乘用车、客车和摩托车的应纳税额=辆数×适用年基准税额

货车、专用作业车和轮式专用机械车的应纳税额=整备质量吨位数×适用年基准税额

机动船舶的应纳税额=净吨位数×适用年基准税额

拖船和非机动驳船的应纳税额=净吨位数×适用年基准税额×50%

游艇的应纳税额=艇身长度×适用年基准税额

2. 购置的新车船应纳税额的计算公式

购置当年的应纳税额自纳税义务发生的当月起按月计算,计算公式如下:

应纳税额=适用年基准税额÷12×应纳税月份数

3. 保险机构代收代缴车船税和滞纳金的计算

(1) 对于境外机动车临时入境、机动车临时上道路行驶、机动车距规定的报废期限不足1年而购买短期交强险的车辆,保单中"当年应缴"项目的计算公式如下:

当年应缴=计税单位×年单位税额×应纳税月份数÷12

其中,应纳税月份数为"交强险"有效期起始日期的当月至截止日期当月的月份数。

(2) 对于已向税务机关缴税或税务机关已经批准免税的车辆,保单中"当年应缴"项目应为0。对于税务机关已批准减税的机动车,保单中"当年应缴"项目应根据减税前的应纳

税额扣除依据减税证明中注明的减税幅度计算的减税额确定，计算公式如下：

减税车辆应纳税额＝减税前应纳税额×(1－减税幅度)

(3) 对于2007年1月1日前购置的车辆或者曾经缴纳过车船税的车辆，保单中“往年补缴”项目的计算公式如下：

往年补缴＝计税单位×年单位税额×(本次缴税年度－前次缴税年度－1)

其中，对于2007年1月1日前购置的车辆，纳税人从未缴纳车船税的，前次缴税年度设定为2006年。

(4) 对于2007年1月1日以后购置的车辆，纳税人从购置时起一直未缴纳车船税的，保单中“往年补缴”项目的计算公式如下：

往年补缴＝购置当年欠缴的税款＋购置年度以后欠缴税款

购置当年欠缴的税款＝计税单位×年单位税额×应纳税月份数÷12

应纳税月份数为车辆登记日期的当月起至该年度终了的月份数。若车辆尚未到车船管理部门登记，则应纳税月份数为购置日期的当月起至该年度终了的月份数。

购置年度以后欠缴税款＝计税单位×年单位税额×(本次缴税年度－车辆登记年度－1)

(5) 滞纳金的计算。

对于纳税人在应购买“交强险”截止日期以后购买“交强险”的，或以前年度没有缴纳车船税的，保险机构在代收代缴税款的同时，还应代收代缴欠缴税款的滞纳金。

保单中“滞纳金”项目为各年度欠税应加收滞纳金之和。

每一年度欠税应加收的滞纳金＝欠税金额×滞纳天数×0.5‰

滞纳天数的计算自应购买“交强险”截止日期的次日起到纳税人购买“交强险”当日止。纳税人连续两年以上欠缴车船税的，应分别计算每一年度欠税应加收的滞纳金。

【例7-5】 赵某2022年4月12日购买1辆发动机气缸容量为1.6升的乘用车，已知适用年基准税额480元。

要求：计算赵某2022年应缴纳车船税税额。

解析： 购置的新车船，购置当年的应纳税额自纳税义务发生的当月起按月计算。赵某2022年应缴纳车船税税额＝480×9÷12＝360(元)

六、税收优惠

(一) 免征车船税

(1) 捕捞、养殖渔船。捕捞、养殖渔船是指在渔业船舶管理部门登记为捕捞船或者养殖船的渔业船舶。

(2) 军队、武装警察部队专用的车船。军队、武装警察部队专用的车船，是指按照规定在军队、武装警察部队车船登记管理部门登记，并领取军队、武警牌照的车船。

(3) 警用车船。警用车船，是指公安机关、国家安全机关、监狱、劳动教养管理机关和人民法院、人民检察院领取警用牌照的车辆和执行警务的专用船舶。

(4) 依照法律规定应当予以免税的外国驻华使领馆、国际组织驻华代表机构及其有关人员的车船。

(5) 对使用新能源车船,免征车船税。免征车船税的使用新能源汽车是指纯电动商用车、插电式(含增程式)混合动力汽车、燃料电池商用车。纯电动乘用车和燃料电池乘用车不属于车船税征税范围,对其不征车船税。

免征车船税的使用新能源汽车(不含纯电动乘用车和燃料电池乘用车),必须符合国家有关标准。

(6) 临时入境的外国车船和中国香港特别行政区、中国澳门特别行政区、中国台湾地区的车船,不征收车船税。

(7) 按照规定缴纳船舶吨税的机动船舶,自《车船税法》实施之日起 5 年内免征车船税。

(8) 依法不需要在车船登记管理部门登记的机场、港口、铁路站场内部行驶或者作业的车船,自《车船税法》实施之日起 5 年内免征车船税。

(二) 其他税收优惠

(1) 对节约能源车船,减半征收车船税。减半征收车船税的节约能源乘用车应同时符合以下标准:①获得许可在中国境内销售的排量为 1.6 升以下(含 1.6 升)的燃用汽油、柴油的乘用车(含非插电式混合动力、双燃料和两用燃料乘用车);②综合工况燃料消耗量应符合标准。

减半征收车船税的节约能源商用车应同时符合下列标准:①获得许可在中国境内销售的燃用天然气、汽油、柴油的轻型和重型商用车(含非插电式混合动力、双燃料和两用燃料轻型和重型商用车);②燃用汽油、柴油的轻型和重型商用车综合工况燃料消耗量应符合标准。

(2) 对受地震、洪涝等严重自然灾害影响纳税困难以及其他特殊原因确需减免税的车船,可以在一定期限内减征或者免征车船税。具体减免期限和数额由省、自治区、直辖市人民政府确定,报国务院备案。

(3) 省、自治区、直辖市人民政府根据当地实际情况,可以对公共交通车船,农村居民拥有并主要在农村地区使用的摩托车、三轮汽车和低速载货汽车定期减征或者免征车船税。

七、征收管理

(一) 纳税义务发生时间

车船税纳税义务发生时间为取得车船所有权或者管理权的当月。以购买车船的发票或其他证明文件所载日期的当月为准。

车船税的纳税义务发生时间,为车船管理部门核发的车船登记证书或者行驶证书所记载日期的当月。纳税人未按照规定到车船管理部门办理应税车船登记手续的,以车船购置发票所载开具时间的当月作为车船税的纳税义务发生时间。对未办理车船登记手续且无法提供车船购置发票的,由主管税务机关核定纳税义务发生时间。

(二) 纳税地点

车船税的纳税地点为车船的登记地或者车船税扣缴义务人所在地。

扣缴义务人代收代缴车船税的,纳税地点为扣缴义务人所在地。

纳税人自行申报缴纳车船税的,纳税地点为车船登记地的主管税务机关所在地。

依法不需要办理登记的车船,其车船税的纳税地点为车船的所有人或者管理人所在地。

(三) 纳税申报

车船税按年申报，分月计算，一次性缴纳。纳税年度为公历 1 月 1 日至 12 月 31 日。具体申报纳税期限由省、自治区、直辖市人民政府规定。

(1) 从事机动车第三者责任强制保险业务的保险机构为机动车车船税的扣缴义务人，应当在收取保险费时依法代收车船税，并出具代收税款凭证。

机动车车船税扣缴义务人在代收车船税时，应当在机动车交通事故责任强制保险的保险单以及保费发票上注明已收税款的信息，作为代收税款凭证。

(2) 已完税或者依法减免税的车辆，纳税人应当向扣缴义务人提供登记地的主管税务机关出具的完税凭证或者减免税证明。

纳税人没有按照规定期限缴纳车船税的，扣缴义务人在代收代缴税款时，可以一并代收代缴欠缴税款的滞纳金。

(3) 扣缴义务人已代收代缴车船税的，纳税人不再向车辆登记地的主管税务机关申报缴纳车船税。

(4) 没有扣缴义务人的，纳税人应当向主管税务机关自行申报缴纳车船税。

(5) 纳税人缴纳车船税时，应当提供反映排气量、整备质量、核定载客人数、净吨位、千瓦、艇身长度等与纳税相关信息的相应凭证以及税务机关根据实际需要要求提供的其他资料。

纳税人以前年度已经提供前款所列资料信息的，可以不再提供。

(6) 已缴纳车船税的车船在同一纳税年度内办理转让过户的，不另纳税，也不退税。

(四) 其他管理规定

(1) 车辆所有人或者管理人在申请办理车辆相关登记、定期检验手续时，应当向公安机关交通管理部门提交依法纳税或者免税证明。公安机关交通管理部门核查后办理相关手续。

公安、交通运输、农业、渔业等车船登记管理部门、船舶检验机构和车船税扣缴义务人的行业主管部门应当在提供车船有关信息等方面，协助税务机关加强车船税的征收管理。

公安机关交通管理部门在办理车辆相关登记和定期检验手续时，经核查，对没有提供依法纳税或者免税证明的，不予办理相关手续。

(2) 扣缴义务人应当及时解缴代收代缴的税款和滞纳金，并向主管税务机关申报。扣缴义务人向税务机关解缴税款和滞纳金时，应当同时报送明细的税款和滞纳金扣缴报告。

扣缴义务人解缴税款和滞纳金的具体期限，由省、自治区、直辖市税务机关依照法律、行政法规的规定确定。

(3) 在一个纳税年度内，已完税的车船被盗抢、报废、灭失的，纳税人可以凭有关管理机关出具的证明和完税凭证，向纳税所在地的主管税务机关申请退还自被盗抢、报废、灭失月份起至该纳税年度终了期间的税款。

已办理退税的被盗抢车船失而复得的，纳税人应当从公安机关出具相关证明的当月起计算缴纳车船税。

【例 7-6】 赵某于 2021 年 5 月购入奔驰轿车一辆，2022 年 4 月被盗，已按照规定办理退税。通过公安机关的侦查，2022 年 9 月份被盗车辆失而复得，并取得公安机关的相关证明。已知当地小轿车车船税年税额为 500 元/辆，赵某 2022 年实际应缴纳的车船税的下列计算中，正确的是（　　）。

A. 0　　　　B. 500×3÷12＝125（元）

C. 500×7÷12＝292（元）　　　　D. 500 元

正确答案： C。

第三节　契　　税

一、征税对象

契税以在我国境内转移土地、房屋权属的行为作为征税对象。土地、房屋权属未发生转移的，不征收契税。

二、征税范围

契税的征税范围主要包括如下几种情形：

（1）国有土地使用权出让。国有土地使用权出让是指土地使用者向国家交付土地使用权出让费用，国家将国有土地使用权在一定年限内让与土地使用者的行为。出让费用包括出让金等。

（2）土地使用权转让。土地使用权转让是指土地使用者以出售、赠与、交换或者其他方式将土地使用权转移给其他单位和个人的行为。土地使用权的转让不包括农村集体土地承包经营权的转移。

（3）房屋买卖。房屋买卖是指房屋所有者将其房屋出售，由承受者交付货币、实物、无形资产或其他经济利益的行为。

（4）房屋赠与。房屋赠与是指房屋所有者将其房屋无偿转让给受赠者的行为。

（5）房屋交换。房屋交换是指房屋所有者之间相互交换房屋的行为。

除上述情形外，在实际中还有其他一些转移土地、房屋权属的形式，例如以土地、房屋权属作价投资、入股，以土地、房屋权属抵债；以获奖方式承受土地、房屋权属；以预购方式或者预付集资建房款方式承受土地、房屋权属等。对于这些转移土地、房屋权属的形式，可以分别视同土地使用权转让、房屋买卖或者房屋赠与征收契税。再如，土地使用权受让人通过完成土地使用权转让方约定的投资额度或投资特定项目，以此获取低价转让或无偿赠与的土地使用权的，属于契税征收范围，其计税价格由征收机关参照纳税义务发生时当地的市场价格核定。此外，公司增资扩股中，对以土地、房屋权属作价入股或作为出资投入企业的，征收契税；企业破产清算期间，对非债权人承受破产企业土地、房屋权属的，征收契税。

土地、房屋典当、继承、分拆（分割）、抵押以及出租等行为，不属于契税的征税范围。

三、纳税义务人

契税的纳税人，是指在我国境内承受土地、房屋权属转移的单位和个人。

契税由权属的承受人缴纳。这里所说的“承受”，是指以受让、购买、受赠、交换等方式取得土地、房屋权属的行为。土地、房屋权属，是指土地使用权和房屋所有权；单位，是指企业单位、事业单位、国家机关、军事单位和社会团体以及其他组织；个人，是指个体经营者和其他个人。

【例 7-7】 下列关于契税的说法中，错误的有（　　）。

A. 契税的纳税人是在我国境内转让土地、房屋权属的单位和个人

B. 国有土地使用权出让应按规定征收契税

C. 土地使用权转让应按规定征收契税

D. 承包者获得农村集体土地承包经营权应按规定征收契税

正确答案：AD。

四、税率

契税采用比例税率，实行3%～5%的幅度税率。具体税率由各省、自治区、直辖市人民政府在幅度税率规定范围内，按照本地区的实际情况确定，以适应不同地区纳税人的负担水平和调控房地产交易的市场价格。

五、应纳税额的计算

契税应纳税额依照省、自治区、直辖市人民政府确定的适用税率和税法规定的计税依据计算征收。其计算公式如下：

$$应纳税额=计税依据\times 税率$$

按照土地、房屋权属转移的形式、定价方法的不同，契税的计税依据确定如下：

(1) 国有土地使用权出让、土地使用权出售、房屋买卖，以成交价格作为计税依据。

成交价格是指土地、房屋权属转移合同确定的价格，包括承受者应交付的货币、实物、无形资产或其他经济利益。计征契税的成交价格不含增值税。

(2) 土地使用权赠与、房屋赠与，由征收机关参照土地使用权出售、房屋买卖的市场价格核定。

(3) 土地使用权交换、房屋交换，以交换土地使用权、房屋的价格差额为计税依据。

计税依据只考虑其价格的差额，交换价格不相等的，由多交付货币、实物、无形资产或其他经济利益的一方缴纳契税；交换价格相等的，免征契税。土地使用权与房屋所有权之间相互交换，也应按照上述办法确定计税依据。

(4) 以划拨方式取得土地使用权，经批准转让房地产时应补交的契税，以补交的土地使用权出让费用或土地收益作为计税依据。

为了防止纳税人隐瞒、虚报成交价格以偷、逃税款，对成交价格明显低于市场价格而无正当理由的，或所交换的土地使用权、房屋价格的差额明显不合理并且无正当理由的，征收机关参照市场价格核定计税依据。

【例 7-8】 2022 年，王宜优获得单位奖励房屋一套。王宜优得到该房屋后又将其与李四拥有的一套房屋进行交换。经房地产评估机构评估王宜优获奖房屋价值 32 万元，李四房屋价值 35 万元。两人协商后，王宜优实际向李四支付房屋交换价格差额款 3 万元。税务机关核定奖励王宜优的房屋价值 30 万元。已知当地规定的契税税率为 4%。计算王宜优应缴纳的契税税额。

解析： 以获奖方式取得房屋权属的应视同房屋赠与征收契税，计税依据为税务机关参照市场价格核定的价格，即 30 万元。房屋交换且交换价格不相等的，应由多支付货币的一方缴纳契税，计税依据为所交换的房屋价格的差额，即 3 万元。因此，王宜优应就其获奖承受该房屋权属行为和房屋交换行为分别缴纳契税。

（1）王宜优获奖承受房屋权属应缴纳的契税税额＝30×4%＝1.2(万元)。

（2）王宜优交换房屋行为应缴纳的契税税额＝3×4%＝0.12(万元)。

（3）王宜优实际应缴纳的契税税额＝1.2＋0.12＝1.32(万元)。

六、税收优惠

（1）国家机关、事业单位、社会团体、军事单位承受土地、房屋用于办公、教学、医疗、科研和军事设施的，免征契税。

（2）城镇职工按规定第一次购买公有住房的，免征契税。

（3）因不可抗力灭失住房而重新购买住房的，酌情准予减征或者免征契税。

（4）土地、房屋被县级以上人民政府征用、占用后，重新承受土地、房屋权属的，是否减征或者免征契税，由省、自治区、直辖市人民政府确定。

（5）纳税人承受荒山、荒沟、荒丘、荒滩土地使用权，用于农、林、牧、渔业生产的，免征契税。

（6）依照我国有关法律规定以及我国缔结或参加的双边和多边条约或协定的规定应当予以免税的外国驻华使馆、领事馆、联合国驻华机构及其外交代表、领事官员和其他外交人员承受土地、房屋权属的，经外交部确认，可免征契税。

经批准减征、免征契税的纳税人，改变有关土地、房屋的用途的，就不再属于减征、免征契税范围，并且应当补缴已经减征、免征的税款。

七、征收管理

（一）纳税义务发生时间

契税的纳税义务发生时间是纳税人签订土地、房屋权属转移合同的当天，或者纳税人取得其他具有土地、房屋权属转移合同性质凭证的当天。

（二）纳税地点

契税实行属地征收管理。纳税人发生契税纳税义务时，应向土地、房屋所在地的税务征收机关申报纳税。

（三）纳税期限

纳税人应当自纳税义务发生之日起 10 日内，向土地、房屋所在地的税收征收机关办理纳税申报，并在税收征收机关核定的期限内缴纳税款。

第四节　车辆购置税

一、征税对象

车辆购置税是以在中国境内购置规定车辆为课税对象、在特定的环节向车辆购置者征收的一种税。车辆购置税以列举的车辆作为征税对象，未列举的车辆不纳税。

二、征税范围

车辆购置税的征税范围包括汽车、有轨电车、汽车挂车、排气量超过一百五十毫升的摩托车。征收范围的调整，由国务院决定并公布。

三、纳税义务人

在我国境内购置规定的车辆(简称应税车辆)的单位和个人，为车辆购置税的纳税人。

购置，包括购买、进口、自产、受赠、获奖或者以其他方式取得并自用应税车辆的行为。单位，包括国有企业、集体企业、私营企业、股份制企业、外商投资企业、外国企业以及其他企业和事业单位、社会团体、国家机关、部队以及其他单位；个人，包括个体工商户以及其他个人。

【例 7-9】 下列各项中，属于车辆购置税纳税人的有(　　)。

A. 购买私家车并自用的个人

B. 进口车辆并对外出售的单位

C. 将自产汽车自用的单位

D. 获奖取得汽车并自用的个人

正确答案： ACD。

四、税率

车辆购置税采用 10％的比例税率。

五、应纳税额的计算

车辆购置税实行从价定率的方法计算应纳税额。计算公式如下：

应纳税额＝计税依据×税率

进口应税车辆应纳税额＝(关税完税价格＋关税＋消费税)×税率

车辆购置税的计税依据为应税车辆的计税价格。计税价格根据不同情况，按照下列规定确定：

(1) 纳税人购买自用的应税车辆的计税价格，为纳税人购买应税车辆而支付给销售者的全部价款和价外费用，不包括增值税税款。

价外费用是指销售方价外向购买方收取的基金、集资费、违约金(延期付款利息)和手续费、包装费、储存费、优质费、运输装卸费、保管费以及其他各种性质的价外收费,但不包括销售方代办保险等而向购买方收取的保险费,以及向购买方收取的代购买方缴纳的车辆购置税、车辆牌照费。

(2) 纳税人进口自用的应税车辆的计税价格的计算公式如下:

计税价格＝关税完税价格＋关税＋消费税

(3) 纳税人自产、受赠、获奖或者以其他方式取得并自用的应税车辆的计税价格,由主管税务机关参照国家税务总局规定的最低计税价格核定。

最低计税价格是指国家税务总局依据机动车生产企业或者经销商提供的车辆价格信息,参照市场平均交易价格核定的车辆购置税计税价格。

(4) 纳税人购买自用或者进口自用应税车辆,申报的计税价格低于同类型应税车辆的最低计税价格,又无正当理由的,计税价格为国家税务总局核定的最低计税价格。

(5) 国家税务总局未核定最低计税价格的车辆,计税价格为纳税人提供的有效价格证明注明的价格。有效价格证明注明的价格明显偏低的,主管税务机关有权核定应税车辆的计税价格。

六、税收优惠

车辆购置税的免税、减税,按照下列规定执行:

(1) 外国驻华使馆、领事馆和国际组织驻华机构及其外交人员自用的车辆免税。

(2) 中国人民解放军和中国人民武装警察部队列入军队武器装备订货计划的车辆免税。

(3) 悬挂应急救援专用号牌的国家综合性消防救援车辆。

(4) 设有固定装置的非运输专用作业车辆。

(5) 城市公交企业购置的公共汽电车辆。

(6) 有国务院规定予以免税或者减税的其他情形的,按照规定免税或者减税。

七、征收管理

(一) 纳税申报

车辆购置税实行一次征收制度,税款应当一次缴清。购置已征车辆购置税的车辆,不再征收车辆购置税。

纳税人购买自用应税车辆的,应当自购买之日起 60 日内申报纳税;进口自用应税车辆的,应当自进口之日起 60 日内申报纳税;自产、受赠、获奖或者以其他方式取得并自用应税车辆的,应当自取得之日起 60 日内申报纳税。

纳税人以外汇结算应税车辆价款的,按照申报纳税之日中国人民银行公布的人民币基准汇价,折合成人民币计算应纳税额。

已缴纳车辆购置税的车辆,发生下列情形之一的,准予纳税人申请退税:①车辆退回生产企业或者经销商的;②符合免税条件的设有固定装置的非运输车辆但已征税的;③其他依据法律法规规定应予退税的情形。

车辆退回生产企业或者经销商的，纳税人申请退税时，主管税务机关自纳税人办理纳税申报之日起，按已缴纳税款每满1年扣减10%计算退税额；未满1年的，按已缴纳税款全额退税。

（二）纳税环节

纳税人应当在向公安机关车辆管理机构办理车辆登记注册前，缴纳车辆购置税。

纳税人应当持主管税务机关出具的完税证明或者免税证明，向公安机关车辆管理机构办理车辆登记注册手续；没有完税证明或者免税证明的，公安机关车辆管理机构不得办理车辆登记注册手续。

税务机关应当及时向公安机关车辆管理机构通报纳税人缴纳车辆购置税的情况。公安机关车辆管理机构应当定期向税务机关通报车辆登记注册的情况。

税务机关发现纳税人未按照规定缴纳车辆购置税的，有权责令其补缴；纳税人拒绝缴纳的，税务机关可以通知公安机关车辆管理机构暂扣纳税人的车辆牌照。

免税、减税车辆因转让、改变用途等原因不再属于免税、减税范围的，应当在办理车辆过户手续前或者办理变更车辆登记注册手续前缴纳车辆购置税。

（三）纳税地点

纳税人购置应税车辆，应当向车辆登记注册地的主管税务机关申报纳税；购置不需要办理车辆登记注册手续的应税车辆，应当向纳税人所在地的主管税务机关申报纳税。

【例7-10】　下列关于车辆购置税的说法中，正确的有（　　）。

A. 车辆购置税的征税范围包括汽车、摩托车、电车、挂车、农用运输车

B. 车辆购置税的计税依据包括购买车辆所缴纳的增值税税款

C. 纳税人应当在向公安机关车辆管理机构办理车辆登记注册前，缴纳车辆购置税

D. 税务机关发现纳税人未按照规定缴纳车辆购置税的，有权暂扣纳税人的车辆牌照

正确答案：AC。

知识点视频

房产税

实践能力训练

单选题

1. 下列关于房产税的说法中，正确的是（　　）。

A. 产权属于国家所有的免征房产税

B. 赵某将个人拥有产权的房屋出典给侯某，则赵某为该房屋房产税的纳税人

C. 纳税单位和个人租赁房产管理部门、免税单位及纳税单位的房产，由承租人缴纳房

产税

D. 房地产开发企业建造的商品房，在出售前已使用应按规定征收房产税

2. 赵某，2022 年年初拥有一栋自有住房，房产原值 600 万元，6 月 30 日将其对外出租，租期 1 年，每月按照市场价格收取不含税租金 2 万元。已知房产税从价计征的税率为 1.2%，个人出租住房从租计征的税率为 4%，当地省政府规定计算房产余值的减除比例为 30%。2022 年赵某上述房产应缴纳房产税的下列计算中正确的是（　　）。

A. 2×6×4%＝0.48(万元)

B. 600×(1－30%)×1.2%÷12×6＋2×6×4%＝3(万元)

C. 600×(1－30%)×1.2%÷12×5＋2×7×4%＝2.66(万元)

D. 600×(1－30%)×1.2%＝5.04(万元)

3. 下列各项中，不予免征房产税的是（　　）。

A. 公园中附设的饮食部

B. 名胜古迹管理单位自用的办公用房

C. 个人所有的唯一普通居住用房

D. 国家机关的职工食堂

4. 下列各项中，免予缴纳车船税的是（　　）。

A. 非机动驳船　　B. 纯电动商用车

C. 政府机关公务用车　　D. 出租车

5. 某汽车贸易公司本月进口 11 辆小轿车，海关审定的关税完税价格为 25 万元/辆，当月销售 8 辆，取得含税销售收入 240 万元；2 辆企业自用，1 辆用于抵偿债务。合同约定的含税价格为 35 万元。已知：小轿车关税税率为 28%，消费税税率为 9%，车辆购置税税率为 10%。该公司应纳车辆购置税的下列计算中正确的是（　　）。

A. 25×2×(1＋28%)÷(1－9%)×10%＝7.03(万元)

B. 25×2×10%＝5(万元)

C. 25×3×10%＝7.5(万元)

D. 25×3×(1＋28%)÷(1－9%)×10%＝10.55(万元)

6. 赵某 2021 年 6 月 1 日购入一辆小汽车自用，7 月 30 日申报并缴纳车辆购置税 10 万元。由于车辆制动系统存在严重问题，2022 年 6 月 30 日赵某将该车退回，则赵某可以申请退还的车辆购置税的下列计算中，正确的是（　　）。

A. 10 万元　　B. 10×(1－10%)＝9(万元)

C. 10×(1－20%)＝8(万元)　　D. 0

7. 下列各项中，应当缴纳契税的是（　　）。

A. 赵某因经营周转需要将自有房屋典当

B. 钱某因病去世，小钱继承钱某的房产

C. 孙某夫妻离婚，对婚内房产进行分割

D. 李某因在国际大赛上取得优异成绩而获得某房地产企业赠予的一套住房

8. 赵某原有两套相同的住房，2022 年 6 月，将其中一套无偿赠送给战友钱某；将另一套以市场价格 60 万元与谢某的住房进行了等价置换；又以 100 万元价格购置了一套新住房，

已知契税的税率为3%。根据契税法律制度的规定，下列说法正确的是（　　）。

A. 赵某应缴纳契税3万元，钱某应缴纳契税1.8万元

B. 赵某应缴纳契税4.8万元，钱某无须缴纳契税

C. 钱某应缴纳契税1.8万元，赵某无须缴纳契税

D. 赵某、钱某均无须缴纳契税

第八章 资源类税法

《中华人民共和国资源税法》

《中华人民共和国土地增值税暂行条例》

《中华人民共和国城镇土地使用税暂行条例》

《中华人民共和国耕地占用税法》

本章知识结构图

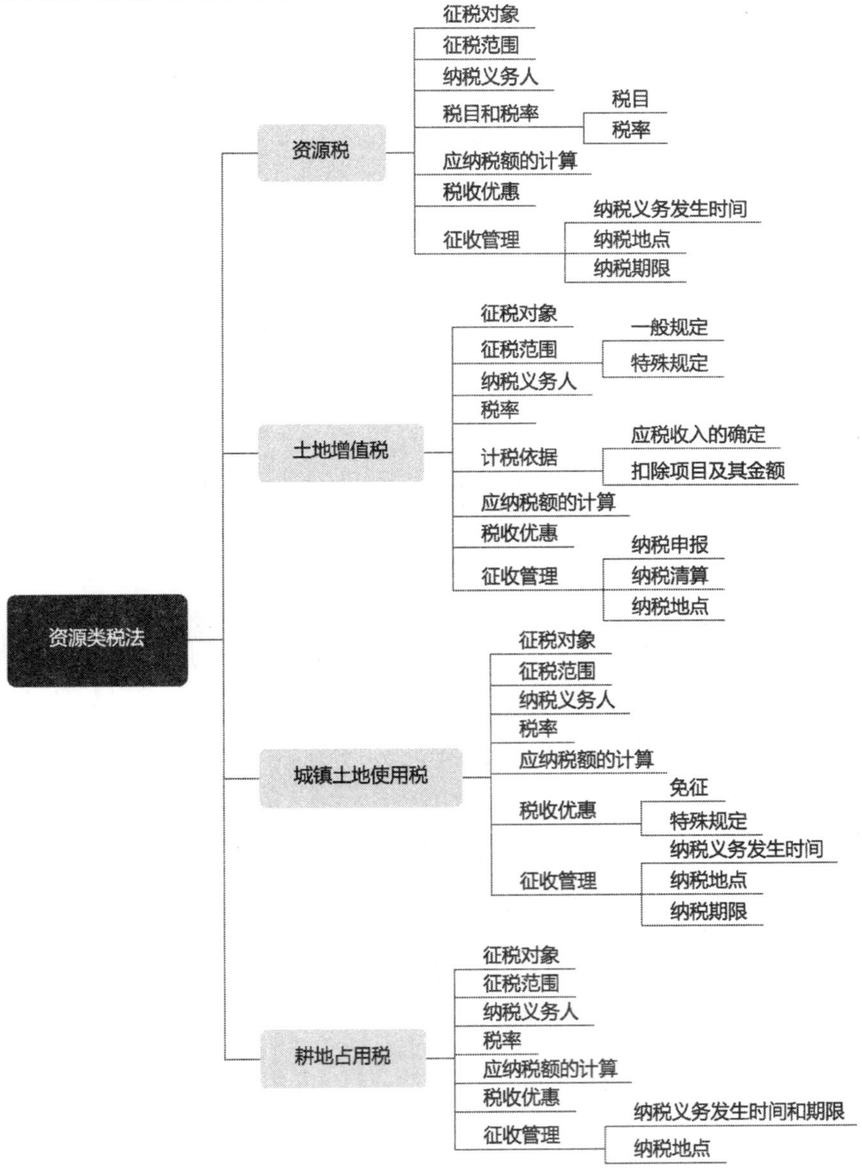

第一节　资　源　税

一、征税对象

资源税是对在中华人民共和国领域和中华人民共和国管辖的其他海域开发应税资源的单位和个人征收的一种税。资源税以各种应税自然资源为征税对象，目的是为了调节资源级差收入并体现国有资源有偿使用。《中华人民共和国资源税法》(简称《资源税法》)自2020年9月1日起施行。1993年12月25日国务院发布的《中华人民共和国资源税暂行条例》同时废止。

二、征税范围

我国目前资源税的征税范围具体包括：

(1) 能源矿产。包括：原油、天然气、页岩气、天然气水合物、煤、煤成(层)气、铀、钍、油页岩、油砂、天然沥青、石煤、地热。

(2) 金属矿产。包括：黑色金属、有色金属。

(3) 非金属矿产。包括：矿物类、岩石类、宝玉石类。

(4) 水气矿产。包括：二氧化碳气、硫化氢气、氦气、氡气、矿泉水。

(5) 盐。包括：钠盐、钾盐、镁盐、锂盐、天然卤水、海盐。

纳税人开采或者生产应税产品自用的，应当依照本法规定缴纳资源税；但是，自用于连续生产应税产品的，不缴纳资源税。

【例8-1】 下列各项中，属于资源税征税范围的有(　　)。

A. 人造石油　　B. 煤　　C. 地热　　D. 煤层气

正确答案：BCD。

三、纳税义务人

资源税的纳税人，是指在中华人民共和国领域及管辖的其他海域开发《资源税法》规定的应税资源的单位和个人。这里所称单位，是指国有企业、集体企业、私营企业、股份制企业、其他企业和行政单位、事业单位、军事单位、社会团体及其他单位；这里所称个人，是指个体经营者和其他个人。

收购未税矿产品的单位为资源税的扣缴义务人。收购未税矿产品的单位，是指独立矿山、联合企业和其他单位。

中外合作开采陆上、海上石油资源的企业依法缴纳资源税。2011年11月1日前已依法订立中外合作开采陆上、海上石油资源合同的，在该合同有效期内，继续依照国家有关规定缴纳矿区使用费，不缴纳资源税；合同期满后，依法缴纳资源税。

【例8-2】 根据资源税法律制度的规定，下列单位和个人的生产经营行为不应缴纳资源税的有(　　)。

A. 冶炼企业进口铁矿石　　B. 个体经营者开采煤矿
C. 军事单位开采石油　　D. 中外合作开采天然气

正确答案：A。

四、税目和税率

（一）税目

现行资源税税目包括原油、天然气等能源矿产、黑色金属、有色金属等金属矿和矿物类、岩石类、宝玉石类等非金属矿、水气矿产以及盐等资源品目。各税目的征税对象包括原矿或者选矿，具体按照《资源税税目税率表》相关规定执行。

（二）税率

按照现行制度规定，资源税按不同的资源品目分别实行固定税率和幅度税率。实行固定税率的包括原油、天然气、中重稀土等等，其他资源实行幅度税率。对实行幅度税率的应税资源，由省级人民政府确定具体的税率。对《资源税税目税率表》中列举名称的资源品目可以选择实行从价计征或者从量计征的，具体计征方式由省、自治区、直辖市人民政府提出，报同级人民代表大会常务委员会决定，并报全国人民代表大会常务委员会和国务院备案。资源税的税目、征税对象、税率依照《资源税税目税率表》（表 8-1）及财政部有关规定执行。

表 8-1　资源税税目税率表

税目			征税对象	税率
能源矿产	原油		原矿	6%
	天然气、页岩气、天然气水合物		原矿	6%
	煤		原矿或者选矿	2%～10%
	煤成（层）气		原矿	1%～2%
	铀、钍		原矿	4%
	油页岩、油砂、天然沥青、石煤		原矿或者选矿	1%～4%
	地热		原矿	1%～20%或者每立方米 1～30 元
金属矿产	黑色金属	铁、锰、铬、钒、钛	原矿或者选矿	1%～9%
	有色金属	铜、铅、锌、锡、镍、锑、镁、钴、铋、汞	原矿或者选矿	2%～10%
		铝土矿	原矿或者选矿	2%～9%
		钨	原矿	6.5%
		钼	原矿	8%
		金、银	原矿或者选矿	2%～6%
		铂、钯、钌、锇、铱、铑	原矿或者选矿	5%～10%
		轻稀土	原矿	7%～12%
		中重稀土	原矿	20%
		铍、锂、锆、锶、铷、铌、钽、锗、镓、铟、铊、铪、铼、镉、硒、碲	原矿或者选矿	2%～10%

（续表）

税目			征税对象	税率
非金属矿产	矿物类	高岭土	原矿或者选矿	1%～6%
		石灰岩	原矿或者选矿	1%～6%或者每吨（或者每立方米）1～10元
		磷	原矿或者选矿	3%～8%
		石墨	原矿或者选矿	3%～12%
		萤石、硫铁矿、自然硫	原矿或者选矿	1%～8%
		天然石英砂、脉石英、粉石英、水晶、工业用金刚石、冰洲石、蓝晶石、硅线石（矽线石）、长石、滑石、刚玉、菱镁矿、颜料矿物、天然碱、芒硝、钠硝石、明矾石、砷、硼、碘、溴、膨润土、硅藻土、陶瓷土、耐火粘土、铁矾土、凹凸棒石粘土、海泡石粘土、伊利石粘土、累托石粘土	原矿或者选矿	1%～12%
		叶蜡石、硅灰石、透辉石、珍珠岩、云母、沸石、重晶石、毒重石、方解石、蛭石、透闪石、工业用电气石、白垩、石棉、蓝石棉、红柱石、石榴子石、石膏	原矿或者选矿	2%～12%
		其他粘土（铸型用粘土、砖瓦用粘土、陶粒用粘土、水泥配料用粘土、水泥配料用红土、水泥配料用黄土、水泥配料用泥岩、保温材料用粘土）	原矿或者选矿	1%～5%或者每吨（或者每立方米）0.1～5元
	岩石类	大理岩、花岗岩、白云岩、石英岩、砂岩、辉绿岩、安山岩、闪长岩、板岩、玄武岩、片麻岩、角闪岩、页岩、浮石、凝灰岩、黑曜岩、霞石正长岩、蛇纹岩、麦饭石、泥灰岩、含钾岩石、含钾砂页岩、天然油石、橄榄岩、松脂岩、粗面岩、辉长岩、辉石岩、正长岩、火山灰、火山渣、泥炭	原矿或者选矿	1%～10%
		砂石	原矿或者选矿	1%～5%或者每吨（或者每立方米）0.1～5元
	宝玉石类	宝石、玉石、宝石级金刚石、玛瑙、黄玉、碧玺	原矿或者选矿	4%～20%
水气矿产	二氧化碳气、硫化氢气、氦气、氡气		原矿	2%～5%
	矿泉水		原矿	1%～20%或者每立方米1～30元
盐	钠盐、钾盐、镁盐、锂盐		选矿	3%～15%
	天然卤水		原矿	3%～15%或者每吨（或者每立方米）1～10元
	海盐			2%～5%

注：(1) 低丰度油气田，包括陆上低丰度油田、陆上低丰度气田、海上低丰度油田、海上低丰度气田。陆上低丰度油田是指每平方公里原油可开采储量丰度低于25万立方米的油田；陆上低丰度气田是指每平方公里天然气可开采储量丰度低于2.5亿立方米的气田；海上低丰度油田是指每平方公里原油可开采储量丰度低于60万立方米的油田；海上低丰度气田是指每平方公里天然气可开采储量丰度低于6亿立方米的气田。

(2) 高含硫天然气，是指硫化氢含量在每立方米30克以上的天然气。

(3) 三次采油，是指二次采油后继续以聚合物驱、复合驱、泡沫驱、气水交替驱、二氧化碳驱、微生物驱等方式进行采油。

(4) 深水油气田，是指水深超过300米的油气田。

(5) 稠油，是指地层原油粘度大于或等于每秒50毫帕或原油密度大于或等于每立方厘米0.92克的原油。

(6) 高凝油，是指凝固点高于40摄氏度的原油。

(7) 衰竭期矿山，是指设计开采年限超过15年，且剩余可开采储量下降到原设计可开采储量的20%以下或者剩余开采年限不超过5年的矿山。衰竭期矿山以开采企业下属的单个矿山为单位确定。

五、应纳税额的计算

资源税的应纳税额，按照从价定率或者从量定额的办法，分别以应税产品的销售额乘以纳税人具体适用的比例税率或者以应税产品的销售数量乘以纳税人具体适用的定额税率计算。征税对象为原矿或者选矿的，应当分别确定具体适用税率。

1. 实行从价定率计征办法的应税产品

资源税应纳税额按销售额和比例税率计算，计算公式如下：

应纳税额＝应税产品的销售额×适用的比例税率

销售额是指纳税人销售应税矿产品向购买方收取的全部价款和价外费用，但不包括收取的增值税销项税额和运杂费用。价外费用，包括价外向购买方收取的手续费、补贴、基金、集资费、返还利润、奖励费、违约金、滞纳金、延期付款利息、赔偿金、代收款项、代垫款项、包装费、包装物租金、储备费、优质费以及其他各种性质的价外收费。运杂费用是指应税产品从坑口或洗选（加工）地到车站、码头或购买方指定地点的运输费用、建设基金以及随运销产生的装卸、仓储、港杂费用。运杂费用应与销售额分别核算，凡未取得相应凭据或不能与销售额分别核算的，应当一并计征资源税。但下列项目不包括在内：

（1）同时符合以下条件的代垫运输费用：

a. 承运部门的运输费用发票开具给购买方的。

b. 纳税人将该项发票转交给购买方的。

（2）同时符合以下条件代为收取的政府性基金或者行政事业性收费：

a. 由国务院或者财政部批准设立的政府性基金，由国务院或者省级人民政府及其财政、价格主管部门批准设立的行政事业性收费。

b. 收取时开具省级以上财政部门印制的财政票据。

c. 所收款项全额上缴财政。

纳税人以人民币以外的货币结算销售额的，应当折合成人民币计算。其销售额的人民币折合率可以选择销售额发生的当天或者当月 1 日的人民币汇率中间价。纳税人应在事先确定采用何种折合率计算方法，确定后 1 年内不得变更。

纳税人申报的应税产品销售额明显偏低并且无正当理由的、有视同销售应税产品行为而无销售额的，除财政部、国家税务总局另有规定外，按下列顺序确定销售额：

第一，按纳税人最近时期同类产品的平均销售价格确定。

第二，按其他纳税人最近时期同类产品的平均销售价格确定。

第三，按组成计税价格确定。组成计税价格公式如下：

组成计税价格＝成本×（1＋成本利润率）÷（1－税率）

公式中的成本是指应税产品的实际生产成本。公式中的成本利润率由省、自治区、直辖市税务机关确定。

2. 实行从量定额计征办法的应税产品

资源税应纳税额按销售数量和定额税率计算，公式如下：

应纳税额＝应税产品的销售数量×适用的定额税率

(1) 纳税人开采或者生产应税产品销售的,以实际销售数量为销售数量。

(2) 纳税人开采或者生产应税产品自用的,以移送时的自用数量为销售数量。自产自用包括生产自用和非生产自用。

(3) 纳税人不能准确提供应税产品销售数量或移送使用数量的,以应税产品的产量或按主管税务机关确定的折算比换算成的数量为计征资源税的销售数量。

(4) 纳税人的减税、免税项目,应当单独核算销售额和销售数量;未单独核算或者不能准确提供销售额和销售数量的,不予减税或者免税。

【例 8-3】 宜优矿山 2022 年 6 月开采煤 3 000 吨,当月销售煤取得收入 1 200 万元(不含增值税)。已知:该矿山适用的资源税税率为 6%。计算该矿山 6 月应纳资源税税额。

解析: 该矿山 6 月应纳资源税税额=1 200×6%=72(万元)。

六、税收优惠

(1) 开采原油以及在油田范围内运输原油过程中用于加热的原油、天然气免税。

(2) 煤炭开采企业因安全生产需要抽采的煤成(层)气免税。

(3) 纳税人开采或者生产应税产品过程中,因意外事故或者自然灾害等原因遭受重大损失的,由省、自治区、直辖市人民政府酌情决定减税或者免税。

(4) 纳税人开采共伴生矿、低品位矿、尾矿的,由省、自治区、直辖市人民政府酌情决定减税或者免税。

(5) 从低丰度油气田开采的原油、天然气,减征 20%资源税。

(6) 高含硫天然气、三次采油和从深水油气田开采的原油、天然气,减征 30%资源税。

(7) 稠油、高凝油减征 40%资源税。

(8) 从衰竭期矿山开采的矿产品,减征 30%资源税。

(9) 国务院规定的其他减税、免税项目。

(10) 根据财税〔2022〕10 号《关于进一步实施小微企业"六税两费"减免政策的公告》对增值税小规模纳税人、小型微利企业和个体工商户可以在 50%的税额幅度内减征资源税。增值税小规模纳税人、小型微利企业和个体工商户已依法享受资源税其他优惠政策的,可叠加享受本公告第一条规定的优惠政策。

根据国民经济和社会发展需要,国务院对有利于促进资源节约集约利用、保护环境等情形可以规定免征或者减征资源税,报全国人民代表大会常务委员会备案。

七、征收管理

(一) 纳税义务发生时间

资源税在应税产品的销售或自用环节计算缴纳。纳税人销售应税产品,纳税义务发生时间为收讫销售款或者取得索取销售款凭据的当日;自用应税产品的,纳税义务发生时间为移送应税产品的当日。

(二) 纳税地点

纳税人应当向应税产品开采地或者生产地的税务机关申报缴纳资源税。

(三) 纳税期限

资源税按月或者按季申报缴纳;不能按固定期限计算缴纳的,可以按次申报缴纳。

纳税人按月或者按季申报缴纳的，应当自月度或者季度终了之日起 15 日内，向税务机关办理纳税申报并缴纳税款；按次申报缴纳的，应当自纳税义务发生之日起 15 日内，向税务机关办理纳税申报并缴纳税款。

第二节 土地增值税

一、征税对象

土地增值税是对转让国有土地使用权、地上建筑物及其附着物并取得收入的单位和个人，就其转让房地产所取得的增值额征收的一种税。土地增值税的征税对象是转让国有土地使用权的增值额。

1993 年 12 月 13 日国务院颁布《中华人民共和国土地增值税暂行条例》(简称《土地增值税暂行条例》)，1995 年 1 月 27 日财政部印发《中华人民共和国土地增值税暂行条例实施细则》(简称《土地增值税暂行条例实施细则》)，之后，财政部、国家税务总局又陆续发布了一些有关土地增值税的规定、办法，上述这些共同构成了我国土地增值税法律制度。

二、征税范围

(一) 征税范围的一般规定

(1) 土地增值税只对转让国有土地使用权的行为征税，对出让国有土地的行为不征税。

所谓国有土地使用权，是指土地使用人根据国家法律、合同等规定，对国家所有的土地享有的使用权利。土地增值税只对企业、单位和个人转让国有土地使用权的行为征税。根据《中华人民共和国土地管理法》规定，国家为了公共利益，可以依照法律规定征用集体土地，依法被征用后的土地属于国家所有。未经国家征用的集体土地不得转让，自行转让集体土地是一种违法行为，应由有关部门依照相关法律来处理，而不应纳入土地增值税的征税范围。

国有土地出让，是指国家以土地所有者的身份将土地使用权在一定年限内让与土地使用者，并由土地使用者向国家支付土地出让金的行为。由于土地使用权的出让方是国家，出让收入在性质上属于政府凭借所有权在土地一级市场上收取的租金，所以，政府出让土地的行为及取得的收入也不在土地增值税的征税之列。

(2) 土地增值税既对转让国有土地使用权的行为征税，也对转让地上建筑物及其他附着物产权的行为征税。

所谓地上建筑物，是指建于土地上的一切建筑物，包括地上地下的各种附属设施，例如厂房、仓库、商店、医院、住宅、地下室、围墙、烟囱、电梯、中央空调、管道等。所谓附着物是指附着于土地上、不能移动，一经移动即遭损坏的种植物、养植物及其他物品。上述建筑物和附着物的所有者对自己的财产依法享有占有、使用、收益和处置的权利，即拥有排他性的全部产权。

税法规定，纳税人转让地上建筑物和其他附着物的产权，取得的增值性收入，也应计算缴纳土地增值税。换言之，纳入土地增值税征税范围的增值额，是纳税人转让房地产所取得的全部增值额，而非仅仅是土地使用权转让的收入。

(3) 土地增值税只对有偿转让的房地产征税，对以继承、赠与等方式无偿转让的房地产，不予征税。

不征土地增值税的房地产赠与行为包括以下两种情况：

第一种，房产所有人、土地使用权所有人将房屋产权、土地使用权赠与直系亲属或承担直接赡养义务人的行为。

第二种，房产所有人、土地使用权所有人通过中国境内非营利的社会团体、国家机关将房屋产权、土地使用权赠与教育、民政和其他社会福利、公益事业的行为。社会团体是指中国青少年发展基金会、希望工程基金会、宋庆龄基金会、减灾委员会、中国红十字会、中国残疾人联合会、全国老年基金会、老区促进会，以及经民政部门批准成立的其他非营利的公益性组织。

(二) 征税范围的特殊规定

(1) 企业改制重组中有关土地增值税的政策规定。

a. 按照《中华人民共和国公司法》(简称《公司法》)规定，非公司制企业整体改制为有限责任公司或者股份有限公司，有限责任公司(股份有限公司)整体改制为股份有限公司(有限责任公司)，对改制前的企业将国有土地使用权、地上的建筑物及其附着物(简称房地产)转移、变更到改制后的企业，暂不征土地增值税。整体改制是指不改变原企业的投资主体，并承继原企业权利、义务的行为。

b. 按照法律规定或者合同约定，两个或两个以上企业合并为一个企业，且原企业投资主体存续的，对原企业将房地产转移、变更到合并后的企业，暂不征土地增值税。

c. 按照法律规定或者合同约定，企业分设为两个或两个以上与原企业投资主体相同的企业，对原企业将房地产转移、变更到分立后的企业，暂不征土地增值税。

d. 单位、个人在改制重组时以房地产作价入股进行投资，对其将房地产转移、变更到被投资的企业，暂不征土地增值税。

上述改制重组有关土地增值税政策不适用于房地产转移中任意一方为房地产开发企业的情形。

(2) 房地产开发企业将开发的部分房地产转为企业自用或用于出租等商业用途时，如果产权未发生转移，不征收土地增值税。

(3) 房地产的交换。房地产交换，是指一方以房地产与另一方的房地产进行交换的行为。由于这种行为既发生了房产产权、土地使用权的转移，交换双方又取得了实物形态的收入，属于土地增值税的征税范围。但对个人之间互换自有居住用房地产的，经当地税务机关核实，可以免征土地增值税。

(4) 合作建房。对于一方出地，另一方出资金，双方合作建房，建成后按比例分房自用的，暂免征收土地增值税；建成后转让的，应征收土地增值税。

(5) 房地产的出租。房地产出租，是指房产所有者或土地使用者，将房产或土地使用权租赁给承租人使用，由承租人向出租人支付租金的行为。房地产出租，出租人虽取得了收入，但没有发生房产产权、土地使用权的转让，因此，不属于土地增值税的征税范围。

(6) 房地产的抵押。房地产抵押，是指房产所有者或土地使用者作为债务人或第三人向债权人提供不动产作为清偿债务的担保而不转移权属的法律行为。这种情况下房产的产权、土地使用权在抵押期间并没有发生权属的变更，因此，对房地产的抵押，在抵押期间不征收土地增值税。待抵押期满后，视该房地产是否转移占有而确定是否征收土地增值税。对于以房地产抵债而发生房地产权属转让的，应列入土地增值税的征税范围。

(7) 房地产的代建行为。代建行为，是指房地产开发公司代客户进行房地产的开发，开发完成后向客户收取代建收入的行为。对于房地产开发公司而言，虽然取得了收入，但没有发生房地产权属的转移，其收入属于劳务收入性质，故不属于土地增值税的征税范围。

(8) 房地产的重新评估。国有企业在清产核资时对房地产进行重新评估而产生的评估增值，因其既没有发生房地产权属的转移，房产产权、土地使用权人也未取得收入，所以不属于土地增值税的征税范围。

(9) 土地使用者处置土地使用权。土地使用者转让、抵押或置换土地，无论其是否取得了该土地的使用权属证书，无论其在转让、抵押或置换土地过程中是否与对方当事人办理了土地使用权属证书变更登记手续，只要土地使用者享有占有、使用、收益或处分该土地的权利，且有合同等证据表明其实质转让、抵押或置换了土地并取得了相应的经济利益，土地使用者及其对方当事人就应当依照税法规定缴纳增值税、土地增值税和契税等。

三、纳税义务人

土地增值税的纳税人为转让国有土地使用权、地上建筑物及其附着物(简称转让房地产)并取得收入的单位和个人。这里所称单位包括各类企业单位、事业单位、国家机关和社会团体及其他组织。这里所称个人包括个体经营者和其他个人。此外，还包括外商投资企业、外国企业、外国驻华机构及海外华侨、港澳台同胞和外国公民。

【例 8-4】 下列各预中，属于土地增值税纳税人的是(　　)。

A. 以房抵债的某工业企业

B. 出租写字楼的某外资房地产开发公司

C. 转让住房的某个人

D. 转让国有土地使用权的某高等学校

正确答案：ACD。

四、税率

土地增值税实行四级超率累进税率：

(1) 增值额未超过扣除项目金额50%的部分，税率为30%。

(2) 增值额超过扣除项目金额50%、未超过扣除项目金额100%的部分，税率为40%。

(3) 增值额超过扣除项目金额100%、未超过扣除项目金额200%的部分，税率为50%。

(4) 增值额超过扣除项目金额200%的部分，税率为60%。

上述所列四级超率累进税率，每级“增值额未超过扣除项目金额”的比例，均包括本比例数。四级超率累进税率及速算扣除系数如表 8-2 所示。

表 8-2　土地增值税四级超率累进税率表

级数	增值额与扣除项目金额的比率	税率(%)	速算扣除率(%)
1	不超过 50%的部分	30	0
2	超过 50%至 100%的部分	40	5
3	超过 100%至 200%的部分	50	15
4	超过 200%的部分	35	35

五、计税依据

土地增值税的计税依据是纳税人转让房地产所取得的增值额。转让房地产的增值额，是纳税人转让房地产的收入减除税法规定的扣除项目金额后的余额。

(一) 应税收入的确定

根据《土地增值税暂行条例》及其实施细则的规定，纳税人转让房地产取得的应税收入，应包括转让房地产的全部价款及有关的经济收益。从收入的形式来看，包括货币收入、实物收入和其他收入。纳税人转让房地产取得的收入为不含增值税收入。

(1) 货币收入。货币收入，是指纳税人转让房地产而取得的现金、银行存款和国库券、金融债券、企业债券、股票等有价证券。

(2) 实物收入。实物收入，是指纳税人转让房地产而取得的各种实物形态的收入，如钢材、水泥等建材，房屋、土地等不动产等。对于这些实物收入一般要按照公允价值确认应税收入。

(3) 其他收入。其他收入，是指纳税人转让房地产而取得的无形资产收入或具有财产价值的权利，如专利权、商标权、著作权、专有技术使用权、土地使用权、商誉权等。对于这些无形资产收入一般要进行专门的评估，按照评估价确认应税收入。

纳税人取得的收入为外国货币的，应当以取得收入当天或当月 1 日国家公布的市场汇价折合成人民币，据以计算土地增值税税额。当月以分期收款方式取得的外币收入，也应按实际收款日或收款当月 1 日国家公布的市场汇价折合成人民币。

【例 8-5】 工业企业宜优公司利用一块闲置的土地使用权换取 M 房地产公司的新建商品房，作为本单位职工的居住用房，由于没有取得收入，所以宜优公司不需要缴纳土地增值税。

这种说法是否正确？

解析： 不正确。该企业以地换房，虽然没有取得货币收入，但是取得了实物收入并且发生了土地使用权转移，所以宜优公司应该缴纳土地增值税。

(二) 扣除项目及其金额

依照《土地增值税暂行条例》的规定，准予纳税人从房地产转让收入额减除的扣除项目金额具体包括以下内容。

1. 取得土地使用权所支付的金额

取得土地使用权所支付的金额包括以下两方面的内容：

(1) 纳税人为取得土地使用权所支付的地价款。地价款的确定有三种方式：如果是以协议、招标、拍卖等出让方式取得土地使用权的，地价款为纳税人所支付的土地出让金；如果是以行政划拨方式取得土地使用权的，地价款为按照国家有关规定补交的土地出让金；如果是以转让方式取得土地使用权的，地价款为向原土地使用权人实际支付的地价款。

(2) 纳税人在取得土地使用权时按国家统一规定缴纳的有关费用和税金。指纳税人在取得土地使用权过程中为办理有关手续，必须按国家统一规定缴纳的有关登记、过户手续费和契税。

2. 房地产开发成本

房地产开发成本，是指纳税人开发房地产项目实际发生的成本，包括土地征用及拆迁补偿费、前期工程费、建筑安装工程费、基础设施费、公共配套设施费、开发间接费用等。

(1) 土地征用及拆迁补偿费，包括土地征用费、耕地占用税、劳动力安置费及有关地上、地下附着物拆迁补偿的净支出、安置动迁用房支出等。

(2) 前期工程费，包括规划、设计、项目可行性研究和水文、地质、勘察、测绘、“三通一平”等支出。

(3) 建筑安装工程费，是指以出包方式支付给承包单位的建筑安装工程费，以自营方式发生的建筑安装工程费。

(4) 基础设施费，包括开发小区内道路、供水、供电、供气、排污、排洪、通信、照明、环卫、绿化等工程发生的支出。

(5) 公共配套设施费，包括不能有偿转让的开发小区内公共配套设施发生的支出。

(6) 开发间接费用，是指直接组织、管理开发项目发生的费用，包括工资、职工福利费、折旧费、修理费、办公费、水电费、劳动保护费、周转房摊销等。

3. 房地产开发费用

房地产开发费用，是指与房地产开发项目有关的销售费用、管理费用和财务费用。

根据现行财务会计制度的规定，这三项费用作为期间费用，按照实际发生额直接计入当期损益。但在计算土地增值税时，房地产开发费用并不是按照纳税人实际发生额进行扣除，应分别按以下两种情况扣除：

(1) 财务费用中的利息支出，凡能够按转让房地产项目计算分摊并提供金融机构证明的，允许据实扣除，但最高不能超过按商业银行同类同期贷款利率计算的金额。其他房地产开发费用，按规定(即取得土地使用权所支付的金额和房地产开发成本，下同)计算的金额之和的5%以内计算扣除。计算公式如下：

允许扣除的房地产开发费用＝利息＋(取得土地使用权所支付的金额＋房地产开发成本)×5%

(2) 财务费用中的利息支出，凡不能按转让房地产项目计算分摊利息支出或不能提供金融机构证明的，房地产开发费用按规定计算的金额之和的10%以内计算扣除。计算扣除的具体比例，由各省、自治区、直辖市人民政府规定。计算公式如下：

允许扣除的房地产开发费用＝(取得土地使用权所支付的金额＋房地产开发成本)×10%

财政部、国家税务总局对扣除项目金额中利息支出的计算问题做了两点专门规定：①利息的上浮幅度按国家的有关规定执行，超过上浮幅度的部分不允许扣除；②对于超过贷款期限的利息部分和加罚的利息不允许扣除。

4. 与转让房地产有关的税金

与转让房地产有关的税金，是指在转让房地产时缴纳的城市维护建设税、印花税。

因转让房地产缴纳的教育费附加，也可视同税金予以扣除。《土地增值税暂行条例》等规定的土地增值税扣除项目涉及的增值税进项税额，允许在销项税额中计算抵扣的，不计入扣除项目，不允许在销项税额中计算抵扣的，可以计入扣除项目。

房地产开发企业按照《施工、房地产开发企业财务制度》有关规定，其在转让时缴纳的印花税已列入管理费用中，故不允许单独再扣除。其他纳税人缴纳的印花税允许在此扣除。

5. 财政部确定的其他扣除项目

对从事房地产开发的纳税人可按规定计算的金额之和，加计20%扣除。此条优惠只适用于从事房地产开发的纳税人，除此之外的其他纳税人不适用。

6. 旧房及建筑物的扣除金额

(1) 按评估价格扣除。旧房及建筑物的评估价格是指在转让已使用的房屋及建筑物时，由政府批准设立的房地产评估机构评定的重置成本价乘以成新度折扣率后的价格。评估价格须经当地税务机关确认。

重置成本价的含义是：对旧房及建筑物，按转让时的建材价格及人工费用计算建造同样面积、同样层次、同样结构、同样建设标准的新房及建筑物所需花费的成本费用。

成新度折扣率的含义是：按旧房的新旧程度作一定比例的折扣。

因此，转让旧房应按房屋及建筑物的评估价格、取得土地使用权所支付的地价款和按国家统一规定缴纳的有关费用，以及在转让环节缴纳的税金作为扣除项目金额计征土地增值税。对取得土地使用权时未支付地价款或不能提供已支付的地价款凭据的，在计征土地增值税时不允许扣除。

(2) 按购房发票金额计算扣除。纳税人转让旧房及建筑物，凡不能取得评估价格，但能提供购房发票的，经当地税务部门确认，《土地增值税暂行条例》规定的扣除项目的金额，可按发票所载金额并从购买年度起至转让年度止每年加计5%计算。对于纳税人购房时缴纳的契税，凡能够提供契税完税凭证的，准予作为“与转让房地产有关的税金”予以扣除，但不作为加计5%的基数。

7. 计税依据的特殊规定

(1) 隐瞒、虚报房地产成交价格的。隐瞒、虚报房地产成交价格，是指纳税人不报或有意低报转让土地使用权、地上建筑物及其附着物价款的行为。

对于纳税人隐瞒、虚报房地产成交价格的，应由评估机构参照同类房地产的市场交易价格进行评估，税务机关根据评估价格确定转让房地产的收入。

(2) 提供扣除项目金额不实的。提供扣除项目金额不实，是指纳税人在纳税申报时，不据实提供扣除项目金额，而是虚增被转让房地产扣除项目的内容或金额，使税务机关无法从纳税人方面了解计征土地增值税所需的正确的扣除项目金额，以达到虚增成本偷税的目的。

对于纳税人申报扣除项目金额不实的，应由评估机构对该房屋按照评估出的房屋重置成本价，乘以房屋的成新度折扣率，确定房产的扣除项目金额，并用该房产所坐落土地取得时的基准地价或标准地价来确定土地的扣除项目金额，房产和土地的扣除项目金额之和即为该房地产的扣除项目金额。

（3）转让房地产的成交价格低于房地产评估价格，又无正当理由的。转让房地产的成交价格低于房地产评估价格且无正当理由，是指纳税人申报的转让房地产的成交价低于房地产评估机构通过市场比较法进行房地产评估时所确定的正常市场交易价，纳税人又不能提供有效凭据或无正当理由进行解释的行为。对于这种情况，应按评估的市场交易价确定其实际成交价，并以此作为转让房地产的收入计算征收土地增值税。

（4）非直接销售和自用房地产收入的确定。房地产开发企业将开发产品用于职工福利、奖励、对外投资、分配给股东或投资人、抵偿债务、换取其他单位和个人的非货币性资产等，发生所有权转移时应视同销售房地产，其收入按下列方法和顺序确认：①按本企业在同一地区、同一年度销售的同类房地产的平均价格确定；②由主管税务机关参照当地当年、同类房地产的市场价格或评估价值确定。

【例 8-6】 纳税人转让旧房，在计算土地增值额时，不允许扣除的项目是（　　）。

A. 转让环节缴纳给国家的各项税费

B. 经税务机关确认的房屋及建筑物的评估价格

C. 当期发生的管理费用、财务费用和销售费用

D. 取得土地使用权所支付的价款和按国家规定缴纳的有关税费

正确答案：C。

【例 8-7】 2022 年宜优房地产开发企业进行普通标准住宅开发，已知支付的土地出让金及相关税费为 3 000 万元；住宅开发成本 2 800 万元；房地产开发费用中的利息支出为 300 万元（不能提供金融机构证明）；销售过程中缴纳增值税 450 万元、城市维护建设税和教育费附加 45 万元、印花税 4.5 万元。已知：该企业所在省人民政府规定的房地产开发费用的计算扣除比例为 10%，房地产开发加计扣除比例为 20%。则该企业在计算应缴纳的土地增值税税额时，下列关于准予扣除的项目金额合计的计算中正确的是（　　）。

A. 3 000＋2 800＋300＋450＋45＝6 595（万元）

B. 3 000＋2 800＋（3 000＋2 800）×10%＋45＋4.5＋（3 000＋2 800）×20%＝7 589.5（万元）

C. 3 000＋2 800＋（3 000＋2 800）×10%＋45＋（3 000＋2 800）×20%＝7 585（万元）

D. 3 000＋2 800＋（3 000＋2 800）×10%＋450＋45＋（3 000＋2 800）×20%＝8 035（万元）

正确答案：C。

六、应纳税额的计算

1. 应纳税额的计算公式

土地增值税按照纳税人转让房地产所取得的增值额和规定的税率计算征收。土地增值税的计算公式如下：

$$应纳税额 = \sum(每级距的增值额 \times 适用税率)$$

由于分步计算较烦琐，一般可以采用速算扣除法计算。即计算土地增值税税额，可按增值额乘以适用的税率减去扣除项目金额乘以速算扣除系数的简便方法计算。具体公式如下：

(1) 增值额未超过扣除项目金额 50%。

土地增值税应纳税额＝增值额×30%

(2) 增值额超过扣除项目金额 50%，未超过 100%。

土地增值税应纳税额＝增值额×40%－扣除项目金额×5%

(3) 增值额超过扣除项目金额 100%，未超过 200%。

土地增值税应纳税额＝增值额×50%－扣除项目金额×15%

(4) 增值额超过扣除项目金额 200%。

土地增值税应纳税额＝增值额×60%－扣除项目金额×35%

2. 应纳税额的计算步骤

根据上述计算公式，土地增值税应纳税额的计算可分为以下四步：

(1) 计算增值额。

增值额＝房地产转让收入－扣除项目金额

(2) 计算增值率。

增值率＝增值额÷扣除项目金额×100%

(3) 确定适用税率。按照计算出的增值率，从土地增值税税率表中确定适用税率。

(4) 计算应纳税额。

土地增值税应纳税额＝增值额×适用税率－扣除项目金额×速算扣除系数

【例 8-8】 2022 年国有商业企业宜优公司利用库房空地进行住宅商品房开发，按照国家有关规定补交土地出让金 2 840 万元，缴纳相关税费 160 万元；住宅开发成本 2 800 万元，其中含装修费用 500 万元；房地产开发费用中的利息支出为 300 万元（不能提供金融机构证明）；当年住宅全部销售完毕，取得不含增值税销售收入共计 9 000 万元；缴纳城市维护建设税和教育费附加 45 万元；缴纳印花税 4.5 万元。已知：该公司所在省人民政府规定的房地产开发费用的计算扣除比例为 10%。计算该企业销售住宅应缴纳的土地增值税税额。

解析： 非房地产开发企业缴纳的印花税允许作为税金扣除；非房地产开发企业不允许按照取得土地使用权所支付金额和房地产开发成本合计数的 20%加计扣除。

(1) 住宅销售收入为 9 000 万元。

(2) 确定转让房地产的扣除项目金额。

取得土地使用权所支付的金额＝2 840＋160＝3 000（万元）。

住宅开发成本为 2 800 万元。

房地产开发费用＝（3 000＋2 800）×10%＝580（万元）。

与转让房地产有关的税金＝45＋4.5＝49.5(万元)。

转让房地产的扣除项目金额＝2 840＋160＋2 800＋(2 840＋160＋2 800)×10%＋49.5＝6 429.5(万元)。

(3) 转让房地产的增值额＝9 000－6 429.5＝2 570.5(万元)。

(4) 增值额与扣除项目金额的比率＝2 570.5÷6 429.5＝39.98%。

增值额与扣除项目金额的比率未超过50%,适用税率为30%。

(5) 应纳土地增值税税额＝2 570.5×30%＝771.15(万元)。

七、税收优惠

(1) 纳税人建造普通标准住宅出售,增值额未超过扣除项目金额20%的,予以免税;超过20%的,应按全部增值额缴纳土地增值税。

所称的普通标准住宅,是指按所在地一般民用住宅标准建造的居住用住宅。高级公寓、别墅、度假村等不属于普通标准住宅。普通标准住宅与其他住宅的具体划分界限,2005年5月31日以前由各省、自治区、直辖市人民政府规定。2005年6月1日起,普通标准住宅应同时满足:住宅小区建筑容积率在1.0以上;单套建筑面积在120平方米以下;实际成交价格低于同级别土地上住房平均交易价格1.2倍以下。各省、自治区、直辖市根据实际情况,制定本地区享受优惠政策普通住房具体标准。允许单套建筑面积和价格标准适当浮动,但向上浮动的比例不得超过上述标准的20%。纳税人建造普通标准住宅出售,增值额未超过扣除项目金额20%的,免征土地增值税;增值额超过扣除项目金额20%的,应就其全部增值额按规定计税。

对于纳税人既建普通标准住宅又进行其他房地产开发的,应分别核算增值额。不分别核算增值额或不能准确核算增值额的,其建造的普通标准住宅不能适用这一免税规定。

(2) 因国家建设需要依法征用、收回的房地产,免征土地增值税。

因国家建设需要依法征用、收回的房地产,是指因城市实施规划、国家建设的需要而被政府批准征用的房产或收回的土地使用权。

因城市实施规划、国家建设的需要而搬迁,由纳税人自行转让原房地产的,免征土地增值税。

(3) 企事业单位、社会团体以及其他组织转让旧房作为公共租赁住房房源且增值额未超过扣除项目金额20%的,免征土地增值税。

(4) 自2008年11月1日起,对居民个人转让住房一律免征土地增值税。

【例8-9】 根据土地增值税法律制度的规定,下列各项中,可以免征土地增值税的有(　　)。

A. 国家机关转让自用房产

B. 工业企业在改制重组时以不动产作价入股投资非房地产企业

C. 房地产公司以不动产作价入股进行投资

D. 某商场因城市实施规划、国家建设的需要而自行转让原房产

正确答案:BD。

八、征收管理

（一）纳税申报

纳税人应在转让房地产合同签订后 7 日内，到房地产所在地主管税务机关办理纳税申报，并向税务机关提交房屋及建筑物产权、土地使用权证书、土地使用权转让及房产买卖合同、房地产评估报告及其他与转让房地产有关的资料，然后在税务机关规定的期限内缴纳土地增值税。

纳税人因经常发生房地产转让而难以在每次转让后申报的，经税务机关审核同意后，可以按月或按季定期进行纳税申报，具体期限由主管税务机关根据情况确定。

纳税人采取预售方式销售房地产的，对在项目全部竣工结算前转让房地产取得的收入，税务机关可以预征土地增值税。具体办法由各省、自治区、直辖市税务局根据当地情况制定。

对于纳税人预售房地产所取得的收入，凡当地税务机关规定预征土地增值税的，纳税人应当到主管税务机关办理纳税申报，并按规定比例预交，待办理完纳税清算后，多退少补。

（二）纳税清算

1. 土地增值税的清算单位

土地增值税以国家有关部门审批的房地产开发项目为单位进行清算，对于分期开发的项目，以分期项目为单位清算。

开发项目中同时包含普通住宅和非普通住宅的，应分别计算增值额。

2. 土地增值税的清算条件

（1）符合下列情形之一的，纳税人应进行土地增值税的清算：①房地产开发项目全部竣工、完成销售的；②整体转让未竣工决算房地产开发项目的；③直接转让土地使用权的。

（2）符合下列情形之一的，主管税务机关可要求纳税人进行土地增值税清算：①已竣工验收的房地产开发项目，已转让的房地产建筑面积占整个项目可售建筑面积的比例在 85% 以上，或该比例虽未超过 85%，但剩余的可售建筑面积已经出租或自用的；②取得销售（预售）许可证满 3 年仍未销售完毕的；③纳税人申请注销税务登记但未办理土地增值税清算手续的；④省级税务机关规定的其他情况。

3. 土地增值税清算应报送的资料

纳税人办理土地增值税清算应报送以下资料：

（1）房地产开发企业清算土地增值税书面申请、土地增值税纳税申报表。

（2）项目竣工决算报表、取得土地使用权所支付的地价款凭证、国有土地使用权出让合同、银行贷款利息结算通知单、项目工程合同结算单、商品房购销合同统计表等与转让房地产的收入、成本和费用有关的证明资料。

（3）主管税务机关要求报送的其他与土地增值税清算有关的证明资料等。

纳税人委托税务中介机构审核鉴证的清算项目，还应报送中介机构出具的《土地增值税清算税款鉴证报告》。

4. 清算后再转让房地产的处理

在土地增值税清算时未转让的房地产，清算后销售或有偿转让的，纳税人应按规定进行土地增值税的纳税申报，扣除项目金额按清算时的单位建筑面积成本费用乘以销售或转让面积计算。

单位建筑面积成本费用＝清算时的扣除项目总金额÷清算的总建筑面积

5. 土地增值税的核定征收

房地产开发企业有下列情形之一的，税务机关可以参照与其开发规模和收入水平相近的当地企业的土地增值税税负情况，按不低于预征率的征收率核定征收土地增值税：

（1）依照法律、行政法规的规定应当设置但未设置账簿的。

（2）擅自销毁账簿或者拒不提供纳税资料的。

（3）虽设置账簿，但账目混乱或者成本资料、收入凭证、费用凭证残缺不全，难以确定转让收入或扣除项目金额的。

（4）符合土地增值税清算条件，未按照规定的期限办理清算手续，经税务机关责令限期清算，逾期仍不清算的。

（5）申报的计税依据明显偏低，又无正当理由的。

【例 8-10】 下列企业的主管税务机关，可以要求其进行土地增值税清算的是（　　）。

A. 甲房地产开发公司的房地产开发项目全部竣工并已完成销售

B. 乙房地产开发公司取得销售许可证满 2 年仍未销售完毕

C. 丙房地产开发公司已竣工验收的房地产开发项目，已转让的房地产建筑面积占整个项目可售建筑面积的比例为 75%，剩余的可售建筑面积已经出租

D. 丁房地产开发公司将未竣工决算的房地产开发项目整体转让

正确答案：C。

（三）纳税地点

土地增值税纳税人发生应税行为应向房地产所在地主管税务机关缴纳税款。

这里所称的房地产所在地，是指房地产的坐落地。纳税人转让的房地产坐落在两个或两个以上地区的，应按房地产所在地分别申报纳税。具体又可分为以下两种情况：

（1）纳税人是法人的，当转让的房地产坐落地与其机构所在地或经营所在地一致时，则在办理税务登记的原管辖税务机关申报纳税即可；如果转让的房地产坐落地与其机构所在地或经营所在地不一致时，则应在房地产坐落地所管辖的税务机关申报纳税。

（2）纳税人是自然人的，当转让的房地产坐落地与其居住所在地一致时，则在居住所在地税务机关申报纳税；当转让的房地产坐落地与其居住所在地不一致时，在办理过户手续所在地的税务机关申报纳税。

第三节　城镇土地使用税

一、征税对象

城镇土地使用税是国家在城市、县城、建制镇和工矿区范围内，对使用土地的单位和个

人,以其实际占用的土地面积为计税依据,按照规定的税额计算征收的一种税。城镇土地使用税的征税对象是土地。

1988年9月27日国务院颁布《中华人民共和国城镇土地使用税暂行条例》(简称《城镇土地使用税暂行条例》)。2006年12月30日国务院对《城镇土地使用税暂行条例》进行了修订。之后,财政部、国家税务总局又陆续发布了一些有关城镇土地使用税的规定、办法。这些构成了我国城镇土地使用税法律制度。

二、征税范围

城镇土地使用税的征税范围是税法规定的纳税区域内的土地。凡在城市、县城、建制镇、工矿区范围内的土地,不论是属于国家所有的土地,还是集体所有的土地,都属于城镇土地使用税的征税范围。

城市,是指国务院批准设立的市,城市的征税范围包括市区和郊区。县城,是指县人民政府所在地,县城的征税范围为县人民政府所在地的城镇。建制镇,是经省级人民政府批准设立的建制镇,建制镇的征税范围为镇人民政府所在地的地区,但不包括镇政府所在地所辖行政村。工矿区,是指工商业比较发达,人口比较集中,符合国务院规定的建制镇标准,但尚未设立建制镇的大中型工矿企业所在地。工矿区的设立必须经省级人民政府批准。城市、县城、建制镇和工矿区虽然有行政区域和城建区域之分,但区域中的不同地方,其自然条件和经济繁荣程度各不相同,各省级人民政府可根据税法的规定,具体划定本地城市、县城、建制镇和工矿区的具体征税范围。

建立在城市、县城、建制镇和工矿区以外的工矿企业则不需缴纳城镇土地使用税。

自2009年1月1日起,公园、名胜古迹内的索道公司经营用地,应按规定缴纳城镇土地使用税。

三、纳税义务人

城镇土地使用税的纳税人,是指在税法规定的征税范围内使用土地的单位和个人。

所谓单位包括国有企业、集体企业、私营企业、股份制企业、外商投资企业、外国企业以及其他企业和事业单位、社会团体、国家机关、军队以及其他单位。个人,包括个体工商户以及其他个人。

城镇土地使用税的纳税人,根据用地者的不同情况分别确定,通常有以下规定:

(1) 城镇土地使用税由拥有土地使用权的单位或个人缴纳。

(2) 拥有土地使用权的纳税人不在土地所在地的,由代管人或实际使用人缴纳。

(3) 土地使用权未确定或权属纠纷未解决的,由实际使用人纳税。

(4) 土地使用权共有的,共有各方均为纳税人,由共有各方分别纳税。

土地使用权共有的,以共有各方实际使用土地的面积占总面积的比例,分别计算缴纳城镇土地使用税。

四、税率

城镇土地使用税采用定额税率,按大、中、小城市和县城、建制镇、工矿区分别规定每平方米城镇土地使用税年应纳税额。大、中、小城市以公安部门登记在册的非农业正式户口人数为依据，按照国务院颁布的《城市规划条例》中规定的标准划分：人口在50万以上的为大城市；人口在20万～50万之间的为中等城市；人口在20万以下的为小城市。

城镇土地使用税每平方米年税额标准具体规定如下：大城市1.5～30元；中等城市1.2～24元；小城市0.9～18元；县城、建制镇、工矿区0.6～12元。城镇土地使用税规定幅度税额，而且每个幅度税额的差距为20倍。这主要考虑我国各地存在着悬殊的土地级差收益，同一地区内不同地段的市政建设情况和经济发展程度也有较大的差别。

省、自治区、直辖市人民政府，在上述规定的税额幅度内，根据市政建设情况、经济繁荣程度等条件，确定所辖地区的适用税额幅度。经济落后地区，城镇土地使用税的适用税额标准可适当降低，但降低幅度不得超过上述规定最低税额的30%。经济发达地区，城镇土地使用税的适用税额可以适当提高，但须报经财政部批准。这样，各地在确定不同地段的等级和适用税额时，就有选择余地，尽可能做到平衡税负。

五、应纳税额的计算

城镇土地使用税是以纳税人实际占用的土地面积为计税依据，按照规定的适用税额计算征收。

土地面积以平方米为计量标准，具体按以下办法确定：

(1) 凡由省级人民政府确定的单位组织测定土地面积的，以测定的土地面积为准。

(2) 尚未组织测定，但纳税人持有政府部门核发的土地使用证书的，以证书确定的土地面积为准。

(3) 尚未核发土地使用证书的，应由纳税人据实申报土地面积，并据以纳税，待核发土地使用证书后再作调整。

其应纳税额计算公式如下：

年应纳税额＝实际占用应税土地面积(平方米)×适用税额

【例8-11】 宜优公司实际占地面积为35 000平方米，经税务机关核定，该企业所在地段适用城镇土地使用税税率每平方米税额为2元。计算该企业全年应缴纳的城镇土地使用税税额。

解析： 该企业年应缴纳的城镇土地使用税税额＝实际占用应税土地面积(平方米)×适用税额＝35 000×2＝70 000(元)。

六、税收优惠

(一) 免征城镇土地使用税

以下用地免征城镇土地使用税：

(1) 国家机关、人民团体、军队自用的土地。

(2) 由国家财政部门拨付事业经费的单位自用的土地。

(3) 宗教寺庙、公园、名胜古迹自用的土地。

(4) 市政街道、广场、绿化地带等公共用地。

（5）直接用于农、林、牧、渔业的生产用地。

（6）经批准开山填海整治的土地和改造的废弃土地，从使用的月份起免缴土地使用税5～10年。

（7）由财政部另行规定免税的能源、交通、水利设施用地和其他用地。

（二）税收优惠的特殊规定

1. 城镇土地使用税与耕地占用税的征税范围衔接

为避免对一块土地同时征收耕地占用税和城镇土地使用税，凡是缴纳了耕地占用税的，从批准征用之日起满1年后征收城镇土地使用税；征用非耕地因不需要缴纳耕地占用税，应从批准征用之次月起征收城镇土地使用税。

2. 免税单位与纳税单位之间无偿使用的土地

对免税单位无偿使用纳税单位的土地（如公安、海关等单位使用铁路、民航等单位的土地），免征城镇土地使用税；对纳税单位无偿使用免税单位的土地，纳税单位应照章缴纳城镇土地使用税。

3. 房地产开发公司开发建造商品房的用地

房地产开发公司开发建造商品房的用地，除经批准开发建设经济适用房的用地外，对各类房地产开发用地一律不得减免城镇土地使用税。

4. 基建项目在建期间的用地

对基建项目在建期间使用的土地，原则上应征收城镇土地使用税。但对有些基建项目，特别是国家产业政策扶持发展的大型基建项目占地面积大，建设周期长，在建期间又没有经营收入，纳税确有困难的，可由各省、自治区、直辖市税务局根据具体情况予以免征或减征城镇土地使用税；对已经完工或已经使用的建设项目，其用地应照章征收城镇土地使用税。

5. 城镇内的集贸市场（农贸市场）用地

城镇内的集贸市场（农贸市场）用地，按规定应征收城镇土地使用税。为了促进集贸市场的发展及照顾各地的不同情况，各省、自治区、直辖市税务局可根据具体情况，自行确定对集贸市场用地征收或者免征城镇土地使用税。

6. 防火、防爆、防毒等安全防范用地

对于各类危险品仓库、厂房所需的防火、防爆、防毒等安全防范用地，可由各省、自治区、直辖市税务局确定，暂免征收城镇土地使用税；对仓库库区、厂房本身用地，应依法征收城镇土地使用税。

7. 搬迁企业的用地

（1）企业搬迁后原场地不使用的、企业范围内荒山等尚未利用的土地，免征城镇土地使用税。免征税额由企业在申报缴纳城镇土地使用税时自行计算扣除，并在申报表附表或备注栏中作相应说明。

（2）对搬迁后原场地不使用的和企业范围内荒山等尚未利用的土地，凡企业申报暂免征收城镇土地使用税的，应事先向土地所在地的主管税务机关报送有关部门的批准文件或认定书等相关证明材料，以备税务机关查验。具体报送材料由各省、自治区、直辖市和计划单列市税务局确定。

（3）企业按上述规定暂免征收城镇土地使用税的土地开始使用时，应从使用的次月起自行计算和申报缴纳城镇土地使用税。

8. 企业的铁路专用线、公路等用地

对企业的铁路专用线、公路等用地除另有规定者外，在企业厂区（包括生产、办公及生活区）以内的，应照章征收城镇土地使用税；在厂区以外、与社会公用地段未加隔离的，暂免征收城镇土地使用税。

9. 企业范围内的荒山、林地、湖泊等占地

对2014年以前已按规定免征城镇土地使用税的企业范围内荒山、林地、湖泊等占地，自2014年1月1日至2015年12月31日，按应纳税额减半征收城镇土地使用税；自2016年1月1日起，全额征收城镇土地使用税。

10. 石油天然气（含页岩气、煤层气）生产企业用地

（1）下列石油天然气生产建设用地暂免征收城镇土地使用税：①地质勘探、钻井、井下作业、油气田地面工程等施工临时用地；②企业厂区以外的铁路专用线、公路及输油（气、水）管道用地；③油气长输管线用地。

（2）在城市、县城、建制镇以外工矿区内的消防、防洪排涝、防风、防沙设施用地，暂免征收城镇土地使用税。

（3）除上述列举免税的土地外，其他油气生产及办公、生活区用地，依照规定征收城镇土地使用税。享受上述税收优惠的用地，用于非税收优惠用途的，不得享受税收优惠。

11. 林业系统用地

（1）对林区的育林地、运材道、防火道、防火设施用地，免征城镇土地使用税。

（2）林业系统的森林公园、自然保护区可比照公园免征城镇土地使用税。

（3）林业系统的林区贮木场、水运码头用地，原则上应按税法规定缴纳城镇土地使用税，考虑到林业系统目前的困难，为扶持其发展，暂予免征城镇土地使用税。

（4）除上述列举免税的土地外，对林业系统的其他生产用地及办公、生活区用地，均应征收城镇土地使用税。

12. 盐场、盐矿用地

（1）对盐场、盐矿的生产厂房、办公、生活区用地，应照章征收城镇土地使用税。

（2）盐场的盐滩、盐矿的矿井用地，暂免征收城镇土地使用税。

（3）对盐场、盐矿的其他用地，由各省、自治区、直辖市税务局根据实际情况，确定征收城镇土地使用税或给予定期减征、免征的照顾。

13. 矿山企业用地

（1）矿山的采矿场、排土场、尾矿库、炸药库的安全区，以及运矿运岩公路、尾矿输送管道及回水系统用地，免征城镇土地使用税。

（2）对位于城镇土地使用税征税范围内的煤炭企业已取得土地使用权、未利用的塌陷地，征收城镇土地使用税。

除上述规定外，对矿山企业的其他生产用地及办公、生活区用地，均应征收城镇土地使用税。

14. 电力行业用地

（1）火电厂厂区围墙内的用地均应征收城镇土地使用税。对厂区围墙外的灰场、输灰管、输油（气）管道、铁路专用线用地，免征城镇土地使用税；厂区围墙外的其他用地，应照章征税。

(2) 水电站的发电厂房用地(包括坝内、坝外式厂房),生产、办公、生活用地,应征收城镇土地使用税;对其他用地给予免税照顾。

(3) 对供电部门的输电线路用地、变电站用地,免征城镇土地使用税。

15. 水利设施用地

(1) 水利设施及其管护用地(如水库库区、大坝、堤防、灌渠、泵站等用地),免征城镇土地使用税;其他用地,如生产、办公、生活用地,应照章征税。

(2) 对兼有发电的水利设施用地城镇土地使用税的征免,具体办法比照电力行业征免城镇土地使用税的有关规定办理。

16. 交通部门港口用地

(1) 对港口的码头(即泊位,包括岸边码头、伸入水中的浮码头、堤岸、堤坝、校桥等)用地,免征城镇土地使用税。

(2) 对港口的露天堆货场用地,原则上应征收城镇土地使用税。企业纳税确有困难的,可由各省、自治区、直辖市税务局根据其实际情况,给予定期减征或免征城镇土地使用税的照顾。

除上述规定外,港口的其他用地,应按规定征收城镇土地使用税。

17. 民航机场用地

(1) 机场飞行区(包括跑道、滑行道、停机坪、安全带、夜航灯光区)用地、场内外通信导航设施用地和飞行区四周排水防洪设施用地,免征城镇土地使用税。

(2) 在机场道路中,场外道路用地免征城镇土地使用税;场内道路用地依照规定征收城镇土地使用税。

(3) 机场工作区(包括办公、生产和维修用地及候机楼、停车场)用地、生活区用地、绿化用地,均须依照规定征收城镇土地使用税。

18. 老年服务机构自用的土地

老年服务机构是指专门为老年人提供生活照料、文化、护理、健身等多方面服务的福利性、非营利性的机构,主要包括老年社会福利院、敬老院(养老院)、老年服务中心、老年公寓(含老年护理院、康复中心、托老所)等。老年服务机构自用土地免征城镇土地使用税。

19. 邮政部门的土地

对邮政部门坐落在城市、县城、建制镇、工矿区范围内的土地,应当依法征收城镇土地使用税;对坐落在城市、县城、建制镇、工矿区范围以外的,尚在县邮政局内核算的土地,在单位财务账中划分清楚的,不征收城镇土地使用税。

20. 其他特殊规定

国家机关、军队、人民团体、财政补助事业单位、居民委员会、村民委员会拥有的体育场馆,用于体育活动的土地,免征城镇土地使用税。经费自理事业单位、体育社会团体、体育基金会、体育类民办非企业单位拥有并运营管理的体育场馆,符合相关条件的,其用于体育活动的土地,免征城镇土地使用税。企业拥有并运营管理的大型体育场馆,其用于体育活动的土地,减半征收城镇土地使用税。享受上述税收优惠体育场馆的运动场地用于体育活动的天数不得低于全年自然天数的70%。

自2018年5月1日起至2019年12月31日止,对物流企业承租用于大宗商品仓储设施的土地,减按所属土地等级适用税额标准的50%计征城镇土地使用税。

根据财税〔2022〕10号《关于进一步实施小微企业“六税两费”减免政策的公告》对增值税小规模纳税人、小型微利企业和个体工商户可以在50%的税额幅度内减征城镇土地使用税。增值税小规模纳税人、小型微利企业和个体工商户已依法享受城镇土地使用税其他优惠政策的，可叠加享受本公告第一条规定的优惠政策。

七、征收管理

（一）纳税义务发生时间

（1）纳税人购置新建商品房，自房屋交付使用之次月起，缴纳城镇土地使用税。

（2）纳税人购置存量房，自办理房屋权属转移、变更登记手续，房地产权属登记机关签发房屋权属证书之次月起，缴纳城镇土地使用税。

（3）纳税人出租、出借房产，自交付出租、出借房产之次月起，缴纳城镇土地使用税。

（4）以出让或转让方式有偿取得土地使用权的，应由受让方从合同约定交付土地时间之次月起缴纳城镇土地使用税；合同未约定交付土地时间的，由受让方从合同签订之次月起缴纳城镇土地使用税。

（5）纳税人新征用的耕地，自批准征用之日起满1年时开始缴纳城镇土地使用税。

（6）纳税人新征用的非耕地，自批准征用次月起缴纳城镇土地使用税。

【例8-12】 宜优公司从M公司处购入一处土地使用权，双方于2019年3月5日签订合同，双方在合同中约定，支付价款的时间为4月30日前，交付土地使用权的日期为5月5日。因宜优公司拖延付款，M公司直至6月10日才向其交付该土地使用权，则宜优公司城镇土地使用税的纳税义务发生时间是（　　）。

A. 2019年4月　　B. 2019年5月

C. 2019年6月　　D. 2019年7月

正确答案：C。

（二）纳税地点

城镇土地使用税在土地所在地缴纳。

纳税人使用的土地不属于同一省、自治区、直辖市管辖的，由纳税人分别向土地所在地税务机关缴纳城镇土地使用税；在同一省、自治区、直辖市管辖范围内，纳税人跨地区使用的土地，其纳税地点由各省、自治区、直辖市税务局确定。

（三）纳税期限

城镇土地使用税按年计算、分期缴纳，具体纳税期限由省、自治区、直辖市人民政府确定。

第四节　耕地占用税

一、征税对象

耕地占用税是为了合理利用土地资源、加强土地管理、保护耕地，对占用耕地建设建筑物、构筑物或者从事非农业建设的单位和个人征收的一种税。1987 年 4 月 1 日国务院颁布《中华人民共和国耕地占用税暂行条例》。2018 年 12 月 29 日第十三届全国人民代表大会常务委员会第七次会议通过了《中华人民共和国耕地占用税法》，自 2019 年 9 月 1 日起施行。

二、征税范围

耕地占用税的征税范围包括纳税人为建房或从事非农业建设而占用的国家所有和集体所有的耕地。

耕地，是指用于种植农作物的土地。建房，包括建设建筑物和构筑物，建设农田水利设施除外。

占用园地、林地、草地、农田水利用地、养殖水面以及养殖滩涂等其他农用地建房或者从事非农业建设的，应征收耕地占用税，适用税额可以适当低于当地占用耕地的适用税额。

其中，园地包括果园、茶园、其他园地。林地，包括林地、灌木林地、疏林地、未成林地、迹地、苗圃等，不包括居民点内部的绿化林木用地，铁路、公路征地范围内的林木用地，以及河流、沟渠的护堤林用地。农田水利用地，包括农田排灌沟渠及相应附属设施用地。养殖水面，包括人工开挖或者天然形成的用于水产养殖的河流水面、湖泊水面、水库水面、坑塘水面及相应附属设施用地。养殖滩涂，包括专门用于种植或者养殖水生动植物的海水潮浸地带和滩地。

建设直接为农业生产服务的生产设施占用上述规定的农用地的，不征收耕地占用税。

三、纳税义务人

耕地占用税的纳税人为在我国境内占用耕地建房或者从事非农业建设的单位或者个人。

单位，包括企业、事业单位、社会团体、国家机关、部队以及其他单位；个人，包括个体工商户、农村承包经营户以及其他个人。

四、税率

耕地占用税实行定额税率。根据不同地区的人均耕地面积和经济发展情况实行有地区差别的幅度税额标准，税率标准如下：

（1）人均耕地不超过 1 亩的地区（以县级行政区为单位，下同），每平方米为 10～50 元。

（2）人均耕地超过 1 亩但不超过 2 亩的地区，每平方米为 8～40 元。

（3）人均耕地超过 2 亩但不超过 3 亩的地区，每平方米为 6～30 元。

（4）人均耕地超过 3 亩的地区，每平方米为 5～25 元。

国务院根据人均耕地面积和经济发展情况规定各省、自治区、直辖市耕地占用税的平均税额。各省、自治区、直辖市耕地占用税适用税额的平均水平不得低于国务院规定的本地区平均税额。

各地耕地占用税适用税额由省、自治区、直辖市人民代表大会或者其常务委员会在国务院规定的税额幅度内确定，报全国人民代表大会常务委员会和国务院备案。

经济特区、经济技术开发区和经济发达且人均耕地特别少的地区，适用税额可以适当提高，但是提高的部分最高不得超过国务院规定的当地适用税额的50%。

占用基本农田的，适用税额应当在国务院规定的当地适用税额的基础上提高50%。占用基本农田以外的优质耕地，适用税额可以适当提高，但是提高的部分最高不得超过国务院规定的当地适用税额的50%。

五、应纳税额的计算

耕地占用税以纳税人实际占用的耕地面积为计税依据，按照规定的适用税额一次性征收。

纳税人实际占用耕地面积的核定以农用地转用审批文件为主要依据，必要的时候应当实地勘测。

耕地占用税应纳税额的计算公式如下：

应纳税额＝实际占用耕地面积(平方米)×适用税率

六、税收优惠

(1) 下列项目占用耕地，可以免征耕地占用税。

军事设施占用应税土地免征耕地占用税。免税的军事设施，具体范围包括：地上、地下的军事指挥、作战工程；军用机场、港口、码头；营区、训练场、试验场；军用洞库、仓库；军用通信、侦察、导航、观测台站和测量、导航、助航标志；军用公路、铁路专用线，军用通信、输电线路，军用输油、输水管道；其他直接用于军事用途的设施。

学校、幼儿园、养老院、医院占用应税土地免征耕地占用税。免税的学校，具体范围包括县级以上人民政府教育行政部门批准成立的大学、中学、小学、学历性职业教育学校以及特殊教育学校。由国务院人力资源和社会保障行政部门，省、自治区、直辖市人民政府或其人力资源和社会保障行政部门批准成立的技工院校。学校内经营性场所和教职工住房占用应税土地的，按照当地适用税额缴纳耕地占用税。免税的幼儿园，具体范围限于县级以上人民政府教育行政部门登记注册或者备案的幼儿园内专门用于幼儿保育、教育的场所。免税的养老院，具体范围限于经批准设立的养老机构内专门为老年人提供生活照顾的场所。免税的医院，具体范围限于县级以上人民政府卫生行政部门批准设立的医院内专门用于提供医护服务的场所及其配套设施。医院内职工住房占用应税土地的，按照当地适用税额缴纳耕地占用税。

(2) 下列项目占用耕地，可以减按每平方米2元的税额标准征收耕地占用税。

减税的铁路线路，具体范围限于铁路路基、桥梁、涵洞、隧道及其按照规定两侧留地。专用铁路和铁路专用线占用应税土地的，按照当地适用税额缴纳耕地占用税。减税的公路线路，具体范围限于经批准建设的国道、省道、县道、乡道和属于农村公路的村道的主体工程以及两侧边沟或者截水沟。专用公路和城区内机动车道占用应税土地的，按照当地适用税额缴纳耕地占用税。

减税的飞机场跑道、停机坪，具体范围限于经批准建设的民用机场专门用于民用航空器起降、滑行、停放的场所。

减税的港口，具体范围限于经批准建设的港口内供船舶进出、停靠以及旅客上下、货物装卸的场所。

减税的航道，具体范围限于在江、河、湖泊、港湾等水域内供船舶安全航行的通道。

(3) 农村居民在规定标准内占用耕地新建自用住宅，按照当地适用税额减半征收耕地占用税。减税的农村居民占用应税土地新建住宅，是指农村居民经批准在户口所在地按照规定标准占用应税土地建设自用住宅。

农村居民经批准搬迁或者经批准的整体搬迁，原宅基地恢复耕种，凡新建住宅占用耕地不超过原宅基地面积的，免征耕地占用税；超过原宅基地面积的，对超过部分按照当地适用税额减半征收耕地占用税。

(4) 农村烈士家属、残疾军人以及生活困难的农村居民，在规定用地标准以内新建住宅缴纳耕地占用税确有困难的，可以免征或者减征耕地占用税，具体办法由省、自治区、直辖市人民代表大会或者其常务委员会规定。农村烈士家属，包括农村烈士的父母、配偶和子女。

(5) 纳税人临时占用耕地，应当按规定缴纳耕地占用税。纳税人在批准临时占用耕地期满之日起 1 年内恢复所占用耕地原状的，全额退还已经缴纳的耕地占用税。

因污染、取土、采矿塌陷等损毁耕地的，比照临时占用耕地的情况，由造成损毁的单位或者个人缴纳耕地占用税。纳税人自损毁耕地之日起 3 年内恢复所损毁耕地原状的，全额退还已经缴纳的耕地占用税。

(6) 按规定免征或者减征耕地占用税后，纳税人改变原占地用途，不再属于免征或者减征耕地占用税情形的，应当按照当地适用税额补缴耕地占用税。

(7) 根据财税〔2022〕10 号《关于进一步实施小微企业“六税两费”减免政策的公告》对增值税小规模纳税人、小型微利企业和个体工商户可以在 50%的税额幅度内减征耕地占用税。增值税小规模纳税人、小型微利企业和个体工商户已依法享受耕地占用税其他优惠政策的，可叠加享受本公告第一条规定的优惠政策。

【例 8-13】 农民赵某经批准在户籍所在地占用一块耕地建造住宅作为自己的婚房，对赵某的上述行为，根据耕地占用税的计税规定，下列说法中正确的是(　　)。

A. 免征　　　　B. 减按 2 元/平方米征收

C. 减半征收　　　　D. 加征 50%

正确答案：C。

七、征收管理

(一) 纳税义务发生时间和纳税期限

纳税人自收到土地管理部门农用地转用批复文件之日起 30 日内申报缴纳耕地占用税。

单独选址项目占用耕地的，纳税人自收到土地管理部门建设用地批准书之日起 30 日内申报缴纳耕地占用税。

未经批准占用耕地的，纳税人应当自实际占用耕地之日起 30 日内申报缴纳耕地占用税。

(二) 纳税地点

纳税人占用耕地或其他农用地，应当在耕地或其他农用地所在地申报纳税。

土地管理部门应当在向纳税人发放农用地转用批复文件或者建设用地批准书的同时，

通知同级税务机关。土地管理部门应当在核查耕地占用税纳税或者免税证明后，办理供应建设用地手续。

实践能力训练

单选题

1. 甲粘土企业开采粘土 20 000 吨，对外销售 16 000 吨，移送 1 000 吨粘土继续精加工并于当月销售。已知粘土的资源税税率为 0.5 元/吨，甲企业应当缴纳的资源税的下列计算中，正确的是（　　）。
   A. (16 000＋1 000)×0.5＝8 500(元)
   B. 16 000×0.5＝8 000(元)
   C. 20 000×0.5＝10 000(元)
   D. 1 000×0.5＝500(元)
2. 2022 年 5 月，甲企业转让自建厂房取得不含税销售额 10 000 万元，准予扣除项目金额共计 6 000 万元，已知土地增值税税率 40%，速算扣除率 5%。甲企业应纳土地增值税为（　　）。
   A. (10 000－6 000)×40%－10 000×5%＝1 100(万元)
   B. (10 000－6 000)×40%－6 000×5%＝1 300(万元)
   C. 10 000×40%－6 000×5%＝3 700(万元)
   D. 6 000×40%－(10 000－6 000)×5%＝2 200(万元)
3. 下列关于土地增值税税收优惠政策的说法中，错误的是（　　）。
   A. 纳税人建造普通标准住宅出售，增值额未超过扣除项目金额 20%的，免征土地增值税
   B. 因国家建设需要依法征用、收回的房地产，免征土地增值税
   C. 企事业单位、社会团体以及其他组织转让旧房作为公共租赁住房房源的，免征土地增值税
   D. 居民个人转让住房免征土地增值税
4. 根据耕地占用税法律制度的规定，下列各项中，耕地占用税的适用税额应当在国务院规定的当地适用税额的基础上提高 50%的是（　　）。
   A. 占用经济特区的耕地
   B. 占用基本农田以外的优质耕地
   C. 占用基本农田
   D. 占用经济技术开发区的耕地
5. 下列用地中，免予缴纳城镇土地使用税的是（　　）。
   A. 供电部门的输电线路用地
   B. 邮政部门坐落在县城内的土地
   C. 机场内的道路用地
   D. 矿山企业的生活区用地
6. 根据耕地占用税法律制度的规定，下列占用耕地进行非农业建设的行为，适用税额不得

低于当地占用耕地适用税额的是(　　)。

A. 园地　　B. 农田　　C. 林地　　D. 草地

7. 下列关于土地增值税的说法中,错误的是(　　)。

A. 土地使用权出让应征收土地增值税

B. 土地使用权转让应征收土地增值税

C. 个人互换自有居住用房应免征土地增值税

D. 甲房地产开发公司用房地产进行投资联营应征收土地增值税

第九章 行为目的类税法

《中华人民共和国印花税法》

《中华人民共和国城市维护建设税法》

《中华人民共和国烟叶税法》

《中华人民共和国船舶吨税法》

《中华人民共和国环境保护税法》

本章知识结构图

第一节　印　花　税

一、征税对象

印花税是对经济活动和经济交往中书立、领受、使用的应税经济凭证征收的一种税。因纳税人主要是通过在应税凭证上粘贴印花税票来完成纳税义务，故名印花税。

1950 年 1 月政务院发布《全国税政实施要则》，规定印花税为全国统一开征的 14 个税种之一。1958 年简化税制时，将印花税并入工商统一税，印花税不再单独征收。1988 年 8 月6 日，国务院公布了《中华人民共和国印花税暂行条例》（简称《印花税暂行条例》），于同年 10 月 1 日起恢复征收印花税。同年 9 月 29 日，财政部印发《印花税暂行条例实施细则》，12 月 12 日，原国家税务局印发《关于印花税若干具体问题的规定》，之后，财政部、国家税务总局又陆续发布了一些有关印花税的规定、办法。随着我国股票交易制度的建立，国务院决定自 1992 年 1 月 1 日起将股票交易纳入印花税的征收范围。2021 年 6 月 10 日第十三届全国人民代表大会常务委员会第二十九次会议通过了《中华人民共和国印花税法》（简称《印花税法》），2022 年 7 月 1 日起施行。

二、征税范围

我国经济活动中发生的经济凭证种类繁多、数量巨大，现行印花税采取正列举形式，只对法律规定中列举的凭证征收，没有列举的凭证不征税。列举的凭证分为四类：合同类、产权转移书据类、营业账簿类、证券交易类。

（一）合同

合同是指平等主体的自然人、法人、其他组织之间设立、变更、终止民事权利义务关系的协议。印花税税目中的合同按照《合同法》的规定进行分类，在税目税率表中列举了如下 11 大类合同：

（1）买卖合同，包括供应、预购、采购、购销结合及协作、调剂、补偿、易货等合同，还包括各出版单位与发行单位（不包括订阅单位和个人）之间订立的图书、报刊、音像征订凭证。

对于工业、商业、物资、外贸等部门经销和调拨商品、物资供应的调拨单（或其他名称的单、卡、书、表等），应当区分其性质和用途，即根据其是作为部门内执行计划使用的，还是代替合同使用的，来确定是否贴花。凡属于明确双方供需关系，据以供货和结算，具有合同性质的凭证，应按规定缴纳印花税。

对纳税人以电子形式签订的各类应税凭证按规定征收印花税。

对发电厂与电网之间、电网与电网之间（国家电网公司系统、南方电网公司系统内部各级电网互供电量除外）签订的购售电合同，按购销合同征收印花税。电网与用户之间签订的供用电合同不征印花税。

(2) 借款合同,包括银行及其他金融组织和借款人(不包括银行同业拆借)所签订的借款合同。

(3) 融资租赁合同。

(4) 租赁合同,包括租赁房屋、船舶、飞机、机动车辆、机械、器具、设备等合同,还包括企业、个人出租门店、柜台等所签订的合同,但不包括企业与主管部门签订的租赁承包合同。

(5) 承揽合同,包括加工、定做、修缮、修理、印刷、广告、测绘、测试等合同。

(6) 建设工程合同,包括勘察、设计、建筑、安装工程合同的总包合同、分包合同和转包合同。

(7) 运输合同,包括民用航空运输、铁路运输、海上运输、内河运输、公路运输和联运合同。

(8) 技术合同,包括技术开发、转让、咨询、服务等合同。

技术转让合同包括专利申请转让、非专利技术转让所书立的合同,但不包括专利权转让、专利实施许可所书立的合同。后者适用于"产权转移书据"合同。

技术咨询合同是合同当事人就有关项目的分析、论证、评价、预测和调查订立的技术合同,而一般的法律、会计、审计等方面的咨询不属于技术咨询,其所立合同不贴印花。

技术服务合同的征税范围包括技术服务合同、技术培训合同和技术中介合同。

(9) 保管合同,包括保管合同或作为合同使用的仓单、栈单(或称入库单)。对某些使用不规范的凭证不便计税的,可就其结算单据作为计税贴花的凭证。

(10) 仓储合同。

(11) 财产保险合同。财产保险合同,包括财产、责任、保证、信用等保险合同。

(二) 产权转移书据

产权转移即财产权利关系的变更行为,表现为产权主体发生变更。产权转移书据是在产权的买卖、交换、继承、赠与、分割等产权主体变更过程中,由产权出让人与受让人之间所订立的民事法律文书。

我国印花税税目中的产权转移书据包括:土地使用权出让和转让书据,房屋等建筑物、构筑物所有权、股权(不包括应缴纳证券交易印花税的)、商标专用权、著作权、专利权、专有技术使用权转让书据。

(三) 营业账簿

印花税税目中的营业账簿归属于财务会计账簿,是按照财务会计制度的要求设置的,反映生产经营活动的账册。按照营业账簿反映的内容不同,在税目中包括记载资金的账簿(简称资金账簿)。资金账簿是反映生产经营单位"实收资本"和"资本公积"金额增减变化的账簿。

(四) 证券交易

证券交易是指在依法设立的证券交易所上市交易或者在国务院批准的其他证券交易场所转让公司股票和以股票为基础发行的存托凭证。

【例 9-1】 根据印花税法律制度的规定，下列各项中，属于印花税征税范围的有（　　）。

A. 土地使用权出让合同　　B. 土地使用权转让合同

C. 商品房销售合同　　D. 房屋产权证

正确答案：ABCD。

三、纳税义务人

在中华人民共和国境外书立在境内使用的应税凭证的单位和个人，为印花税的纳税人，应当依法缴纳印花税。

应税凭证，是指《印花税法》所附《印花税税目税率表》列明的合同、产权转移书据和营业账簿。单位是指企业、行政单位、事业单位、军事单位、社会团体及其他单位。个人是指个体工商户和其他个人。

如果一份合同或应税凭证由两方或两方以上当事人共同签订，签订合同或应税凭证的各方都是纳税人，应各就其所持合同或应税凭证的计税金额履行纳税义务。

根据书立应税凭证的不同，纳税人可分为立合同人、立账簿人、立据人、使用人等。

(1) 立合同人。立合同人是指合同的当事人，即对凭证有直接权利义务关系的单位和个人，但不包括合同的担保人、证人、鉴定人。所谓合同，是指根据《合同法》的规定订立的各类合同，包括买卖、借款、融资租赁、租赁、承揽、建设工程、运输、技术、保管、仓储、财产保险共 11 类合同。当事人的代理人有代理纳税义务。

(2) 立账簿人。立账簿人是指开立并使用营业账簿的单位和个人。

(3) 立据人。立据人是指书立产权转移书据的单位和个人。

(4) 使用人。使用人是指在国外书立，但在国内使用应税凭证的单位和个人。

【例 9-2】 根据印花税法律制度的规定，下列各项中，不属于印花税纳税人的是（　　）。

A. 合同的双方当事人　　B. 合同的担保人

C. 合同的证人　　D. 合同的鉴定人

正确答案：BCD。

四、税率

印花税的税率为比例税率。

对载有金额的凭证，如各类合同以及具有合同性质的凭证（包括电子形式）、产权转移书据、资金账簿等，采用比例税率。按照凭证所标明的确定的金额按比例计算应纳税额，既能保证财政收入，又能体现合理负担的原则。在印花税 17 个税目中，各类合同以及具有合同性质的凭证、产权转移书据、营业账簿、证券交易，适用比例税率。具体税率详见税目税率表 9-1。

表 9-1　印花税税目税率表

税目		税率	备注	
合同 （指书面合同）	借款合同	借款金额的万分之零点五	指银行业金融机构、经国务院银行业监督管理机构批准设立的其他金融机构与借款人（不包括同业拆借）的借款合同	
	融资租赁合同	租金的万分之零点五		
	买卖合同	价款的万分之三	指动产买卖合同（不包括个人书立的动产买卖合同）	
	承揽合同	报酬的万分之三		
	建设工程合同	价款的万分之三		
	运输合同	运输费用的万分之三	指货运合同和多式联运合同（不包括管道运输合同）	
	技术合同	价款、报酬或者使用费的万分之三	不包括专利权、专有技术使用权转让书据	
	租赁合同	租金的千分之一		
	保管合同	保管费的千分之一		
产权转移书据	土地使用权出让书据	价款的万分之五	转让包括买卖（出售）、继承、赠与、互换、分割	
	土地使用权、房屋等建筑物所有权转让书据（不包括土地承包经营权和土地经营权转移）	价款的万分之五		
	股权转让书据（不包括应缴纳证券交易印花税的）	价款的万分之五		
	商标专用权、著作权、专利权、转悠技术使用权转让书据	价款的万分之三		
营业账簿		实收资本（股本）、资本公积合计金额的万分之二点五		
证券交易		成交金额的千分之一		

五、应纳税额的计算

印花税应纳税额按照下列方法计算。

1. 应税合同的应纳税额的计算公式

应纳税额＝价款或者报酬×适用税率

应税合同的计税依据，为合同列明的价款或者报酬，不包括增值税税款；合同中价款或者报酬与增值税税款未分开列明的，按照合计金额确定。具体包括买卖合同和建设工程合同中的支付价款、承揽合同中的支付报酬、租赁合同和融资租赁合同中的租金、运输合同中的运输费用、保管合同中的保管费、仓储合同中的仓储费、借款合同中的借款金额、财产保险合同中的保险费以及技术合同中的支付价款、报酬或者使用费等。

2. 应税产权转移书据的应纳税额的计算公式

应纳税额＝价款×适用税率

应税产权转移书据的计税依据，为产权转移书据列明的价款，不包括增值税税款；产权转移书据中价款与增值税税款未分开列明的，按照合计金额确定。

应税合同、产权转移书据未列明价款或者报酬的，按照下列方法确定计税依据：

(1) 按照订立合同、产权转移书据时市场价格确定；依法应当执行政府定价的，按照其规定确定。

(2) 不能按照上述规定的方法确定的，按照实际结算的价款或者报酬确定。

3. 应税营业账簿的应纳税额的计算公式

应纳税额 ＝ 实收资本(股本)、资本公积合计金额 × 适用税率

4. 证券交易的应纳税额的计算公式

应纳税额＝成交金额或者依法确定的计税依据×适用税率

证券交易的计税依据，为成交金额。以非集中交易方式转让证券时无转让价格的，按照办理过户登记手续前一个交易日收盘价计算确定计税依据；办理过户登记手续前一个交易日无收盘价的，按照证券面值计算确定计税依据。

同一应税凭证载有两个或者两个以上经济事项并分别列明价款或者报酬的，按照各自适用税目和税率计算应纳税额；未分别列明价款或者报酬的，按税率高的计算应纳税额。

同一应税凭证由两方或者两方以上当事人订立的，应当按照各自涉及的价款或者报酬分别计算应纳税额。

纳税人有以下情形的，税务机关可以核定纳税人印花税计税依据：

(1) 未按规定建立印花税应税凭证登记簿，或未如实登记和完整保存应税凭证的。

(2) 拒不提供应税凭证或不如实提供应税凭证，致使计税依据明显偏低的。

(3) 采用按期汇总缴纳办法的，未按税务机关规定的期限报送汇总缴纳印花税情况报告，经税务机关责令限期报告，逾期仍不报告的或者税务机关在检查中发现纳税人有未按规定汇总缴纳印花税情况的。

【例 9-3】 下列关于印花税的计税依据，表述错误的有(　　)。

A. 承揽合同为加工承揽收入，包括委托方提供的原料及主要材料价值

B. 融资租赁合同为被租赁财产价值

C. 运输合同为运费，包括装卸费、保险费

D. 借款合同为合同约定的借款利息

E. 保险合同为被保险物价值

正确答案： ABCDE。

【例 9-4】 交通运输企业宜优公司 2022 年 4 月签订以下合同：①与 M 银行签订融资租赁合同购置新车 15 辆，合同载明租赁期限为 3 年，每年支付租金 100 万元；②与 N 客户签订货物运输合同，合同载明货物价值 500 万元，运输费用 65 万元(含装卸费 5 万元，货物

保险费 10 万元)；③与 L 运输企业签订租赁合同，合同载明将本企业闲置的总价值 300 万元的 10 辆货车出租，每辆车月租金 4 000 元，租期未定；④与 P 保险公司签订保险合同，合同载明为本企业的 50 辆车上第三方责任险，每辆车每年支付保险费 4 000 元。该企业当月应缴纳的印花税是(　　)元。

A. 505　　B. 540　　C. 605　　D. 640

正确答案：C。

六、税收优惠

1. 法定凭证免税

下列凭证免征印花税：

(1) 应税凭证的副本或者抄本。

(2) 依照法律规定应当予以免税的外国驻华使馆、领事馆和国际组织驻华代表机构为获得馆舍书立的应税凭证。

(3) 中国人民解放军、中国人民武装警察部队书立的应税凭证。

(4) 农民、家庭农场、农民专业合作社、农村集体经济组织、村民委员会购买农业生产资料或者销售农产品书立的买卖合同和农业保险合同。

(5) 无息或者贴息借款合同、国际金融组织向中国提供优惠贷款书立的借款合同。

(6) 财产所有权人将财产赠与政府、学校、社会福利机构、慈善组织书立的产权转移书据。

(7) 非营利性医疗卫生机构采购药品或者卫生材料书立的买卖合同。

(8) 个人与电子商务经营者订立的电子订单。

根据国民经济和社会发展的需要，国务院对居民住房需求保障、企业改制重组、破产、支持小型微型企业发展等情形可以规定减征或者免征印花税，报全国人民代表大会常务委员会备案。

2. 免税额

应纳税额不足 1 角的，免征印花税。

3. 特定情形免税

有下列情形之一的，免征印花税：

(1) 对商店、门市部的零星加工修理业务开具的修理单，不贴印花。

(2) 对铁路、公路、航运、水路承运快件行李、包裹开具的托运单据，暂免贴花。

(3) 对企业车间、门市部、仓库设置的不属于会计核算范围的账簿，不贴印花。

4. 单据免税

对运输、仓储、保管、财产保险、银行借款等，办理一项业务，既书立合同，又开立单据的，只就合同贴花。所开立的各类单据，不再贴花。

5. 企业兼并并入资金免税

对企业兼并的并入资金，凡已按资金总额贴花的，接收单位对并入的资金，不再补贴印花。

6. 租赁承包经营合同免税

企业与主管部门等签订的租赁承包经营合同，不属于租赁合同，不征收印花税。

7. 特殊情形免税

纳税人已履行并贴花的合同,发现实际结算金额与合同所载金额不一致的,一般不再补贴印花。

8. 书、报、刊合同免税

书、报、刊发行单位之间,发行单位与订阅单位或个人之间书立的凭证,免征印花税。

9. 外国运输企业免税

由外国运输企业运输进口货物的,外国运输企业所持有的一份结算凭证,免征印花税。

10. 特殊货运凭证免税

下列特殊货运凭证,免征印花税:

(1) 抢险救灾物资运输结算凭证。

(2) 为新建铁路运输施工所属物料,使用工程临管线专用运费结算凭证。

11. 物资调拨单免税

对工业、商业、物资、外贸等部门调拨商品物资,作为内部执行计划使用的调拨单,不作为结算凭证,不属于合同性质的凭证,不征收印花税。

12. 同业拆借合同免税

银行、非银行金融机构之间相互融通短期资金,按照规定的同业拆借期限和利率签订的同业拆借合同,不征收印花税。

13. 借款展期合同免税

对办理借款展期业务使用借款展期合同或其他凭证,按规定仅载明延期还款事项的,可暂不贴花。

14. 合同、书据免税

出版合同,不属于印花税列举征税的凭证,免征印花税。

15. 国库业务账簿免税

中国人民银行各级机构经理国库业务及委托各专业银行各级机构代理国库业务设置的账簿,免征印花税。

16. 委托代理合同免税

代理单位与委托单位之间签订的委托代理合同,不征收印花税。

17. 日拆性贷款合同免税

对中国人民银行向各商业银行提供的日拆性贷款(20 日以内的贷款)所签订的合同或借据,暂免征印花税。

18. 铁道企业特定凭证免税

铁道部所属单位的下列凭证,不征收印花税:

(1) 铁道部层层下达的基建计划,不贴花。

(2) 企业内部签订的有关铁路生产经营设施基建、更新改造、大修、维修的协议或责任书,不贴花。

(3) 在铁道企业内部无偿调拨固定资产的调拨单据,不贴花。

(4) 由铁道部全额拨付事业费的单位,其营业账簿,不贴花。

19. 电话和联网购货免税

对在供需经济活动中使用电话、计算机联网订货，没有开具书面凭证的，暂不贴花。

20. 股权转让免税

对国务院和省级人民政府批准进行政企脱钩、对企业进行改组和改变管理体制、变更企业隶属关系，以及国有企业改制、盘活国有资产，而发生的国有股权无偿转让划转行为，暂不征收证券交易印花税；对上市公司国有股权无偿转让，需要免征证券交易印花税的，须由企业提出申请，报证券交易所所在地税务局审批，并报国家税务总局备案。

21. 其他

根据财税〔2022〕10号《关于进一步实施小微企业“六税两费”减免政策的公告》对增值税小规模纳税人、小型微利企业和个体工商户可以在50%的税额幅度内减征印花税（不含证券交易印花税）。增值税小规模纳税人、小型微利企业和个体工商户已依法享受印花税其他优惠政策的，可叠加享受本公告第一条规定的优惠政策。

【例 9-5】 下列各项中，不征收印花税的有（　　）。

A. 会计师事务所与客户之间签订的审计咨询合同

B. 电网与用户之间签订的供用电合同

C. 人身保险合同

D. 委托代理合同

正确答案：ABCD。

七、征收管理

（一）纳税义务发生时间

印花税的纳税义务发生时间为纳税人书立应税凭证或者完成证券交易的当日。

如果合同是在国外签订，并且不便在国外贴花的，应在将合同带入境时办理贴花纳税手续。

证券交易印花税扣缴义务发生时间为证券交易完成的当日。证券登记结算机构为证券交易印花税的扣缴义务人。

（二）纳税地点

纳税人为单位的，应当向其机构所在地的主管税务机关申报缴纳印花税；纳税人为个人的，应当向应税凭证书立地或者纳税人居住地的主管税务机关申报缴纳印花税。

不动产产权发生转移的，纳税人应当向不动产所在地的主管税务机关申报缴纳印花税。

（三）纳税期限

印花税按季、按年或者按次计征。实行按季、按年计征的，纳税人应当于季度、年度终了之日起15日内申报并缴纳税款。实行按次计征的，纳税人应当于纳税义务发生之日起15日内申报并缴纳税款。

证券交易印花税按周解缴。证券交易印花税的扣缴义务人应当于每周终了之日起5日内申报解缴税款及孳息。

已缴纳印花税的凭证所载价款或者报酬增加的，纳税人应当补缴印花税；已缴纳印花税的凭证所载价款或者报酬减少的，纳税人可以向主管税务机关申请退还印花税税款。

(四) 缴纳方法

根据税额大小，应税项目纳税次数多少以及税源控管的需要，印花税分别采用自行贴花、汇贴汇缴和委托代征三种缴纳方法。

(1) 自行贴花。即实行“三自”纳税，纳税人在书立、领受应税凭证时，自行计算应纳印花税额，向当地纳税机关或印花税票代售点购买印花税票，自行在应税凭证上一次贴足印花并自行注销。这是缴纳印花税的基本方法。印花税票一经售出，国家即取得了印花税收入，但不等于纳税人履行了纳税义务。只有在纳税人按规定将印花税票(足额)粘贴在应税凭证的适当位置后，经盖销或划销后才算完成了纳税手续。已完成纳税手续的凭证应按规定的期限妥善保管，以备核查。同时必须明确：已贴用的印花税票不得重用；已贴花的凭证，修改后所载金额有增加的，其增加部分应当补贴印花。

(2) 汇贴汇缴。一份凭证应纳税额超过 500 元的，纳税人应当向当地税务机关申请填写缴款书或完税证，将其中一联粘贴在凭证上，或者税务机关在凭证上加注完税标记代替贴花。

同一类应纳税凭证，需频繁贴花的，纳税人应向当地税务机关申请按期汇总缴纳印花税。税务机关对核准汇总缴纳的单位，应发给汇缴许可证。汇总缴纳的限期限额由当地税务机关确定，但最长期限不得超过 1 个月。凡汇总缴纳印花税的凭证，应加注税务机关指定的汇缴戳记，编号并装订成册后，将已贴印花或者缴款书的一联粘附册后，盖章注销，保存备查。

(3) 委托代征。为加强征收管理，简化手续，印花税可以委托有关部门代征，实行源泉控管。对通过国家有关部门发放、鉴证、公证或仲裁的应税凭证，税务部门可以委托这些部门代征印花税，发给代征单位代征委托书，明确双方的权利和义务。

第二节　城市维护建设税和教育费附加

一、城市维护建设税

(一) 征税范围

城市维护建设税的征税范围包括城市、县城、建制镇以及税法规定征税的其他地区。城市、县城、建制镇的范围应根据行政区划作为划分标准，不得随意扩大或缩小各行政区域的管辖范围。

(二) 纳税义务人

城市维护建设税的纳税人，是指在中华人民共和国境内缴纳增值税、消费税的单位和个人，包括各类企业(含外商投资企业、外国企业)、行政单位、事业单位、军事单位、社会团体及其他单位，以及个体工商户和其他个人(含外籍个人)。

城市维护建设税扣缴义务人为负有增值税、消费税扣缴义务的单位和个人。

(三) 税率

1. 税率的具体规定

城市维护建设税实行差别比例税率。按照纳税人所在地区的不同，设置了三档比例税率，即：

（1）纳税人所在地在市区的，税率为百分之七。

（2）纳税人所在地在县城、镇的，税率为百分之五。

（3）纳税人所在地不在市区、县城或者镇的，税率为百分之一。

2. 适用税率的确定

由受托方代扣代缴、代收代缴增值税、消费税的单位和个人，其代扣代缴、代收代缴的城市维护建设税按受托方所在地适用税率执行。

流动经营等无固定纳税地点的单位和个人，在经营地缴纳增值税、消费税的，其城市维护建设税的缴纳按经营地适用税率执行。

（四）应纳税额的计算

城市维护建设税的应纳税额按照纳税人依法实际缴纳的增值税、消费税（以下称两税）税额乘以税率计算。

应当缴纳的两税税额，不含因进口货物或境外单位和个人向境内销售劳务、服务、无形资产缴纳的两税税额。

对实行增值税期末留抵退税的纳税人，允许其从城市维护建设税的计税依据中扣除退还的增值税税额。

【例 9-6】 宜优公司为国有企业，2022 年 4 月应缴增值税 90 000 元，实际缴纳增值税 80 000 元；应缴消费税 70 000 元，实际缴纳消费税 60 000 元。已知适用的城市维护建设税税率为 7%，计算该公司当月应纳城市维护建设税税额。

解析： 根据城市维护建设税法律制度规定，城市维护建设税以纳税人实际缴纳的增值税、消费税税额为计税依据。

应纳城市维护建设税税额＝(80 000＋60 000)×7%＝140 000×7%＝9 800(元)。

【例 9-7】 城市维护建设税的计税依据为纳税人实际缴纳的增值税、消费税税额。请判断这种说法是否正确。

解析： 这种说法不正确。城市维护建设税的计税依据为纳税人实际缴纳的增值税、消费税税额，以及出口货物、劳务或者跨境销售服务、无形资产增值税免抵税额。

（五）税收优惠

城市维护建设税属于增值税、消费税的一种附加税，原则上不单独规定税收减免条款。如果税法规定减免增值税、消费税，也就相应地减免了城市维护建设税。现行城市维护建设税的减免规定主要有：

（1）对进口货物或者境外单位和个人向境内销售劳务、服务、无形资产缴纳的增值税、消费税税额，不征收城市维护建设税。

（2）对出口货物、劳务和跨境销售服务、无形资产以及因优惠政策退还增值税、消费税的，不退还已缴纳的城市维护建设税。

（3）对增值税、消费税实行先征后返、先征后退、即征即退办法的，除另有规定外，对随增值税、消费税附征的城市维护建设税，一律不予退(返)还。

（4）根据财税〔2022〕10 号《关于进一步实施小微企业“六税两费”减免政策的公告》对增值税小规模纳税人、小型微利企业和个体工商户可以在 50%的税额幅度内减征城市维护建设税。增值税小规模纳税人、小型微利企业和个体工商户已依法享受城市维护建设税其他优惠政策的,可叠加享受本公告第一条规定的优惠政策。

(六) 征收管理

1. 纳税义务发生时间

城市维护建设税纳税义务发生时间为缴纳增值税、消费税的当日。城市维护建设税扣缴义务发生时间为扣缴增值税、消费税的当日。

2. 纳税地点

城市维护建设税纳税地点为实际缴纳增值税、消费税的地点。扣缴义务人应当向其机构所在地或者居住地的主管税务机关申报缴纳其扣缴的税款。有特殊情况的,按下列原则和办法确定纳税地点:

(1) 代扣代缴、代收代缴增值税、消费税的单位和个人,同时也是城市维护建设税的代扣代缴、代收代缴义务人,其纳税地点为代扣代收地。

(2) 对流动经营等无固定纳税地点的单位和个人,应随同增值税、消费税在经营地纳税。

3. 纳税期限

城市维护建设税按月或者按季计征。不能按固定期限计征的,可以按次计征。

实行按月或者按季计征的,纳税人应当于月度或者季度终了之日起15日内申报并缴纳税款。实行按次计征的,纳税人应当于纳税义务发生之日起15日内申报并缴纳税款。

扣缴义务人解缴税款的期限,依照上述规定执行。

【例9-8】 下列关于城市维护建设税税收优惠的说法中,正确的有(　　)。

A. 由受托方代征、代扣增值税、消费税的单位和个人,其代征、代扣的城市维护建设税适用受托方所在地的税率

B. 纳税人在被查补增值税、消费税和被处以罚款时,应同时对其城市维护建设税进行补税、征收滞纳金和罚款

C. 对出口产品退还增值税、消费税的,应同时退还已缴纳的城市维护建设税

D. 对由于减免增值税、消费税而发生退税的,不予退还已征收的城市维护建设税

正确答案:AB。

二、教育费附加

(一) 征税范围

教育费附加的征收范围为税法规定征收增值税、消费税的单位和个人。包括外商投资企业、外国企业及外籍个人。

(二) 纳费义务人

凡缴纳增值税、消费税的单位和个人,均为教育费附加的纳费义务人(简称纳费人)。凡代征增值税、消费税的单位和个人,亦为代征教育费附加的义务人。

(三) 征收比率

按照1994年2月7日《国务院关于教育费附加征收问题的紧急通知》的规定,现行教育费附加征收比率为3%。

（四）应纳税额的计算

1. 计算公式

应纳教育费附加＝实际缴纳增值税、消费税税额之和×征收比率

【例 9-9】 宜优公司 2022 年 5 月应缴纳增值税 260 000 元，实际缴纳增值税 200 000 元；实际缴纳消费税 100 000 元。计算该商场当月应纳教育费附加。

解析： 应纳教育费附加＝(200 000＋100 000)×3％＝300 000×3％＝9 000(元)。

2. 费用缴纳

教育费附加分别与增值税、消费税税款同时缴纳。

（五）减免规定

教育费附加的减免，原则上比照增值税、消费税的减免规定。如果税法规定增值税、消费税减免，则教育费附加也就相应地减免。主要的减免规定有：

(1) 对海关进口产品征收的增值税、消费税，不征收教育费附加。

(2) 对由于减免增值税、消费税而发生退税的，可同时退还已征收的教育费附加。但对出口产品退还增值税、消费税的，不退还已征收的教育费附加。

(3) 根据财税〔2022〕10 号《关于进一步实施小微企业“六税两费”减免政策的公告》对增值税小规模纳税人、小型微利企业和个体工商户可以在 50％的税额幅度内减征教育费附加、地方教育费附加。增值税小规模纳税人、小型微利企业和个体工商户已依法享受教育费附加、地方教育费附加其他优惠政策的，可叠加享受本公告第一条规定的优惠政策。

第三节 烟 叶 税

一、征税对象

烟叶税是向收购烟叶的单位征收的一种税。2006 年 4 月 28 日国务院颁布《中华人民共和国烟叶税暂行条例》，2006 年 5 月 18 日财政部、国家税务总局印发《关于烟叶税若干具体问题的规定》。2017 年 12 月 27 日第十二届全国人民代表大会常务委员会第三十一次会议通过了《中华人民共和国烟叶税法》，自 2018 年 7 月 1 日起施行。

二、征税范围

烟叶税的征税范围包括晾晒烟叶、烤烟叶。晾晒烟叶包括列入晾晒烟名录的晾晒烟叶和未列入晾晒烟名录的其他晾晒烟叶。

三、纳税义务人

烟叶税的纳税人为在中华人民共和国境内收购烟叶的单位。因为我国实行烟草专卖制度，因此烟叶税的纳税人具有特定性，一般是有权收购烟叶的烟草公司或者受其委托收购烟叶的单位。

【例 9-10】 下列各项中，属于烟叶税的纳税人的有（　　）。

A. 种植烟叶的农民

B. 收购烟叶的烟草公司

C. 接受烟草公司委托收购烟叶的单位

D. 抽烟的烟民

正确答案： BC。

四、税率

烟叶税实行比例税率，税率为 20%。

五、计税依据

烟叶税的计税依据是纳税人收购烟叶实际支付的价款总额，包括纳税人支付给烟叶生产销售单位和个人的烟叶收购价款和价外补贴。其中，价外补贴统一按烟叶收购价款的10%计算。

价款总额的计算公式为：

$$价款总额=收购价款\times(1+10\%)$$

六、应纳税额的计算

烟叶税应纳税额的计算公式为：

$$应纳税额=价款总额\times税率=收购价款\times(1+10\%)\times税率$$

【例 9-11】 宜优烟草公司 2022 年 5 月向烟叶生产者收购晾晒烟叶一批，支付收购价款 20 000 元，价外补贴 2 000 元，同时收购烤烟叶一批，支付收购价款 15 000 元，价外补贴 1 500 元。已知烟叶税税率为 20%，则下列说法正确的有（　　）。

A. 烟草公司收购晾晒烟叶应纳烟叶税 4 400 元

B. 烟草公司收购烤烟叶应纳烟叶税 3 300 元

C. 烟草公司收购烟叶共计应纳烟叶税 7 700 元

D. 烟草公司收购晾晒烟叶应纳烟叶税 4 000 元

正确答案： ABC。

七、征收管理

烟叶税的纳税义务发生时间为纳税人收购烟叶的当日，具体指纳税人向烟叶销售者付讫收购烟叶款项或者开具收购烟叶凭证的当日。烟叶税在烟叶收购环节征收。纳税人收购烟叶即发生纳税义务。

烟叶税按月计征，纳税人应当于纳税义务发生月终了之日起 15 日内申报并缴纳税款。具体纳税期限由主管税务机关核定。

对依照《中华人民共和国烟草专卖法》查处没收的违法收购的烟叶，由收购罚没烟叶的单位按照购买金额计算缴纳烟叶税。应纳税额以人民币计算。

纳税人收购烟叶，应当向烟叶收购地的主管税务机关（指县级税务局或者其所指定的税务分局、所）申报纳税。

第四节 船舶吨税

一、征税对象

船舶吨税是对自中国境外港口进入境内港口的船舶征收的一种税。

1952 年 9 月 29 日经政务院财经委员会批准，海关总署发布了《中华人民共和国海关船舶吨税暂行办法》。2011 年 11 月 23 日，国务院第 182 次常务会议通过了《中华人民共和国船舶吨税暂行条例》。2017 年 12 月 27 日第十二届全国人民代表大会常务委员会第三十一次会议通过了《中华人民共和国船舶吨税法》，自 2018 年 7 月 1 日起施行。

二、纳税义务人

对自中国境外港口进入中国境内港口的船舶（简称应税船舶）征收船舶吨税（简称吨税），以应税船舶负责人为纳税人。

三、税目和税率

吨税税目按船舶净吨位的大小分等级设置为 4 个税目。税率采用定额税率，分为 30 日、90 日和 1 年三种不同的税率，具体分为两类：普通税率和优惠税率。我国国籍的应税船舶，船籍国（地区）与我国签订含有互相给予船舶税费最惠国待遇条款的条约或者协定的应税船舶，适用优惠税率；其他应税船舶，适用普通税率。我国现行吨税税率见表 9-2。

表 9-2 吨税税目税率表

税目（按船舶净吨位划分）	税率（元/净吨）						备注
	普通税率（按执照期限划分）			优惠税率（按执照期限划分）			
	1 年	90 日	30 日	1 年	90 日	30 日	
不超过 2 000 净吨	12.6	4.2	2.1	9	3	1.5	拖船和非机动驳船分别按相同净吨位船舶税率的 50%计征税款
超过 2 000 净吨，但不超过 10 000 净吨	24	8	4	17.4	5.8	2.9	
超过 10 000 净吨，但不超过 50 000 净吨	27.6	9.2	4.6	19.8	6.6	3.3	
超过 50 000 净吨	31.8	10.6	5.3	22.8	7.6	3.8	

四、应纳税额的计算

吨税以船舶净吨位为计税依据。拖船按照发动机功率每千瓦折合净吨位 0.67 吨，无法提供净吨位证明文件的游艇按照发动机功率每千瓦折合净吨位 0.05 吨，拖船和非机动驳船分别按相同净吨位船舶税率的50%计征。

吨税按照船舶净吨位和吨税执照期限征收，应税船舶负责人在每次申报纳税时，可以按照《吨税税目税率表》选择申领一种期限的吨税执照。应纳税额的计算公式为：

应纳税额＝应税船舶净吨位×适用税率

海关根据船舶负责人的申报，审核其申报吨位与其提供的船舶吨位证明和船舶国籍证书或者海事部门签发的船舶国籍证书收存证明相符后，按其申报执照的期限计征吨税，并填发缴款凭证交船舶负责人缴纳税款。

五、税收优惠

下列船舶免征吨税：

(1) 应纳税额在人民币50元以下的船舶。

(2) 自境外以购买、受赠、继承等方式取得船舶所有权的初次进口到港的空载船舶。

(3) 吨税执照期满后24小时内不上下客货的船舶。

(4) 非机动船舶(不包括非机动驳船)。

(5) 捕捞、养殖渔船。

(6) 避难、防疫隔离、修理、终止运营或者拆解，并不上下客货的船舶。

(7) 军队、武装警察部队专用或者征用的船舶。

(8) 警用船舶。

(9) 依照法律规定应当予以免税的外国驻华使领馆、国际组织驻华代表机构及其有关人员的船舶。

(10) 国务院规定的其他船舶。

【例9-12】 2022年5月20日，B国宜优运输公司一艘货轮驶入我国某港口，该货轮净吨位为30 000吨，货轮负责人已向我国该海关领取了吨税执照，在港口停留期为30天，B国已与我国签订有相互给予船舶税最惠国待遇条款。下列正确的是(　　)。

A. 该货轮应享受优惠税率　　B. 应缴纳的船舶吨税99 000元

C. 该货轮适用普通税率　　D. 应缴纳的船舶吨税138 000元

正确答案：ABCD。

【例9-13】 根据船舶吨税法律制度的规定，下列各项中免征船舶吨税的有(　　)。

A. 应纳税额在人民币50元以下的船舶

B. 自境外取得船舶所有权的初次进口到港的空载船舶

C. 非机动驳船

D. 军队、武装警察部队专用或征用的船舶

正确答案：ABD。

六、征收管理

(一) 纳税义务发生时间

吨税纳税义务发生时间为应税船舶进入境内港口的当日。应税船舶在吨税执照期满

后尚未离开港口的，应当申领新的吨税执照，自上一执照期满的次日起续缴吨税。应税船舶在进入港口办理入境手续时，应当向海关申报纳税领取吨税执照，或者交验吨税执照（或者申请核验吨税执照电子信息）。应税船舶在离开港口办理出境手续时，应当交验吨税执照（或者申请核验吨税执照电子信息）。

应税船舶负责人申领吨税执照时，应当向海关提供下列文件：

（1）船舶国籍证书或者海事部门签发的船舶国籍证书收存证明。

（2）船舶吨位证明。

（二）纳税期限

应税船舶负责人应当自海关填发吨税缴款凭证之日起 15 日内缴清税款。未按期缴清税款的，自滞纳税款之日起至缴清税款之日止，按日加收滞纳税款 5‱的税款滞纳金。

应税船舶到达港口前，经海关核准先行申报并办结出入境手续的，应税船舶负责人应当向海关提供与其依法履行吨税缴纳义务相适应的担保；应税船舶到达港口后，按规定向海关申报纳税。

人民币、可自由兑换货币，汇票、本票、支票、债券、存单，银行、非银行金融机构的保函和海关依法认可的其他财产、权利，均可以用于担保。

（三）其他相关规定

船舶吨税由海关负责征收。海关征收吨税应当制发缴款凭证。

海关发现少征或者漏征税款的，应当自应税船舶应当缴纳税款之日起 1 年内，补征税款。但因应税船舶违反规定造成少征或者漏征税款的，海关可以自应当缴纳税款之日起 3 年内追征税款，并自应当缴纳税款之日起按日加征少征或者漏征税款 5‱的税款滞纳金。

海关发现多征税款的，应当在 24 小时内通知应税船舶办理退还手续，并加算银行同期活期存款利息。

应税船舶发现多缴税款的，可以自缴纳税款之日起 3 年内以书面形式要求海关退还多缴的税款并加算银行同期活期存款利息；海关应当自受理退税申请之日起 30 日内查实并通知应税船舶办理退还手续。

第五节　环境保护税

一、征税范围

环境保护税的征税范围是《中华人民共和国环境保护税法》所附《环境保护税税目税额表》《应税污染物和当量值表》规定的大气污染物、水污染物、固体废物和噪声等应税污染物。

二、纳税义务人

环境保护税的纳税人为在中华人民共和国领域和中华人民共和国管辖的其他海域，直接向环境排放应税污染物的企业事业单位和其他生产经营者。按照规定征收环境保护税，不再征收排污费。

三、税目税额

环境保护税实行定额税率。税目、税额依照《环境保护税税目税额表》执行，详见表 9-3。

表 9-3　环境保护税税目税额表

税目		计税单位	税额	备注
大气污染物		每污染当量	1.2～12 元	
水污染物		每污染当量	1.4～14 元	
固体废物	煤矸石	每吨	5 元	
	尾矿	每吨	15 元	
	危险废物	每吨	1 000 元	
	冶炼渣、粉煤灰、炉渣、其他固体废物（含半固态、液态废物）	每吨	25 元	
噪声	工业噪声	超标 1～3 分贝	每月 350 元	1. 一个单位边界上有多处噪声超标，根据最高一处超标声级计算应纳税额；当沿边界长度超过 100 米有两个以上噪声超标，按照两个单位计算应纳税额 2. 一个单位有不同地点作业场所的，应当分别计算应纳税额，合并计征 3. 昼、夜均超标的环境噪声，昼、夜分别计算应纳税额，累计计征 4. 声源一个月内超标不足 15 天的，减半计算应纳税额 5. 夜间频繁突发和夜间偶然突发厂界超标噪声，按等效声级和峰值噪声两种指标中超标分贝值高的一项计算应纳税额
		超标 4～6 分贝	每月 700 元	
		超标 7～9 分贝	每月 1 400 元	
		超标 10～12 分贝	每月 2 800 元	
		超标 13～16 分贝	每月 5 600 元	
		超标 16 分贝以上	每月 11 200 元	

应税大气污染物和水污染物的具体适用税额的确定和调整，由省、自治区、直辖市人民政府统筹考虑本地区环境承载能力、污染物排放现状和经济社会生态发展目标要求，在《环境保护税税目税额表》规定的税额幅度内提出，报同级人民代表大会常务委员会决定，并报全国人民代表大会常务委员会和国务院备案。

【例 9-14】 以下关于环境保护税的税率规定正确的是（　　）。

A. 环境保护税采用定额税率

B. 环境保护税全部应税污染物适用税额的确定和调整由省、自治区、直辖市人民政府统筹考虑，在规定的税额幅度内提出

C. 环境保护税全部应税污染物适用税额的确定和调整均由国家税务总局决定

D. 环境保护税全部应税污染物适用税额的确定和调整均需报国务院备案

正确答案：A。

四、应纳税额的计算

环境保护税应纳税额按照下列方法计算：

应税大气污染物的应纳税额 ＝ 污染当量数 × 具体适用税额

应税水污染物的应纳税额 = 污染当量数 × 具体适用税额

应税固体废物的应纳税额 = 固体废物排放量 × 具体适用税额

应税噪声的应纳税额 = 超过国家规定标准的分贝数对应的具体适用税额

应税大气污染物、水污染物、固体废物的排放量和噪声的分贝数，按照下列方法和顺序计算：

(1) 纳税人安装使用符合国家规定和监测规范的污染物自动监测设备的，按照污染物自动监测数据计算。

(2) 纳税人未安装使用污染物自动监测设备的，按照监测机构出具的符合国家有关规定和监测规范的监测数据计算。

(3) 因排放污染物种类多等原因不具备监测条件的，按照国务院环境保护主管部门规定的排污系数、物料衡算方法计算。

(4) 不能按上述第(1)项至第(3)项规定的方法计算的，按照省、自治区、直辖市人民政府环境保护主管部门规定的抽样测算的方法核定计算。

五、税收优惠

下列情形，暂予免征环境保护税：

(1) 农业生产(不包括规模化养殖)排放应税污染物的。

(2) 机动车、铁路机车、非道路移动机械、船舶和航空器等流动污染源排放应税污染物的。

(3) 依法设立的城乡污水集中处理、生活垃圾集中处理场所排放相应应税污染物，不超过国家和地方规定的排放标准的。

(4) 纳税人综合利用的固体废物，符合国家和地方环境保护标准的。

(5) 国务院批准免税的其他情形。

纳税人排放应税大气污染物或者水污染物的浓度值低于国家和地方规定的污染物排放标准30%的，减按75%征收环境保护税。纳税人排放应税大气污染物或者水污染物的浓度值低于国家和地方规定的污染物排放标准50%的，减按50%征收环境保护税。

【例9-15】 下列关于环境保护税税收优惠的说法中，正确的有(　　)。

A. 规模化养殖排放应税污染物，免征环境保护税

B. 船舶排放应税污染物，免征环境保护税

C. 城乡污水集中处理场所排放应税污染物，不超规定标准的，免征环境保护税

D. 纳税人排放应税污染物的浓度值低于国家规定30%的，免征环境保护税

正确答案：BC。

六、征收管理

(1) 环境保护税由税务机关依照《税收征收管理法》和《环境保护税法》的有关规定征收管理。

环境保护主管部门应当将排污单位的排污许可、污染物排放数据、环境违法和受行政处罚情况等环境保护相关信息，定期交送税务机关。税务机关应当将纳税人的纳税申报、

税款入库、减免税额、欠缴税款以及风险疑点等环境保护税涉税信息，定期交送环境保护主管部门。

(2) 纳税义务发生时间为纳税人排放应税污染物的当日。纳税人应当向应税污染物排放地的税务机关申报缴纳环境保护税。

(3) 环境保护税按月计算，按季申报缴纳。不能按固定期限计算缴纳的，可以按次申报缴纳。

纳税人按季申报缴纳的，应当自季度终了之日起 15 日内，向税务机关办理纳税申报并缴纳税款。纳税人按次申报缴纳的，应当自纳税义务发生之日起 15 日内，向税务机关办理纳税申报并缴纳税款。

【例 9-16】 下列关于环境保护税征收管理的说法中，正确的有(　　)。

A. 纳税义务发生时间为排放应税污染物的当日

B. 纳税人应当按月申报缴纳

C. 不能按固定期限计算缴纳的，可以按次申报缴纳

D. 纳税人应当向企业注册登记地税务机关申报缴纳

正确答案：AC。

知识点视频

城建税及教育费附加　　印花税　　其他税种(上)　　其他税种(下)

实践能力训练

单选题

1. 甲公司成立时注册资本 500 万元；建立资金账簿 1 本，其他账簿 10 本；当月与乙公司签订买卖合同，商品售价 50 万元，由甲公司负责运输；与丙运输公司签订运输合同，合同价款 2 万元，其中运费 1.5 万元，装卸费 0.5 万元，分别记载。已知，买卖合同、运输合同的印花税税率为 0.3‰，资金账簿的印花税税率为 0.25‰，题目涉及价款均不含增值税。根据印花税法律制度的规定，甲公司应缴纳印花税的下列计算正确的是(　　)。

   A. 5 000 000×0.25‰+500 000×0.25‰+15 000×0.3‰

   B. 5 000 000×0.25‰+500 000×0.3‰+15 000×0.3‰

   C. 5 000 000×0.25‰+500 000×0.25‰+15 000×0.3‰

   D. 5 000 000×0.25‰+500 000×0.3‰+20 000×0.3‰

2. 印花税的纳税方式包括自行贴花、汇贴汇缴和委托代征，其中一份凭证应纳税额超过一定金额的，应当采用汇贴方式纳税，该金额是(　　)。

   A. 50 元　　B. 100 元　　C. 500 元　　D. 1 000 元

3. 纳税人排放应税大气污染物或者水污染物的浓度值低于国家和地方规定的污染物排放标准50%的，减按(　　)征收环境保护税。

A. 0%　　B. 30%　　C. 50%　　D. 75%

4. 甲化妆品公司为增值税一般纳税人，2018年6月销售高档化妆品缴纳增值税68万元、消费税60万元，销售普通化妆品缴纳增值税22万元，缴纳本月房产税2万元。已知甲公司所在地使用的城市维护建设税税率为7%。甲公司2018年6月应缴纳的城市维护建设税税额的下列计算中，正确的是(　　)。

A. (68＋60＋22＋2)×7%＝10.64(万元)

B. (68＋60＋22)×7%＝10.5(万元)

C. (68＋60)×7%＝8.96(万元)

D. (68＋60＋2)×7%＝9.1(万元)

5. 下列各项中，征收印花税的是(　　)。

A. 应纳税额不足50元的

B. 商店、门市部的零星加工修理业务开具的修理单

C. 书、报、刊发行单位之间书立的凭证

D. 电话和联网购物

6. 根据船舶吨税法律制度的规定，下列关于船舶吨税的说法中错误的是(　　)。

A. 船舶吨税只针对自中国境外港口进入中国境内港口的外国船舶征收

B. 船舶吨税按净吨位和停靠时间实行复式税率

C. 船籍国(地区)与我国签订含有互相给予船舶税费最惠国待遇条款的条约或者协定的应税船舶执行优惠税率

D. 船舶吨税由海关负责征收

7. 下列各项中，不是城市维护建设税的计税依据的是(　　)。

A. 实际缴纳的增值税税额

B. 实际缴纳的消费税税额

C. 实际缴纳的出口货物、劳务或者跨境销售服务、无形资产增值税免抵税额

D. 实际缴纳的土地增值税税额

8. 下列关于印花税的表述中，错误的是(　　)。

A. 具有合同性质的凭证视同合同贴花

B. 既书立合同又开具单据，仅就合同贴花

C. 已缴纳印花税的凭证所载价款或者报酬增加的，纳税人应当补缴印花税

D. 已履行并贴花的合同，实际结算金额高于合同记载金额应补贴印花

第十章 税收征收管理法

本章知识结构图

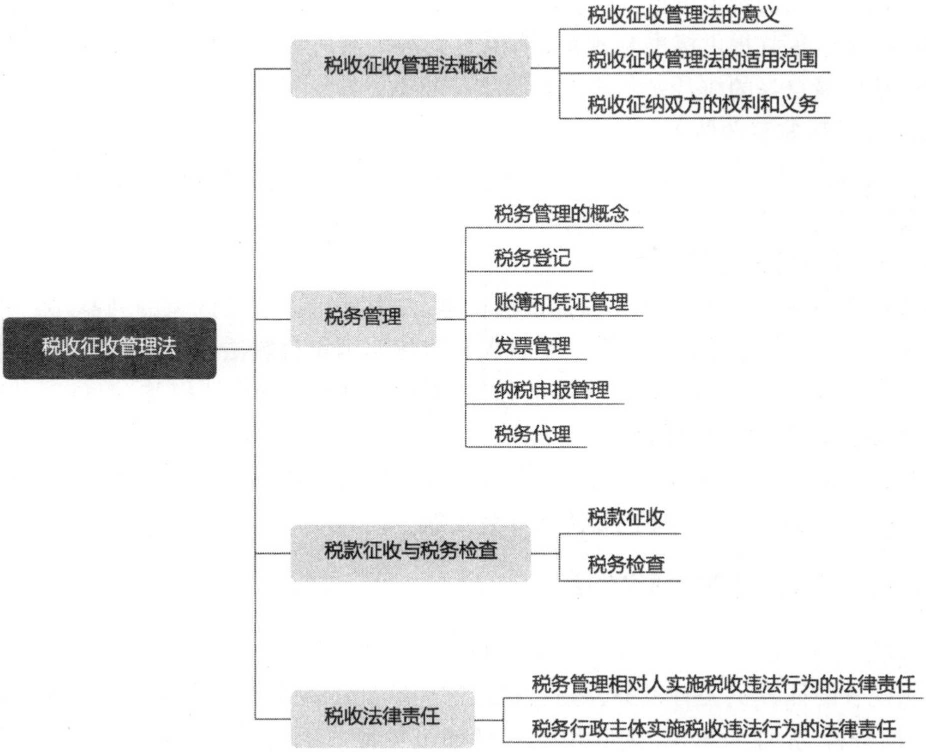

第一节　税收征收管理法概述

一、税收征收管理法的意义

（一）有利于加强税收征收管理

税收征收管理法是税收征收管理工作的法律依据，使征管工作有法可依，有利于税收职能的发挥。

（二）有利于规范税收征收和缴纳行为

《税收征收管理法》既为税务机关、税务人员依法行政提供标准和规范，税务机关、税务人员必须依照该法的规定进行税收征收，其一切行为都要依法进行，违者要承担法律责任，又为纳税人缴纳税款提供标准和规范，纳税人只有按照法律规定的程序和办法缴纳税款，才能更好地保障自身的权益。

（三）保障国家税收收入

《税收征收管理法》是税收征收管理的标准和规范。依据其从事税收征管，可以保证税收收入及时、足额入库。

（四）保护纳税人的合法权益

税收征收管理法要求征纳双方都依法行事，一方面可以维护国家的利益，另一方面可以保护纳税人的合法权益不受侵犯。纳税人只需按照国家税收法律、行政法规的规定缴纳税款，除此之外的任何其他款项都不需要缴纳，保护了纳税人的合法权益。

（五）促进经济发展和社会进步

税收征收管理法要求税收政策、征管措施等以促进经济发展和社会进步为目标，方便纳税人，保护纳税人，有利于促进经济和社会发展。

二、税收征收管理法的适用范围

《税收征收管理法》适用于由税务机关征收的各种税收的征收管理。

我国税收的征收机关有税务、海关、财政部门。其中税务机关征收各种工商税收，如增值税、消费税、企业所得税、烟叶税等。税务机关征收的各种税收的征收管理适用《税收征收管理法》。另外，教育费附加也由税务机关征收，但不适用《税收征收管理法》，其具体管理办法由相关条例规定。海关征收关税及代征的增值税、消费税、船舶吨税，适用其他法律、法规的规定。财政部负责征收耕地占用税、契税，其征收管理由国务院另行规定。

三、税收征纳双方的权利和义务

（一）税务工作管理部门

国务院税务主管部门（国家税务总局）主管全国税收征收管理工作；各地国家税务总局和地方税务局按照国务院规定的税收征收管理范围分别进行征收管理。

(二) 税务行政管理相对人

1. 纳税人

法律、行政法规规定负有纳税义务的单位和个人为纳税人。纳税人必须依照法律、行政法规的规定缴纳税款。

2. 扣缴义务人

扣缴义务人有代扣代缴义务人和代收代缴义务人两种。代扣代缴义务人，是指法律、行政法规规定负有代扣代缴义务的单位和个人；代收代缴义务人，是指法律、行政法规规定负有代收代缴税款义务的单位和个人。扣缴义务人必须依照法律、行政法规的规定代扣代缴、代收代缴税款。

3. 其他有关单位和部门

地方各级人民政府、各有关单位和部门，也必须遵守《税收征收管理法》的有关规定。

(三) 相关权利义务

(1) 纳税人、扣缴义务人有权要求税务机关为纳税人、扣缴义务人的情况保密。税务机关应当依法为纳税人、扣缴义务人的情况保密。

(2) 纳税人依法享有申请减税、免税、退税的权利。

(3) 纳税人、扣缴义务人对税务机关所做出的决定，享有陈述权、申辩权；依法享有申请行政复议、提起行政诉讼，请求国家赔偿等权利。

(4) 纳税人、扣缴义务人有权控告和检举税务机关、税务人员的违法违纪行为。

(5) 税务人员征收税款和查处税收违法案件，与纳税人、扣缴义务人或者税收违法案件有利害关系的，应当回避。

(6) 任何单位和个人都有权检举违反税收法律、行政法规的行为。收到检举的机关和负责查处的机关应当为检举人保密。税务机关应当按照规定对检举人给予奖励。

(7) 纳税人、扣缴义务人必须依照法律、行政法规的规定缴纳税款，代扣代缴、代收代缴税款。

(8) 纳税人、扣缴义务人和其他有关单位应当按照国家有关规定如实向税务机关提供与纳税和代扣代缴、代收代缴税款有关的信息。

第二节　税 务 管 理

一、税务管理的概念

税务管理是税收征收管理机关为了贯彻、执行国家税收法律制度，加强税收工作，协调征税关系而开展的一项有目的的活动。税务管理是税收征收管理的重要内容，是税款征收的前提和基础性工作。

税务管理主要包括税务登记、账簿和凭证管理、发票管理、纳税申报等方面。

二、税务登记

税务登记是税务机关对纳税人的基本情况及生产经营项目进行登记管理的一项基本

制度，是整个税收征收管理的起点。税务登记的作用在于掌握纳税人的基本情况和税源分布情况。从税务登记开始，纳税人的身份及征纳双方的法律关系即得到确认。

（一）税务登记申请人

企业，企业在外地设立的分支机构和从事生产、经营的场所，个体工商户和从事生产、经营的事业单位，都应当办理税务登记（统称从事生产、经营的纳税人）。

前述规定以外的纳税人，除国家机关、个人和无固定生产经营场所的流动性农村小商贩外，也应当办理税务登记（统称非从事生产经营但依照规定负有纳税义务的单位和个人）。

根据税收法律、行政法规的规定，负有扣缴税款义务的扣缴义务人（国家机关除外），应当办理扣缴税款登记。

（二）税务登记主管机关

县以上（含本级，下同）税务局（分局）是税务登记的主管机关，负责税务登记的设立登记、变更登记、注销登记以及非正常户处理、报验登记等有关事项。

县以上税务局（分局）按照国务院规定的税收征收管理范围，实施属地管理，办理税务登记。有条件的城市，可以按照"各区分散受理、全市集中处理"的原则办理税务登记。

（三）"多证合一"登记制度改革

为提升政府行政服务效率，降低市场主体创设的制度性交易成本，激发市场活力和社会创新力，自 2015 年 10 月 1 日起，登记制度改革在全国推行。随着国务院简政放权、放管结合、优化服务的"放管服"改革不断深化，登记制度改革从"三证合一"推进为"五证合一"又进一步推进为"多证合一、一照一码"。即在全面实施企业、农民专业合作社工商营业执照、组织机构代码证、税务登记证、社会保险登记证、统计登记证"五证合一、一证一码"登记制度改革和个体工商户工商营业执照、税务登记证"两证整合"的基础上，将涉及企业、个体工商户和农民专业合作社（统称企业）登记、备案等有关事项和各类证照进一步整合到营业执照上，实现"多证合一、一照一码"。使"一照一码"营业执照成为企业唯一的"身份证"，使统一社会信用代码成为企业唯一的身份代码，实现企业"一照一码"走天下。

三、账簿和凭证管理

账簿和凭证是纳税人进行生产经营活动和核算财务收支的重要资料，也是税务机关对纳税人进行征税、管理、核查的重要依据。纳税人所使用的凭证、登记的账簿、编制的报表及其所反映的内容是否真实可靠，直接关系到计征税款依据的真实性，从而影响应纳税款及时足额入库。账簿、凭证管理是税收管理的基础性工作。

（一）账簿的设置

纳税人、扣缴义务人应按照有关法律、行政法规和国务院财政、税务主管部门的规定设置账簿，根据合法、有效凭证记账，进行核算。所谓账簿，是指纳税人连续地登记各种经济业务的账册或簿籍，包括总账、明细账、日记账以及其他辅助性账簿。总账、日记账应当采用订本式。所谓凭证，是指记录经济业务、明确经济责任的书面证明。

（1）从事生产、经营的纳税人应当自领取营业执照或者发生纳税义务之日起 15 日内，按照国家有关规定设置账簿。

（2）生产、经营规模小又确无建账能力的纳税人，可以聘请经批准从事会计代理记账业务的专业机构或者经税务机关认可的财会人员代为建账和办理账务。请上述机构或者人员有实际困难的，经县以上税务机关批准，可以按照税务机关的规定，建立收支凭证粘贴簿、进货销货登记簿或者使用税控装置。

(3) 扣缴义务人应当自税收法律、行政法规规定的扣缴义务发生之日起 10 日内，按照所代扣、代收的税种，分别设置代扣代缴、代收代缴税款账簿。

纳税人、扣缴义务人会计制度健全，能够通过计算机正确、完整计算其收入和所得或者代扣代缴、代收代缴税款情况的，其计算机输出的完整的书面会计记录，可视同会计账簿。

纳税人、扣缴义务人会计制度不健全，不能通过计算机正确、完整计算其收入和所得或者代扣代缴、代收代缴税款情况的，应当建立总账及与纳税或者代扣代缴、代收代缴税款有关的其他账簿。

(二) 纳税人财务会计制度及其处理办法

纳税人的财务会计制度及其处理办法，是其进行会计核算的依据，直接关系到计税依据是否真实合理。

(1) 纳税人使用计算机记账的，纳税人建立的会计电算化系统应当符合国家有关规定，并能正确、完整核算其收入或者所得。

(2) 纳税人、扣缴义务人的财务、会计制度或者财务、会计处理办法与国务院或者国务院财政、税务主管部门有关税收的规定抵触的，依照国务院或者国务院财政、税务主管部门有关税收的规定计算应纳税款、代扣代缴和代收代缴税款。

(3) 账簿、会计凭证和报表，应当使用中文。民族自治地方可以同时使用当地通用的一种民族文字。外商投资企业和外国企业可以同时使用一种外国文字。

(三) 账簿、凭证等涉税资料的保存

从事生产、经营的纳税人、扣缴义务人必须按照国务院财政、税务主管部门规定的保管期限保管账簿、记账凭证、完税凭证及其他有关资料。账簿、记账凭证、报表、完税凭证、发票、出口凭证以及其他有关涉税资料应当保存 10 年，法律、行政法规另有规定的除外。账簿、记账凭证、完税凭证及其他有关资料不得伪造、编造或擅自销毁。

四、发票管理

发票是指在购销商品、提供或者接受服务以及从事其他经营活动中，开具、收取的收付款凭证。它是确定经济收支行为发生的法定凭证，是会计核算的原始依据。

(一) 管理机关

税务机关是发票的主管机关，负责发票的印制、领购、开具、取得、保管、缴销的管理和监督。增值税专用发票由国务院税务主管部门指定的企业印制；其他发票，分别由省、自治区、直辖市国家税务局、地方税务局指定企业印制。未经规定的税务机关指定，不得印制发票。

税务机关应及时为纳税人提供清晰的发票领用指南。通过印发提示卡或涉税事项告知卡，引导纳税人快速办理发票领用手续。

税务机关要不断提高发票管理信息化水平。做好网络发票应用工作，推动网络发票数据分析利用，完善网络发票平台实时查询和日常监控管理功能，为社会提供便捷的网络发

票信息查询服务。同时,探索电子发票的推广与应用。

(二) 发票领购管理

依法办理登记的单位和个人,在领取营业执照后,向主管税务机关申请领购发票。纳税人可以根据自己的需要申请领购普通发票。增值税专用发票只限于一般纳税人领购使用。对无固定经营场所或者财务支付不健全的纳税人申请领购发票,要求其提供担保人;不能提供担保人的,可以视其情况,要求其缴纳保证金,并限期缴销发票。对发票保证金应设专户储存,不能挪作他用。纳税人申领普通发票统一在办税服务厅即时办结。

一般纳税人申请增值税专用发票,最高开票限额不超过 10 万元的,主管税务机关无需事前进行实地查验。

(三) 发票开具、使用和保管

销售商品、提供服务以及从事其他经营活动的单位和个人,对外发生经营业务收取款项,收款方应当向付款方开具发票;特殊情况下,由付款方向收款方开具发票。特殊情况是指:收购单位和扣缴义务人支付个人款项时;国家税务总局认为其他需要由付款方向收款方开具发票的。

所有单位和从事生产、经营活动的个人在购买商品、接受服务以及从事其他经营活动支付款项,应当向收款方取得发票。取得发票时,不得要求变更品名和金额。

开具发票应当按照规定的时限、顺序、栏目,全部联次一次性如实开具,并加盖发票专用章。不符合规定的发票,不得作为财务报销凭证,任何单位和个人有权拒收。

任何单位和个人不得有下列虚开发票行为:①为他人、为自己开具与实际经营业务情况不符的发票;②让他人为自己开具与实际经营业务情况不符的发票;③介绍他人开具与实际经营业务情况不符的发票。

任何单位和个人应当按照发票管理规定使用发票,不得有下列行为:①转借、转让、介绍他人转让发票、发票监制章和发票防伪专用品;②知道或者应当知道是私自印制、伪造、变造、非法取得或者废止的发票而受让、开具、存放、携带、邮寄、运输;③拆本使用发票;④扩大发票使用范围;⑤以其他凭证代替发票使用。

开具发票的单位和个人应当建立发票使用登记制度,设置发票登记簿,并定期向主管税务机关报告发票使用情况。开具发票的单位和个人应当在办理变更或者注销税务登记的同时,办理发票和发票领购的变更、缴销手续。开具发票的单位和个人应当按照税务机关的规定存放和保管发票,不得擅自损毁。已经开具的发票存根联和发票登记簿应当保存5 年,保存期满,报经税务机关查验后销毁。

(四) 增值税发票开具和使用的特别规定

(1) 国家税务总局编写了《商品和服务税收分类与编码》,并在新系统中增加了编码相关功能。增值税纳税人应使用新系统选择相应的编码开具增值税发票。

(2) 自 2017 年 7 月 1 日起,购买方为企业(包括公司、非公司制企业法人、企业分支机构、个人独资企业、合伙企业和其他企业)的,索取增值税普通发票时,应向销售方提供纳税人识别号或统一社会信用代码;销售方为其开具增值税普通发票时,应在“购买方纳税人识别号”栏填写购买方的纳税人识别号或统一社会信用代码。不符合规定的发票,不得作为税收凭证。

(3) 销售方开具增值税发票时,发票内容应按照实际销售情况如实开具,不得根据购买方要求填开与实际交易不符的内容。销售方开具发票时，通过销售平台系统与增值税发票税控系统后台对接，导入相关开票信息的，系统导入的开票数据内容应与实际交易相符，如不相符应及时修改，完善销售平台系统。

五、纳税申报管理

纳税申报，是指纳税人按照税法规定，定期就计算缴纳税款的有关事项向税务机关提交书面报告的法定手续。纳税申报是确定纳税人是否履行纳税义务，界定法律责任的主要依据。

（一）纳税申报的内容

纳税人、扣缴义务人的纳税申报或者代扣代缴、代收代缴税款报告表的主要内容包括：税种、税目；应纳税项目或者应代扣代缴、代收代缴税款项目；计税依据；扣除项目及标准；适用税率或者单位税额；应退税项目及税额；应减免税项目及税额；应纳税额或者应代扣代缴、代收代缴税额；税款所属期限、延期缴纳税款、欠税、滞纳金等。

（二）纳税申报的方式

纳税申报方式是指纳税人和扣缴义务人在纳税申报期限内，依照规定到指定税务机关申报纳税的形式。纳税申报的方式主要有以下几种。

1. 自行申报

自行申报也称直接申报，是指纳税人、扣缴义务人在规定的申报期限内，自行直接到主管税务机关指定的办税服务场所办理纳税申报手续。这是一种传统的申报方式。

2. 邮寄申报

邮寄申报，是指经税务机关批准，纳税人、扣缴义务人使用统一的纳税申报专用信封，通过邮政部门办理交寄手续，并以邮政部门收据作为申报凭据的纳税申报方式。邮寄申报以寄出的邮戳日期为实际申报日期。

3. 数据电文申报

数据电文申报，是指经税务机关批准，纳税人、扣缴义务人以税务机关确定的电话语音、电子数据交换和网络传输等电子方式进行纳税申报。这种方式运用了新的电子信息技术，代表着纳税申报方式的发展方向，使用范围逐渐扩大。纳税人、扣缴义务人采取数据电文方式办理纳税申报的，其申报日期以税务机关计算机网络系统收到该数据电文的时间为准，与数据电文相对应的纸质申报资料的报送期限由税务机关确定。

4. 其他方式

实行定期定额缴纳税款的纳税人，可以实行简易申报、简并征期等方式申报纳税。

（三）纳税申报的其他要求

（1）纳税人在纳税期内没有应纳税款的，也应当按照规定办理纳税申报。

（2）纳税人享受减税、免税待遇的，在减税、免税期间应当按照规定办理纳税申报。

（3）纳税人、扣缴义务人按照规定的期限办理纳税申报或者报送代扣代缴、代收代缴税款报告表确有困难，需要延期的，应当在规定的期限内向税务机关提出书面延期申请，经税务机关核准，在核准的期限内办理。

纳税人、扣缴义务人因不可抗力，不能按期办理纳税申报或者报送代扣代缴、代收代缴税款报告表的，可以延期办理；但是，应当在不可抗力情形消除后立即向税务机关报告。税务机关应当查明事实，予以核准。

经核准延期办理纳税申报、报送事项的，应当在纳税期内按照上期实际缴纳的税额或者税务机关核定的税额预缴税款，并在核准的延期内办理税款结算。

六、税务代理

（一）税务代理的含义

税务代理，是指税务代理人在国家法律规定的代理范围内，以代理机构的名义，受纳税人、扣缴义务人的委托，依据国家税收法律和行政法规的规定，代其办理涉税事宜的各项民事法律行为的总称。

实行税务代理是建立社会主义市场经济体制的客观要求，是加强税收征收管理的内在需要，也是发挥社会力量协税护税的一种比较好的形式。

（二）税务代理的范围

代理人可以接受纳税人、扣缴义务人的委托，从事下列范围内的业务代理：变更税务登记和注销税务登记手续；税种认定登记代理；代扣代缴税款登记代理；外出经营报验登记代理；办理除增值税专用发票外的发票领购代理；办理纳税、退税和减免税申报；建账、记账代理；办理纳税申报或扣缴税款报告；制作涉税文书；开展税务咨询（顾问）、税务筹划、涉税培训等涉税服务业务；税务行政复议手续；审查纳税情况；办理增值税一般纳税人资格认定申请；利用主机共享服务系统为增值税一般纳税人代开增值税专用发票；国家税务总局规定的其他业务。

除此之外，涉税鉴证业务范围包括：企业所得税汇算清缴纳税申报鉴证；企业所得税税前弥补亏损和财产损失的鉴证；国家税务总局和省税务局规定的其他涉税鉴证业务。

第三节　税款征收与税务检查

一、税款征收

税款征收是税收征收管理工作的中心环节和最终目的，在税收征管工作中具有重要的地位和作用。

（一）税款征收的方式

税款征收方式，是指税务机关根据各税种的不同特点和纳税人的具体情况而确定的计算、征收税款的形式和方法，包括确定征收方式和缴纳方式。

由于纳税人的情况千差万别，税款征收方式也不可能统一固定，必须根据不同情况，采取相应的征收方式。我国现行《税收征收管理法》及其实施细则未对税款征收方式做具体规定，只是明确税务机关要根据保证国家税款及时足额入库、方便纳税人、降低税收成本的原则，确定税款征收方式。

1. 查账征收

查账征收，是指针对财务会计制度健全的纳税人，税务机关依据其报送的纳税申报表、财务会计报表和其他有关纳税资料，依照适用税率，计算其应缴纳税款的税款征收方式。这种征收方式较为规范，符合税收法定的基本原则，适用于财务会计制度健全，能够如实核算和提供生产经营情况，并能正确计算应纳税款和如实履行纳税义务的纳税人。扩大查账征收纳税人的范围，一直是税务管理的努力方向。

2. 查定征收

查定征收，是指针对账务不全，但能控制其材料、产量或进销货物的纳税单位或个人，税务机关依据正常条件下的生产能力对其生产的应税产品查定产量、销售额，并据以确定其应缴纳税款的税款征收方式。这种征收方式适用于生产经营规模较小、产品零星、税源分散、会计账册不健全，但能控制原材料或进销货的小型厂矿和作坊。

3. 查验征收

查验征收，是指税务机关对纳税人的应税商品、产品，通过查验数量，按市场一般销售单价计算其销售收入，并据以计算其应缴纳税款的税款征收方式。这种征收方式适用于纳税人财务制度不健全、生产经营不固定、零星分散、流动性大的税源。

4. 定期定额征收

定期定额征收，是指税务机关对小型个体工商户在一定经营地点、一定经营时期、一定经营范围内的应纳税经营额（包括经营数量）或所得额进行核定，并以此为计税依据，确定其应缴纳税额的一种税款征收方式。这种征收方式适用于经主管税务机关认定和县以上税务机关（含县级）批准的生产、经营规模小，达不到《个体工商户建账管理暂行办法》规定设置账簿标准，难以查账征收，不能准确计算计税依据的个体工商户（包括个人独资企业，简称定期定额户）。

（二）应纳税额的核定与调整

1. 核定应纳税额的情形

纳税人有下列情形之一的，税务机关有权核定其应纳税额：

（1）依照法律、行政法规的规定可以不设置账簿的。

（2）依照法律、行政法规的规定应当设置但未设置账簿的。

（3）擅自销毁账簿或者拒不提供纳税资料的。

（4）虽设置账簿，但账目混乱或者成本资料、收入凭证、费用凭证残缺不全，难以查账的。

（5）发生纳税义务，未按照规定的期限办理纳税申报，经税务机关责令限期申报逾期仍不申报的。

（6）纳税人申报的计税依据明显偏低，又无正当理由的。

2. 核定应纳税额的方法

为了减少核定应纳税额的随意性，使核定的税额更接近纳税人实际情况和法定负担水平，税务机关有权采用下列任何一种方法核定应纳税额：

（1）参照当地同类行业或者类似行业中经营规模和收入水平相近的纳税人的税负水平核定。

（2）按照营业收入或者成本加合理的费用和利润的方法核定。

（3）按照耗用的原材料、燃料，动力推算或者测算核定。

(4) 按照其他合理方法核定。

当其中一种方法不足以核定应纳税额时,可以同时采取两种以上的方法核定。纳税人对税务机关采取上述方法核定的应纳税额有异议的,应当提供相关证据,经税务机关认定后,调整应纳税额。

(三) 税款征收措施

为了保证税款、社会保险费和其他非税收入征收工作的顺利进行,《征管法》及其实施细则赋予了税务机关在税款征收过程中针对不同情况可以采取相应征收措施的职权。

1. 责令缴纳

(1) 纳税人未按照规定期限缴纳税款的,扣缴义务人未按照规定期限解缴税款的,税务机关可责令限期缴纳,并从滞纳税款之日起,按日加收滞纳税款万分之五的滞纳金。逾期仍未缴纳的,税务机关可以采取税收强制执行措施。

加收滞纳金的起止时间,为法律、行政法规规定或者税务机关依照法律、行政法规的规定确定的税款缴纳期限届满次日起至纳税人、扣缴义务人实际缴纳或者解缴税款之日止。

(2) 对未按照规定办理税务登记的从事生产、经营的纳税人,以及临时从事经营的纳税人,税务机关核定其应纳税额,责令其缴纳应纳税款。

纳税人不缴纳的,税务机关可以扣押其价值相当于应纳税款的商品、货物。扣押后缴纳应纳税款的,税务机关必须立即解除扣押,并归还所扣押的商品、货物;扣押后仍不缴纳应纳税款的,经县以上税务局(分局)局长批准,依法拍卖或者变卖所扣押的商品、货物,以拍卖或者变卖所得抵缴税款。

(3) 税务机关有根据认为从事生产、经营的纳税人有逃避纳税义务行为的,可在规定的纳税期之前责令其限期缴纳应纳税款。逾期仍未缴纳的,税务机关有权采取其他税款征收措施。

(4) 纳税担保人未按照规定的期限缴纳所担保的税款,税务机关可责令其限期缴纳应纳税款。逾期仍未缴纳的,税务机关有权采取其他税款征收措施。

2. 责令提供纳税担保

纳税担保,是指经税务机关同意或确认,纳税人或其他自然人、法人、经济组织以保证、抵押、质押的方式,为纳税人应当缴纳的税款及滞纳金提供担保的行为。包括经税务机关认可的有纳税担保能力的保证人为纳税人提供的纳税保证,以及纳税人或者第三人以其未设置或者未全部设置担保物权的财产提供的担保。

1) 适用纳税担保的情形

(1) 税务机关有根据认为从事生产、经营的纳税人有逃避纳税义务行为,在规定的纳税期之前经责令其限期缴纳应纳税款,在限期内发现纳税人有明显的转移、隐匿其应纳税的商品、货物,以及其他财产或者应纳税收入的迹象,责成纳税人提供纳税担保的。

(2) 欠缴税款、滞纳金的纳税人或者其法定代表人需要出境的。

(3) 纳税人同税务机关在纳税上发生争议而未缴清税款,需要申请行政复议的。

(4) 税收法律、行政法规规定可以提供纳税担保的其他情形。

2) 纳税担保的范围

纳税担保范围包括税款、滞纳金和实现税款、滞纳金的费用。费用包括抵押、质押登记费用,质押保管费用,以及保管、拍卖、变卖担保财产等相关费用支出。

用于纳税担保的财产、权利的价值不得低于应当缴纳的税款滞纳金，并考虑相关的费用。纳税担保的财产价值不足以抵缴税款、滞纳金的，税务机关应当向提供担保的纳税人或纳税担保人继续追缴。用于纳税担保的财产、权利的价格估算，除法律、行政法规另有规定外，参照同类商品的市场价、出厂价或者评估价估算。

3. 采取税收保全措施

1）适用税收保全的情形及措施

税务机关责令具有税法规定情形的纳税人提供纳税担保而纳税人拒绝提供纳税担保或无力提供纳税担保的，经县以上税务局（分局）局长批准，税务机关可以采取下列税收保全措施：

（1）书面通知纳税人开户银行或者其他金融机构冻结纳税人的金额相当于应纳税款的存款。

（2）扣押、查封纳税人的价值相当于应纳税款的商品、货物或者其他财产。其他财产包括纳税人的房地产、现金、有价证券等不动产和动产。

2）不适用税收保全的财产

个人及其所扶养家属维持生活必需的住房和用品，不在税收保全措施的范围之内。需要注意的是，个人及其所扶养家属维持生活必需的住房和用品不包括机动车辆、金银饰品、古玩字画、豪华住宅或者一处以外的住房。个人所扶养家属，是指与纳税人共同居住生活的配偶、直系亲属以及无生活来源并由纳税人扶养的其他亲属。税务机关对单价 5 000 元以下的其他生活用品，不采取税收保全措施。

4. 采取强制执行措施

1）适用强制执行的情形及措施

从事生产、经营的纳税人、扣缴义务人未按照规定的期限缴纳或者解缴税款，纳税担保人未按照规定的期限缴纳所担保的税款，由税务机关责令限期缴纳，逾期仍未缴纳的，经县以上税务局（分局）局长批准，税务机关可以采取下列强制执行措施：

（1）强制扣款，即书面通知其开户银行或者其他金融机构从其存款中扣缴税款。

（2）拍卖变卖，即扣押、查封、依法拍卖或者变卖其价值相当于应纳税款的商品、货物或者其他财产，以拍卖或者变卖所得抵缴税款。

税务机关采取强制执行措施时，对上述纳税人、扣缴义务人、纳税担保人未缴纳的滞纳金同时强制执行。个人及其所扶养家属维持生活必需的住房和用品，不在强制执行的范围之内。税务机关对单价 5 000 元以下的其他生活用品，不采取强制执行措施。

2）抵税财物的拍卖与变卖

抵税财物，是指被税务机关依法实施税收强制执行而扣押、查封或者按照规定应强制执行的已设置纳税担保物权的商品、货物、其他财产或者财产权利。拍卖，是指税务机关将抵税财物依法委托拍卖机构，以公开竞价的形式，将特定财物转让给最高应价者的买卖方式。变卖，是指税务机关将抵税财物委托商业企业代为销售、责令纳税人限期处理或由税务机关变价处理的买卖方式。国家税务总局发布的《抵税财物拍卖、变卖试行办法》对抵税财物的拍卖与变卖行为进行规范，以保障国家税收收入，并保护纳税人的合法权益。

（1）适用拍卖、变卖的情形包括：

第一，采取税收保全措施后，限期期满仍未缴纳税款的。

第二，设置纳税担保后，限期期满仍未缴纳所担保的税款的。

第三，逾期不按规定履行税务处理决定的。

第四，逾期不按规定履行复议决定的。

第五，逾期不按规定履行税务行政处罚决定的。

第六，其他经责令限期缴纳，逾期仍未缴纳税款的。

对上述第三至第六项情形进行强制执行时，在拍卖、变卖之前（或同时）进行扣押、查封，办理扣押、查封手续。

（2）拍卖、变卖执行原则与顺序。税务机关按照拍卖优先的原则确定抵税财物拍卖、变卖的顺序包括：

第一，委托依法成立的拍卖机构拍卖。

第二，无法委托拍卖或者不适于拍卖的，可以委托当地商业企业代为销售，或者责令被执行人限期处理。

第三，无法委托商业企业销售，被执行人也无法处理的，由税务机关变价处理。

国家禁止自由买卖的商品、货物、其他财产，应当交由有关单位按照国家规定的价格收购。

5. 阻止出境

欠缴税款的纳税人或其他法定代表人在出境前未按规定结清应纳税款、滞纳金或者提供纳税担保的，税务机关可以通知出境管理机关阻止其出境。

二、税务检查

税务检查又称纳税检查，是指税务机关根据税收法律、行政法规的规定，对纳税人、扣缴义务人履行纳税义务、扣缴义务及其他有关税务事项进行审查、核实、监督活动的总称。它是税收征收管理工作的一项重要内容，是确保国家财政收入和税收法律法规贯彻落实的重要手段。

（一）税务检查的形式和方法

1. 税务检查的形式和方法

（1）重点检查。重点检查指对公民举报、上级机关交办或有关部门转来的有偷税行为或偷税嫌疑的，纳税申报与实际生产经营情况有明显不符的纳税人及有普遍逃税行为的行业的检查。

（2）分类计划检查。分类计划检查指根据纳税人历来纳税情况、纳税人的纳税规模及税务检查间隔时间的长短等综合因素，按事先确定的纳税人分类、计划检查时间及检查频率而进行的检查。

（3）集中性检查。集中性检查指税务机关在一定时间、一定范围内，统一安排、统一组织的税务检查，这种检查一般规模比较大，如以前年度的全国范围内的税收、财务大检查就属于这类检查。

（4）临时性检查。临时性检查指由各级税务机关根据不同的经济形势、偷逃税趋势、税收任务完成情况等综合因素，在正常的检查计划之外安排的检查。如行业性解剖、典型调查性的检查等。

（5）专项检查。专项检查指税务机关根据税收工作实际，对某一税种或税收征收管理某一环节进行的检查。例如增值税一般纳税专项检查、漏征漏管户专项检查等。

2. 税务检查的方法

（1）全查法。全查法是对被查纳税人一定时期内所有会计凭证账簿、报表及各种存货进行全面、系统检查的一种方法。

（2）抽查法。抽查法是对被查纳税人一定时期内的会计凭证、账簿、报表及各种存货，抽取一部分进行检查的一种方法。

（3）顺查法。顺查法与逆查法对称，是对被查纳税人按照其会计核算的顺序，依次检查会计凭证、账簿、报表，并将其相互核对的一种检查方法。

（4）逆查法。逆查法与顺查法对称，指逆会计核算的顺序，依次检查会计报表、账簿及凭证，并将其相互核对的一种稽查方法。

（5）现场检查法。现场检查法与调账检查法对称，指税务机关派人员到被查纳税人的机构办公地点对其账务资料进行检查的一种方法。

（6）调账检查法。调账检查法与现场检查法对称，指将被查纳税人的账务资料调到税务机关进行检查的一种方法。

（7）比较分析法。比较分析法是将被查纳税人检查期有关财务指标的实际完成数进行纵向或横向比较，分析其异常变化情况，从中发现纳税问题线索的一种方法。

（8）控制计算法。控制计算法也称逻辑推算法，指根据被查纳税人财务数据的相互关系，用可靠或科学测定的数据，验证其检查期账面记录或申报的资料是否正确的一种检查方法。

（9）审阅法。审阅法指对被查纳税人的会计账簿、凭证等账务资料，通过直观地审查阅览，发现在纳税方面存在问题的一种检查方法。

（10）核对法。核对法指通过对被查纳税人的各种相关联的会计凭证账簿、报表及实物进行相互核对，验证其在纳税方面存在问题的一种检查方法。

（11）观察法。观察法指通过被查纳税人的生产经营场所、仓库、工地等现场，实地观察其生产经营及存货等情况，以发现纳税问题或验证账中可疑问题的一种检查方法。

（12）外调法。外调法指对被查纳税人有怀疑或已掌握一定线索的经济事项，通过向与其有经济联系的单位或个人进行调查，予以查证核实的一种方法。

（13）盘存法。盘存法指通过对被查纳税人的货币资金、存货及固定资产等实物进行盘点清查，核实其账实是否相符，进而发现纳税问题的一种检查方法。

（14）交叉稽核法。国家为加强增值税专用发票管理，应用计算机将开出的增值税专用发票抵扣联与存根联进行交叉稽核，以查出虚开及假开发票行为，避免国家税款流失。目前这种方法通过“金税工程”体现，对利用增值税专用发票偷逃税款行为起到了极大的遏制作用。

（二）税务机关在税务检查中的职权和职责

（1）税务机关有权进行下列税务检查：

a. 检查纳税人的账簿、记账凭证、报表和有关资料，检查扣缴义务人代扣代缴、代收代缴税款账簿、记账凭证和有关资料。

b. 到纳税人的生产、经营场所和货物存放地检查纳税人应纳税的商品、货物或者其他财产，检查扣缴义务人与代扣代缴、代收代缴税款有关的经营情况。

c. 责成纳税人、扣缴义务人提供与纳税或者代扣代缴、代收代缴税款有关的文件、证明材料和有关资料。

d. 询问纳税人、扣缴义务人与纳税或者代扣代缴、代收代缴税款有关的问题和情况。

e. 到车站、码头、机场、邮政企业及其分支机构检查纳税人托运、邮寄应纳税商品、货物或者其他财产的有关单据、凭证和有关资料。

f. 经县以上税务局(分局)局长批准，凭全国统一格式的检查存款账户许可证明，查询从事生产、经营的纳税人、扣缴义务人在银行或者其他金融机构的存款账户。税务机关在调查税收违法案件时，经设区的市、自治州以上税务局(分局)局长批准，可以查询案件涉嫌人员的储蓄存款。税务机关查询所获得的资料，不得用于税收以外的用途。

(2) 税务机关对纳税人以前纳税期的纳税情况依法进行税务检查时，发现纳税人有逃避纳税义务的行为，并有明显的转移、隐匿其应纳税的商品、货物、其他财产或者应纳税收入的迹象的，可以按照批准权限采取税收保全措施或者强制执行措施。这里的批准权限是指县级以上税务局(分局)局长批准。税务机关采取税收保全措施的期限一般不得超过 6 个月；重大案件需要延长的，应当报国家税务总局批准。

(3) 税务机关调查税务违法案件时，对与案件有关的情况和资料可以记录、录音、录像、照相和复制。

(4) 税务机关依法进行税务检查时，有权向有关单位和个人调查纳税人、扣缴义务人和其他当事人与纳税或者代扣代缴、代收代缴税款有关的情况。

(5) 税务机关派出的人员进行税务检查时，应当出示税务检查证和税务检查通知书，并有责任为被检查人保守秘密；未出示税务检查证和税务检查通知书的，被检查人有权拒绝检查。

(三) 被检查人的义务

(1) 纳税人、扣缴义务人必须接受税务机关依法进行的税务检查，如实反映情况，提供有关资料，不得拒绝、隐瞒。

(2) 税务机关依法进行税务检查，向有关单位和个人调查纳税人、扣缴义务人和其他当事人与纳税或者代扣代缴、代收代缴税款有关的情况时，有关单位和个人有义务向税务机关如实提供有关资料及证明材料。

第四节　税收法律责任

一、税务管理相对人实施税收违法行为的法律责任

(一) 违反税务管理规定的法律责任

(1) 纳税人有下列行为之一的，由税务机关责令限期改正，可以处 2 000 元以下的罚

款；情节严重的，处 2 000 元以上 1 万元以下的罚款：

a. 未按照规定设置、保管账簿或者保管记账凭证和有关资料的。

b. 未按照规定将财务、会计制度或者财务、会计处理办法和会计核算软件报送税务机关备查的。

c. 未按照规定将其全部银行账号向税务机关报告的。

d. 未按照规定安装、使用税控装置，或者损毁或者擅自改动税控装置的。

(2) 扣缴义务人未按照规定设置、保管代扣代缴、代收代缴税款账簿或者保管代扣代缴、代收代缴税款记账凭证及有关资料的，由税务机关责令限期改正，可以处 2 000 元以下的罚款；情节严重的，处 2 000 元以上 5 000 元以下的罚款。

(3) 纳税人未按照规定的期限办理纳税申报和报送纳税资料的，或者扣缴义务人未按照规定的期限向税务机关报送代扣代缴、代收代缴税款报告表和有关资料的，由税务机关责令限期改正，可以处 2 000 元以下的罚款；情节严重的，处 2 000 元以上 1 万元以下的罚款。

(4) 非法印制、转借、倒卖、变造或者伪造完税凭证的，由税务机关责令改正，处2 000 元以上 1 万元以下的罚款；情节严重的，处 1 万元以上 5 万元以下的罚款；构成犯罪的，依法追究刑事责任。

(5) 银行和其他金融机构未依照税收征管法的规定在从事生产、经营的纳税人的账户中登录税务登记证件号码，或者未按规定在税务登记证件中登录从事生产、经营的纳税人的账户账号的，由税务机关责令其限期改正，处 2 000 元以上 2 万元以下的罚款；情节严重的，处 2 万元以上 5 万元以下的罚款。

(6) 税务代理人违反税收法律、行政法规，造成纳税人未缴或者少缴税款的，除由纳税人缴纳或者补缴应纳税款、滞纳金外，对税务代理人处纳税人未缴或者少缴税款 50%以上 3 倍以下的罚款。

(二) 逃避税务机关追缴欠税行为的法律责任

纳税人欠缴应纳税款，采取转移或者隐匿财产的手段，妨碍税务机关追缴欠缴的税款的，由税务机关追缴欠缴的税款、滞纳金，并处罚款；构成犯罪的，依法追究刑事责任。

扣缴义务人应扣未扣、应收而不收税款的，由税务机关向纳税人追缴税款，对扣缴义务人处以应扣未扣、应收而未收税款 50%以上 3 倍以下的罚款。

(三) 偷税行为的法律责任

偷税，是指纳税人采取伪造、变造、隐匿、擅自销毁账簿、记账凭证，或者在账簿上多列支出或者不列、少列收入，或者经税务机关通知申报而拒不申报或者进行虚假的纳税申报的手段，不缴或者少缴应纳税款的行为。

纳税人偷税的，由税务机关追缴其不缴或者少缴的税款、滞纳金，并处罚款；构成犯罪的，依法追究刑事责任。

扣缴义务人采取上述偷税手段，不缴或者少缴已扣、已收税款，由税务机关追缴其不缴或者少缴的税款、滞纳金，并处罚款；构成犯罪的，依法追究刑事责任。

纳税人、扣缴义务人编造虚假计税依据的，由税务机关责令限期改正，并处罚款。

为纳税人、扣缴义务人非法提供银行账户、发票、证明或者其他方便，导致未缴少缴税款的，税务机关除没收其违法所得外，可处以罚款。

（四）抗税行为的法律责任

抗税，是指纳税人、扣缴义务人以暴力、威胁方法拒不缴纳税款的行为。

对抗税行为，除由税务机关追缴其拒缴的税款、滞纳金外，依法追究刑事责任。情节轻微、未构成犯罪的，由税务机关追缴其拒缴的税款、滞纳金，并处罚款。

（五）骗税行为的法律责任

骗税行为，是指纳税人以假报出口或者其他欺骗手段，骗取国家出口退税款的行为。

纳税人有骗税行为，由税务机关追缴其骗取的退税款，并处骗取税款 1 倍以上 5 倍以下的罚款；构成犯罪的，依法追究刑事责任。

对骗取国家出口退税款的，税务机关可以在规定期间内停止为其办理出口退税。

为纳税人、扣缴义务人非法提供银行账户、发票、证明或者其他方便，骗取国家出口退税款的，税务机关除没收其违法所得外，可以处以未缴、少缴或者骗取的税款 1 倍以下的罚款。

（六）纳税人、扣缴义务人不配合税务检查的法律责任

税务检查期间，纳税人、扣缴义务人发生不配合税务机关进行税务检查的下列行为，由税务机关责令改正，可以处 1 万元以下的罚款；情节严重的，处 1 万元以上 5 万元以下的罚款：

（1）逃避、拒绝或者以其他方式阻挠税务机关检查的。

（2）提供虚假资料，不如实反映情况，或者拒绝提供有关资料的。

（3）拒绝或者阻止税务机关记录、录音、录像、照相和复制与案件有关的情况和资料的。

（4）转移、隐匿、销毁有关资料的。

（5）有不依法接受税务检查的其他情形的。

二、税务行政主体实施税收违法行为的法律责任

（一）渎职行为的法律责任

（1）税务人员徇私舞弊，对依法应当移交司法机关追究刑事责任的不移交，情节严重的，依法追究刑事责任。

（2）税务人员利用职务上的便利，收受或者索取纳税人、扣缴义务人财物或者牟取其他不正当利益，构成犯罪的，依法追究刑事责任；未构成犯罪的，依法给予行政处分。

（3）税务人员徇私舞弊或者玩忽职守，不征或者少征应征税款，致使国家税收遭受重大损失，构成犯罪的，依法追究刑事责任；未构成犯罪的，依法给予行政处分。

（4）税务人员用职权，故意刁难纳税人、扣缴义务人的，调离税收工作岗位，并依法给予行政处分。

（5）税务人员对控告、检举税收违法行为的纳税人、扣缴义务人以及其他检举人进行打击报复的，依法给予行政处分；构成犯罪的，依法追究刑事责任。

（二）其他违法行为的法律责任

（1）税务机关违反规定擅自改变税收征收管理范围和税款入库预算级次的，责令限期改正，对直接负责的主管人员和其他直接责任人员依法给予降级或者撤职的行政处分。

(2) 税务人员在征收税款或者查处税收违法案件时，未按照《征管法》的规定进行回避的，对直接负责的主管人员和其他直接责任人员，依法给予行政处分。未按照《征管法》的规定为纳税人、扣缴义务人、检举人保密的，对直接负责的主管人员和其他直接责任人员，由所在单位或者有关单位依法给予行政处分。

(3) 税务人员与纳税人、扣缴义务人勾结，唆使或者协助纳税人、扣缴义务人实施税收违法行为，构成犯罪的，依法追究刑事责任；未构成犯罪的，依法给予行政处分。

(4) 税务人员私分扣押、查封的商品、货物或者其他财产，情节严重、构成犯罪的，依法追究刑事责任；未构成犯罪的，依法给予行政处分。

(5) 违反法律、行政法规的规定提前征收、延缓征收或者摊派税款的，由其上级机关或者行政监察机关责令改正，对直接负责的主管人员和其他直接责任人员依法给予行政处分。

(6) 违反法律、行政法规的规定，擅自做出税收的开征、停征或者减税、免税、退税、补税以及其他同税收法律、行政法规相抵触的决定的，除按《征管法》的规定撤销其擅自做出的决定外，补征应征未征税款，退还不应征收而征收的税款，并由上级机关追究直接负责的主管人员和其他直接责任人员的行政责任；构成犯罪的，依法追究刑事责任。

知识点视频

税收征收
管理法律制度

实践能力训练

思考题

1. 税收征收管理法的意义是什么？
2. 什么是税务管理？

第十一章 税务行政管理法

本章知识结构图

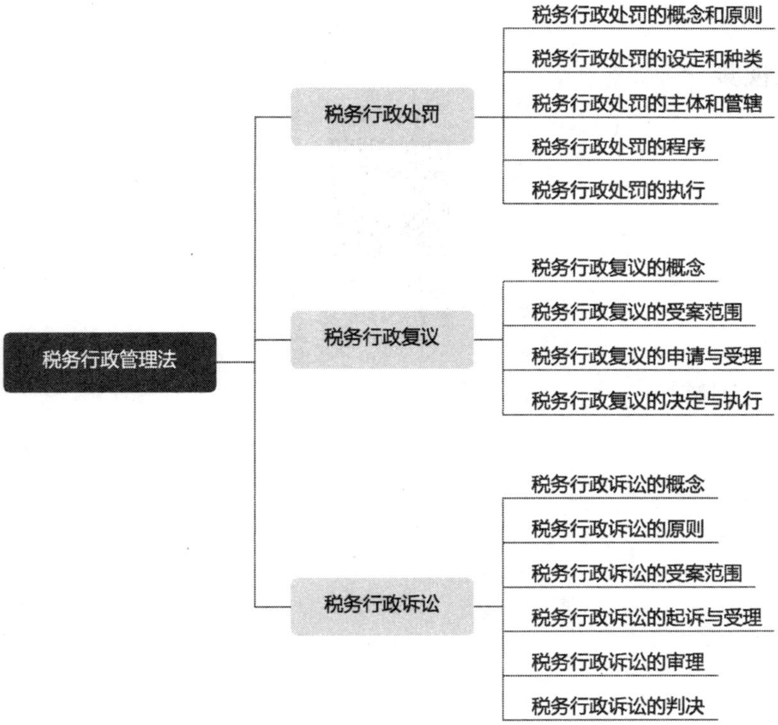

第一节　税务行政处罚

一、税务行政处罚的概念和原则

(一) 税务行政处罚的概念

税务行政处罚是指公民、法人或者其他组织有违反税收法律、行政法规的违法行为，尚未构成犯罪，依法应承担行政责任的，由税务机关给予的处罚。它包括以下几个方面：

(1) 当事人行为违反了税收法律规范，侵犯的客体是税收征收管理秩序，应当承担税务行政责任。

(2) 对当事人来说，不区分是否具有主观故意或者过失，只要有税务违法行为存在，并有法定依据给予行政处罚的，就要承担行政责任，依法给予税务行政处罚。

(3) 进行税务行政处罚的一般是尚不构成税收犯罪的行为，如果构成了危害税收征管罪，就应当追究刑事责任。

(4) 给予税务行政处罚的主体是税务机关。

税务行政处罚是行政处罚的重要组成部分，为了贯彻实施《中华人民共和国行政处罚法》，规范税务行政处罚的实施，保护纳税人和其他税务当事人的合法权益，1996 年 9 月国家税务总局发布了《税务案件调查取证与处罚决定分开制度实施办法(试行)》和《税务行政听政程序实施办法(试行)》，并于 1996 年 10 月 1 日施行。

(二) 税务行政处罚的原则

1. 法定原则

主体法定、职责法定、依据法定、程序法定、形式法定，亦即税务行政处罚要由法定的税务机关在法定的职权范围内根据法定依据、法定程序，以法定的形式实施。

2. 公正、公开原则

公正，一是要防止偏听偏信；二是要使当事人了解其违法行为的性质，并给予当事人进行陈述和申辩的机会。公开，一是指税务行政处罚的规定要公开，凡是需要公民、法人或者其他组织遵守的法律、规范都要事先公布；二是指处罚程序要公开，如依法举行听证会等。

3. 以事实为依据原则

坚持以事实为依据，以法律为准绳，客观公正，实事求是。

4. 过罚相当原则

过罚相当指在实施税务行政处罚时，要根据税务违法行为的性质、情节以及对社会危害程度的大小来依法处理，防止过轻或过重。

5. 处罚与教育相结合原则

税务行政处罚的目的是纠正违法行为，教育公民、法人或者其他组织自觉守法。处罚只是手段，不是目的。因此，税务机关在实施行政处罚时，要责令当事人纠正或者限期改正违法行为。对情节轻微的违法行为，可给予较轻的行政处罚，当事人纠正了违法行为，也可不给予行政处罚。

6. 监督、制约原则

一是税务机关内部的监督制约，如将违法行为的调查与处罚相分离，当场做出的处罚决定必须报上级税务机关备案，上级税务机关对下级税务机关依法进行监督；二是税务机关与其他机关相互监督制约，如决定罚款的机关与收缴的机构分离；三是司法监督，如税务行政诉讼。

7. 一事不二罚原则

一事不二罚指对违法行为人的同一个违法行为，不得以同一事实和同一依据重复进行税务行政处罚。

二、税务行政处罚的设定和种类

（一）税务行政处罚的设定

税务行政处罚的设定是指由特定的国家机关通过一定形式首次独立规定公民、法人或者其他组织的行为规范，并规定违反该行为规范的行政制裁措施。我国税收法制的原则是税权集中、税法统一，税收的立法权主要集中在中央。

（1）立法机关设定的行政处罚。全国人民代表大会及其常务委员会可以通过法律的形式，设定各种税务行政处罚。

（2）行政机关设定的行政处罚。国务院可以通过行政法规的形式，设定除限制人身自由以外的税务行政处罚。

（3）税务机关设定的行政处罚。国家税务总局可以通过规章的形式设定警告和罚款。税务行政规章对非经营活动中的违法行为设定罚款不得超过 1 000 元；对非经营活动中的违法行为，有违法所得的，设定罚款不得超过违法所得的 3 倍，且最高不得超过 30 000 元；没有违法所得的，设定罚款不得超过 10 000 元；超过限额的，应当报国务院批准。

省、自治区、直辖市和计划单列市国家税务局、地方税务局及其以下各级税务机关制定的税收法律、法规、规章以外的规范性文件，在税收法律、法规、规章规定给予行政处罚的行为、种类和幅度的范围内做出具体规定，是一种执行税收法律、法规、规章的行为，不是对税务行政处罚的设定。因此，这类规范性文件与行政处罚法规定的处罚设定原则并不矛盾，是有效的，是可以执行的。

（二）税务行政处罚的种类

1. 罚款

罚款是税务机关强制违反税收法律、行政法规的纳税人、扣缴义务人缴纳一定数量货币的一种处罚，是税务行政处罚最基本、最常用的形式。

2. 没收违法所得

没收违法所得是税务机关依法将纳税人、扣缴义务人通过违法行为获取的财产收归国有的处罚形式。

3. 停止出口退税

停止出口退税是税务机关依法对纳税人、扣缴义务人有骗取国家出口退税款行为的，在规定的期间内停止为其办理出口退税的处罚。

4. 收缴发票和停止供应发票

这是指税务机关对既有税收违法行为又拒不接受税务机关处理的从事生产、经营的纳税人、扣缴义务人，做出的收缴其发票或者停止向其供应发票的一种处罚。

三、税务行政处罚的主体和管辖

(一) 主体

税务行政处罚的实施主体主要是县以上税务机关。各级税务机关的内设机构、派出机构不具备处罚主体资格，不能以自己的名义实施税务行政处罚。但税务所可以对个体工商户及未取得营业执照的单位、个人实施罚款在 2 000 元以下的税务行政处罚。

(二) 管辖

税务行政处罚由当事人税收违法行为发生地的县(县级市、旗)以上税务机关管辖。这有三层含义：一是从税务行政处罚的地域管辖来看，税务行政处罚实行行为发生地原则；二是从税务行政处罚的级别管辖来看，除法律特别授权的税务所外，必须是县(县级市、旗)以上的税务机关；三是从税务行政处罚的管辖主体要求来看，必须有税务行政处罚权。

四、税务行政处罚的程序

税务行政处罚的程序分为简易程序和一般程序两种，分别适用于不同的情形。

(一) 税务行政处罚的简易程序

简易程序是指税务机关及其执法人员对于公民、法人或者其他组织违反税收征收管理程序的行为，当场做出税务行政处罚决定的行政处罚程序。简易程序的适用条件：一是案情简单、事实清楚、违法后果比较轻微且有法定依据应当给予处罚的违法行为；二是给予的处罚较轻，仅适用于对公民处以 50 元以下和对法人或其他组织处以 1 000 元以下罚款的违法案件。

符合上述条件，税务行政执法人员当场做出税务行政处罚决定应当按照下列程序进行：

(1) 向当事人出示税务行政执法身份证件。

(2) 告知当事人受到税务行政处罚的违法事实、依据和陈述申辩权。

(3) 听取当事人陈述申辩意见。

(4) 填写具有预定格式、编号的税务行政处罚决定书，并当场交付当事人。

(二) 税务行政处罚的一般程序

除了适用简易程序的税务违法案外，对于其他违法案件，税务机关在做出处罚决定之前都要经过立案、调查取证(有的案件还要举行听证)、审查、决定和执行等程序。情节比较复杂、处罚比较重的案件需要按一般程序进行处理。

1. 税务调查

由税务机关内部设立的调查机构(如管理、检查机构)负责对税务违法案件的调查；在调查取证后对依法应当给予行政处罚的，应及时提出处罚建议，以税务机关的名义制作税务行政处罚事项告知书，并送达当事人；在调查终结后应当制作调查报告，并及时将调查报告连同所有案卷材料移交审查机构(如法制机构)审查。

2. 税务审查

审查机构收到调查机构移交的案卷后，应对案卷材料进行登记，填写税务案件登记簿；

审查机构应自收到调查机构移交案卷之日起 10 日内审查终结，制作审查报告，并连同案卷材料报送税务机关负责人审批。

3. 税务听证

听证范围是对公民做出 2 000 元以上或对法人或其他组织作 1 000 元以上罚款的案件；听证主持人应由税务机关内设的非本案调查机构的人员担任；要求听证的当事人，应当在收到《税务行政处罚事项告知书》后 3 日内向税务机关书面提出听证要求，逾期不提出的，视为放弃听证权利；税务机关应当在当事人提出听证要求后 15 日内举行听证，并在举行听证的 7 日前将《税务行政处罚听证通知书》送达当事人；听证的全部活动，应由记录员制作笔录并交当事人阅核、签章；听证结束后，主持人应当制作听证报告并连同听证笔录附卷移交审查机构审查。

4. 税务决定

审查机构做出审查意见并报送税务机关负责人审批后，应当在收到审批意见之日起 3 日内，根据不同情况分别制作处理决定书后再报送税务机关负责人签发。依据不同情况，处理决定书有以下四种：

（1）有应受行政处罚的违法行为的，根据情节轻重及具体情况予以行政处罚。

（2）违法行为轻微，依法可以不予行政处罚的，不予行政处罚。

（3）违法事实不能成立，不得予以行政处罚。

（4）违法行为已经构成犯罪的，移送公安机关。

五、税务行政处罚的执行

税务行政处罚的执行是指履行税务机关依法做出的行政处罚决定的活动。税务机关做出行政处罚决定后，应当依法送达当事人执行。当事人应当在行政处罚决定规定的期限内，予以履行。当事人在法定期限内不申请复议又不起诉，并且在规定期限内又不履行的，税务机关可以依法强制执行或者申请法院强制执行。

税务机关对当事人做出罚款行政处罚决定的，当事人应当在收到行政处罚决定书之日起 15 日内缴纳罚款，到期不缴纳的，税务机关可以对当事人每日按罚款数额的 3%加处罚款。

第二节 税务行政复议

一、税务行政复议的概念

税务行政复议是指当事人（纳税人、扣缴义务人、纳税担保人）不服税务机关及其工作人员做出的税务具体行政行为，依法向上一级税务机关（复议机关）提出申请，复议机关经审理对原税务机关具体行政行为依法做出维持、变更、撤销等决定的活动。

为了防止和纠正违法的或不当的税务具体行政行为，保护纳税人及其他税务当事人的合法权益，保障和监督税务机关依法行使职权，国家税务总局根据《中华人民共和国行政复议法》和其他有关法律、行政法规的规定，于 1999 年 9 月发布了《税务行政复议规则(试行)》，自 1999 年 10 月 1 日起施行；2004 年 2 月、2010 年 2 月分别对《税务行政复议规则》进行了修订，2015 年 12 月以国家税务总局令第 39 号的形式发布了关于修改《税务行政复议规则》的决定，自 2016 年 2 月 1 日起施行。

二、税务行政复议的受案范围

税务行政复议的受案范围包括以下 12 项内容：

(1) 税务机关做出的征税行为。包括确认纳税主体、征税对象、征税范围、减税、免税、退税、抵扣税款、适用税率、计税依据、纳税环节、纳税期限、纳税地点和税款征收方式等具体行政行为，征收税款、加收滞纳金，扣缴义务人、受税务机关委托的单位和个人做出的代扣代缴、代收代缴、代征行为。

(2) 税务机关的行政许可、行政审批行为。

(3) 税务机关的发票管理行为，包括发售、收缴、代开发票等。

(4) 税务机关做出的税收保全措施、强制执行措施。

(5) 税务机关做出税务行政处罚行为。具体包括：罚款，没收非法所得，停止出口退税权。

(6) 税务机关不依法履行职责的行为。具体包括：不予颁发税务登记，不予开具、出具完税凭证、外出经营活动税收管理证明，不予行政赔偿，不予行政奖励，其他不依法履行职责的行为。

(7) 税务机关做出的资格认定行为。

(8) 税务机关不依法确认纳税担保行为。

(9) 税务机关做出的政府信息公开工作中的具体行政行为。

(10) 税务机关做出的纳税信用等级评定行为。

(11) 税务机关做出的通知出入境管理机关阻止出境行为。

(12) 税务机关做出的其他税务具体行政行为。

纳税人及其他当事人认为税务机关的具体行政行为所依据的下列规定不合法，在对具体行政行为申请行政复议时，可一并向复议机关提出对该规定(不含规章)的审查申请：

(1) 国家税务总局和国务院其他部门的规定。

(2) 其他各级税务机关的规定。

(3) 地方各级人民政府的规定。

(4) 地方人民政府工作部门的规定。

三、税务行政复议的申请与受理

(一) 税务行政复议的申请

申请人可以在知道税务机关做出具体行政行为之日起 60 日内提出行政复议申请。因不可抗力或者被申请人设置障碍等其他正当理由耽误法定申请期限的，申请期限的计算应当扣除被耽误的时间。

申请人对受案范围中第(1)项税务机关做出的征税行为不服的，应当先向复议机关申请行政复议；对行政复议不服的，可以向人民法院提起行政诉讼。对其他具体行政行为不服的，可以申请行政复议，也可以直接向人民法院提起行政诉讼。

申请人按规定申请行政复议的，必须先依照税务机关根据法律、行政法规确定的税额、期限，先行缴纳或者解缴税款及滞纳金或者提供相应的担保，方可在实际缴清税款和滞纳金后或者所提供的担保得到做出具体行政行为的税务机关确认之日起 60 日内提出行政复议申请。

申请人申请行政复议，可以书面申请，也可以口头申请；口头申请的，复议机关应当当场制作行政复议申请笔录，交申请人核对或者向申请人宣读，并由申请人确认。

（二）税务行政复议的受理

复议机关收到行政复议申请后，应在 5 日内进行审查，并决定是否受理。对不符合规定的行政复议申请，决定不予受理，并书面告知申请人；对符合规定的行政复议申请，自行政复议机关收到之日起即为受理，受理行政复议申请，应当书面告知申请人。

对应当先向复议机关申请行政复议，对行政复议决定不服再向人民法院提起行政诉讼的具体行为，复议机关决定不予受理或受理后超过复议期限不做答复的，申请人可以自收到不予受理决定书之日起或行政复议期满之日起 15 日内，依法向人民法院提起行政诉讼。

在税务行政复议期间，税务具体行政行为不停止执行。但是，有下列情形之一的，可以停止执行：①被申请人认为需要停止执行的；②行政复议机关认为需要停止执行的；③申请人申请停止执行，行政复议机关认为其要求合理，决定停止执行的；④法律规定停止执行的。

四、税务行政复议的决定与执行

（一）税务行政复议的决定

行政复议机关应当对被申请人的具体行政行为提出审查意见，经行政复议机关负责人批准，按照下列规定做出行政复议决定：

（1）具体行政行为认定事实清楚、证据确凿、适用依据正确、程序合法，内容适当的决定维持。

（2）被申请人不履行法定职责的，决定其在一定期限内履行。

（3）具体行政行为有下列情形之一的，可以撤销、变更或确认该具体行政行为违法；决定撤销或确认该具体行政行为违法的，可以责令被申请人在一定期限内重新做出具体行政行为：①主要事实不清、证据不足的；②适用依据错误的；③违反法定程序的；④超越或者滥用职权的；⑤具体行政行为明显不当的。

复议机关责令被申请人重新做出具体行政行为的，被申请人不得以同一事实和理由做出与原具体行政行为相同或者基本相同的具体行政行为。

（4）被申请人不按照规定提出书面答复，提交当初做出具体行政行为的证据、依据和其他有关材料的，视为该具体行政行为没有证据、依据，决定撤销该具体行政行为。

复议机关应当自受理申请之日起 60 日内做出行政复议决定。情况复杂，不能在规定期限内做出行政复议决定的，经复议机关负责人批准，可以适当延长，并告知申请人和被申请人，但延长期限最多不超过 30 日。

复议机关做出行政复议决定，应当制作行政复议决定书，并加盖公章，行政复议决定书一经送达即发生法律效力。

（二）税务行政复议的执行

被申请人应当履行税务行政复议决定，被申请人不履行或者无正当理由拖延履行行政复议决定的，行政复议机关或者上级行政机关应当责令其限期履行。

申请人逾期不起诉又不履行行政复议决定的，或者不履行最终裁决的行政复议决定的，按下列规定分别处理：①维持具体行政行为的行政复议决定，由做出具体行政行为的行政机关依法强制执行或申请人民法院强制执行；②变更具体行政行为的行政复议决定，由复议机关依法强制执行或申请人民法院强制执行。

第三节 税务行政诉讼

一、税务行政诉讼的概念

税务行政诉讼，是指纳税当事人认为税务机关及其工作人员的具体行政行为侵犯其合法权益，通过向人民法院提起诉讼，由人民法院来解决其与税务机关之间行政纠纷的活动。

我国税务行政诉讼具有以下特点：①税务行政诉讼一般以税务行政争议为基本前提；②税务行政诉讼是依法请求的活动，没有纳税当事人的起诉行为司法机关无权受理；③税务行政诉讼的法律关系是纳税当事人、税务机关和人民法院“三方”的法律关系；④税务行政诉讼必须按照法定的诉讼程序和方式进行。

二、税务行政诉讼的原则

税务行政诉讼应遵循以下几个特有原则。

（一）特定性主管原则

即人民法院对税务行政案件只有部分管辖权。根据《中华人民共和国行政诉讼法》第十一条的规定，人民法院只能受理因具体行政行为引起的税务行政争议案。

（二）合法性审查原则

除审查税务机关是否滥用权力、税务行政处罚是否显失公正外，人民法院只对具体税务行为是否合法予以审查，原则上不直接判决变更。

（三）不适用调解原则

税收行政管理权是国家权力的重要组成部分，税务机关无权依自己意愿进行处置，因此，人民法院也不能对税务行政诉讼法律关系的双方当事人进行调解。

（四）起诉不停止执行原则

即当事人不能以起诉为理由而停止执行税务机关所做出的具体行政行为，例如采取的税收保全措施和税收强制执行措施。

（五）税务机关负举证责任原则

由于税务行政行为是税务机关单方依一定事实和法律做出的，只有税务机关最了解做出该行为的证据。如果税务机关不提供或不能提供证据，就可能败诉。

（六）由税务机关负责赔偿的原则

依据《中华人民共和国国家赔偿法》的有关规定，税务机关及其工作人员因执行职务（如税收保全和强制执行等）不当，给当事人造成人身及财产损害，应负担赔偿责任。

三、税务行政诉讼的受案范围

（1）对于法律、行政法规规定应当先向复议机关申请行政复议的具体行政行为，纳税当事人应当先申请行政复议；对行政复议决定不服的，再向人民法院提起行政诉讼。具体包括：①对税务机关做出的征税行为，包括确认纳税主体、征税对象、征税范围、减税、免税及退税、适用税率、计税依据、纳税环节、纳税期限、纳税地点以及税款征收方式等具体行政行为和征收税款、加收滞纳金及扣缴义务人受税务机关委托征收的单位做出的代扣代缴、代收代缴行为不服的；②对税务机关不予审批减免税或出口退税、不予抵扣税款、不予退还税款的行为不服的，应当先申请行政复议，不服行政复议决定的，再向人民法院提起行政诉讼。

（2）纳税当事人对税务机关的其他具体行政行为不服的，可以先申请行政复议；对复议决定不服的，再向人民法院提起诉讼；也可以直接向人民法院提起诉讼。

四、税务行政诉讼的起诉与受理

税务行政诉讼起诉，是指公民、法人或其他组织认为自己的合法权益受到税务机关具体行政行为的侵害，而向人民法院提出诉讼请求，要求人民法院行使审判权，依法予以保护的诉讼行为。简言之，起诉就是向人民法院提起诉讼的行为。

（一）起诉

（1）税务行政诉讼中，起诉权是单向性的权利，税务机关不享有起诉权，只有应诉权，即税务机关只能作被告。且与民事诉讼不同，作为被告的税务机关不能反诉。

（2）税务行政诉讼的五个条件：①原告是行政管理的对方（公民、法人和其他组织）；②被告是行使国家行政管理职权的行政机关，即做出具体行政行为的行政机关，做出具体行政行为的行政机关工作人员并不直接成为被告；③原告提起诉讼是由于认为行政机关的具体行政行为侵犯其合法权益；④必须是法律、法规明文规定当事人可以向人民法院起诉的行政争议案件；⑤必须是在法律、法规规定的期限内向有管辖权的人民法院起诉。

上述五个条件紧密相连，缺乏其中任何一个条件，行政诉讼就不能成立。

（3）起诉期限和必经程序。纳税当事人不服税务行政复议决定的，可以在收到复议决定书之日起 15 日内向人民法院起诉。复议机关逾期不做决定的，申请人可以在复议期满之日起 15 日内向人民法院起诉。纳税当事人直接向人民法院提起诉讼的，应当在知道做出具体行政行为之日起 3 个月内提出。纳税当事人因不可抗力或者其他特殊情况耽误法定期限的，在障碍消除后的 10 日内，可以申请延长期限，由人民法院决定。

（二）受理

原告提起诉讼，经人民法院审查，认为符合起诉条件并立案审理的行为，称为受理。人民法院立案受理税务行政案件，税务行政诉讼法律关系即正式确立。非经法定程序，人民法院和双方当事人均不得变更或解除这一诉讼法律关系。

根据法律规定，人民法院接到诉讼，经过审查，应当在 7 天内立案或者做出裁定不予受理。原告对不予受理的裁定不服的，可以提起上诉。

五、税务行政诉讼的审理

税务行政诉讼审理，是指人民法院对税务行政案件进行实质性审查，并确认、判决税务机关的具体行政行为是否合法、正确的诉讼活动，是人民法院自受理之后至终审判决前的各种诉讼行为的总称。

人民法院审理税务行政案件实行合议、回避、公开审判和两审终审的审判制度。审理的核心是审查被诉具体行政行为是否合法，即做出该行为的税务机关是否依法享有该税务行政管理权；该行为是否依据一定的事实和法律做出；税务机关做出该行为是否遵循法定程序。当事人在行政诉讼中有权进行辩论。

诉讼期间，不停止具体行政行为的执行。但有下列情形之一的，停止具体行政行为的执行：①被告认为需要停止执行的；②原告申请停止执行，人民法院认为该具体行政行为的执行会造成难以弥补的损失，并且停止执行不损害社会公共利益，裁定停止执行的；③法律、法规规定停止执行的。

六、税务行政诉讼的判决

行政诉讼判决，是指人民法院代表国家依法对被诉具体行政行为是否合法、适当做出的具有法律约束力的判定。行政判决是人民法院行使国家审判权的意思表示，是国家司法意志的体现，是具有法律约束力的司法判断和处理。行政判决分一审判决和二审判决。

（一）一审判决

一审判决是最初受理税务行政案件的人民法院所做的判决。一般情况下，人民法院应当在立案之日起 3 个月内做出一审判决。对人民法院所做的一审判决，当事人（原、被告）如果不服可以上诉。

人民法院经过调查、核实证据、开庭审理之后，有权做出如下判决。

1. 维持判决

适用于具体行政行为证据确凿，适用法律、法规正确，符合法定程序的案件。

2. 撤销判决

撤销判决是人民法院对被诉税务具体行政行为做出的否定评价，是司法机关纠正违法行为的最有效手段，集中体现了人民法院对税务具体行政行为的监督和制约。

被撤销的具体行政行为主要证据不足，适用法律、法规错误，违反法定程序或者超越职权、滥用职权，人民法院应判决撤销或部分撤销，同时可判决税务机关重新做出具体行政行为。在判决被告重新做出具体行政行为时，税务机关不得以同一事实和理由做出与原具体行政行为基本相同的具体行政行为。

3. 履行判决

税务机关不履行或拖延履行法定职责的，判决其在一定期限内履行。例如判决税务机关出售专用发票等。

4. 变更判决

税务行政处罚显失公正的，可以判决变更。变更，是指对具体行政行为的实体内容直接予以改变。根据行政诉讼法确定的原则，人民法院一般不审查具体行政行为的适当性，原则上也不作变更判决。此处的变更判决只适用于行政处罚显失公正这种情况。一般讲，具体行政行为畸轻畸重，对不同的情况相同处理或对相同的情况不同处理，都有可能被认为是显失公正。

(二) 二审判决

一审人民法院做出裁判后，诉讼当事人不服，在一审判决做出后 15 日内，一审的原告、被告和第三人均有权提请一审法院的上一级法院重新进行审理并做出裁判。

二审法院收到上诉状后，对主体合格、未超出法定上诉期的上诉应当予以受理，并在 5 日内将上诉状副本送达被上诉人，被上诉人收到上诉状副本后应当在 10 日内提出答辩状。

二审判决是第二审人民法院所做的判决，是终局判决。对二审判决不服，不能再上诉，只能通过审判监督程序进行申诉。根据行政诉讼法的规定，二审判决的种类有：

(1) 维持原判。适用于原判认定事实清楚，适用法律法规正确的案件。

(2) 依法改判。适用于原判认定事实清楚，但适用法律法规错误的案件。

(3) 发回重审。原判认定事实不清，证据不足，或者违反法定程序，可能影响案件的正确判决时，裁定撤销原判，发回原审人民法院重新审理。当事人对重审案件的判决、裁定不服，仍可上诉。

实践能力训练

思考题

1. 税务行政处罚的种类有哪些？
2. 税务行政诉讼的受案范围包括哪些？